中国产业转型升级研究丛书

能源、环境与经济增长：
以新兴经济体为样本

NENGYUAN HUANJING YU JINGJI ZENGZHANG
YI XINXING JINGJITI WEI YANGBEN

◎ 周 睿／著

中国财经出版传媒集团
经济科学出版社
Economic Science Press

图书在版编目（CIP）数据

能源、环境与经济增长：以新兴经济体为样本/周睿著. —北京：经济科学出版社，2017.12
ISBN 978-7-5141-8949-0

Ⅰ.①能… Ⅱ.①周… Ⅲ.①中国经济-研究 Ⅳ.①F12

中国版本图书馆 CIP 数据核字（2018）第 006112 号

责任编辑：李 雪 张庆杰
责任校对：靳玉环
责任印制：邱 天

能源、环境与经济增长：以新兴经济体为样本
周 睿 著
经济科学出版社出版、发行 新华书店经销
社址：北京市海淀区阜成路甲 28 号 邮编：100142
总编部电话：010-88191217 发行部电话：010-88191522
网址：www.esp.com.cn
电子邮件：esp_bj@163.com
天猫网店：经济科学出版社旗舰店
网址：http://jjkxcbs.tmall.com
北京财经印刷厂印装
710×1000 16 开 14.5 印张 230000 字
2018 年 11 月第 1 版 2018 年 11 月第 1 次印刷
ISBN 978-7-5141-8949-0 定价：49.00 元
（图书出现印装问题，本社负责调换。电话：010-88191510）
（版权所有 翻印必究 举报电话：010-88191586
电子邮箱：dbts@esp.com.cn）

序　一

　　20世纪70年代以来，一些原本落后的发展中国家进入了工业化的进程，经济维持较长时间的快速增长，社会文明程度和人民生活水平获得极大提高，于是，将这类国家和地区称之为新兴经济体。尽管哪些国家和地区属于新兴经济体，不同的研究机构有着自己的标准，但是诸如东亚"四小龙""金砖五国"等被公认为新兴经济体。

　　在对新兴经济体的考察中，一个核心的问题便是增长问题。首先是关于新兴经济体增长的动力问题。与发达国家和地区相比，发展中国家和地区普遍缺少工业化所需的技术与资金，使得其丰富的劳动力难以得到利用，全球化的浪潮使得发达国家和地区的技术、资金与发展中国家和地区的劳动力相结合，提高了发展中国家和地区的劳动参与率和技术进步率，从而带动了产出的增加；其次是关于哪些发展中国家和地区可以成长为新兴经济体的问题，世界上有很多发展中国家和地区，但是能成长为新兴经济体的国家和地区仍然是少数，哈佛大学政治学者詹姆斯·罗宾逊（James Robinson）和麻省理工大学经济学者达龙·阿西莫格鲁（Daron Acemoglu，2011）所著的《国家为什么会失败》（Why Nations Fail）一书中为解释这一问题提供了很好的思路，不同的制度设计造就不同的国家；最后是新兴经济体如何避免"中等收入"陷阱的问题，新兴经济体进入中等收入之后，一些发展中掩藏的问题就会爆发出来，经济会陷入停滞，甚至萎缩，探索跨越"中等收入陷阱"的路径对新兴经济体的发展有着特别重要的意义。

在工业化的过程中，必然会涉及能源问题。对于新兴经济体而言，他们面临的能源问题主要有四个方面：一是能源安全，即如何保证能源的可持续稳定供给；二是能源效率，着重解决单位产出的能耗问题；三是能源结构，主要是降低对单一能源的依赖，并减少传统化石能源带来的污染；四是能源权力，可以用来提升在国际能源市场中的话语权。研究新兴经济体的能源问题不仅有助于对其经济增长问题理解，而且还能够对大气污染的研究提供帮助。能源消耗、环境污染与经济增长这三个问题存在着内在的逻辑一致性。经济增长必然会带来能源消耗的增加，从而导致污染气体排放的增加，在这个过程中，如果提高能源效率，优化能源结构，则会减少单位GDP所排放的污染气体。

新兴经济体的工业化过程中带来了大量的温室气体排放，这就带来了另外一个问题，即新兴经济体如何参与应对全球气候变暖的国际治理。自从联合国政府间气候变化委员会成立以来，已经举行了多次全球性气候问题谈判，先后签订了《联合国气候变化框架公约》《京都议定书》《巴黎协定》等多份协议，减少温室气体排放已经成为全球社会的共识。对于新兴经济体而言，一方面发达国家和地区认为在国际气候谈判中，中国和印度等新兴经济体都必须要承担减少温室气体排放的责任；另外一方面新兴经济体处于快速工业化过程中，温室气体排放总量必然会持续增加，但同时，又缺乏足够的资金和技术来实施节能减排。事实上，导致当前全球变暖的温室气体是来自发达国家和地区工业化过程中所排放的，发达国家和地区必须承担起历史责任，需要率先减排，并向新兴经济体提供技术及资金的支持。新兴经济体在保持经济的发展的同时，需要力所能及的实施节能减排措施，为人类的和谐发展做出自己的贡献。

周睿博士这本专著对新兴经济体能源、环境与经济增长的相关问题进行了探讨和研究，能够为研究新兴经济体发展问题提供有意义的启发。

中国社会科学院世界经济与政治研究所
博士、研究员、所长助理
宋 泓
2017 年 11 月 20 日于北京

序　二

　　长期以来，我一直比较关注能源、环境与经济增长问题的研究，本书基本上体现了我过去对新兴经济体能源、环境和经济增长问题的思考，希望可以和感兴趣的研究者分享。

　　无论对于世界经济还是中国经济来说，2008年是一个重要的分水岭。这一年恰好我硕士研究生毕业，我能够感受到的是2008年上半年经济还是非常繁荣，我们一起毕业的同学都可以拿到好几个招聘录用书，而到了2008年下半年，我的学弟学妹们就感觉到求职困难了，幸运的是我被江苏省社会科学院世界经济研究所录用，成为一名社会科学研究的青椒。

　　按照惯例，我在所里要先做一年行政秘书，熟悉所务院情，我每个工作日正常上班签到，日子一天一天过去了。有一天，时任所长田伯平研究员到办公室和我说：小周，江苏人均GDP已经过了三千美元，进入中等收入国家的行列标准了，你就"中等收入陷阱"做点国际比较研究。于是乎，我就开始找资料，找数据，完成了东亚国家和地区与拉美国家在中等收入阶段的比较，我对新兴经济体的关注也就从这个时候开始了。

　　大概是2011年，我记得不是非常的清楚，所里要组织集体出一本书，时任副所长张远鹏研究员就建议写新兴经济体的发展问题，得到了所里大家的一致响应，每人都分配了写作的章节，我负责写作新兴经济体的发展模式。那个时候我在中国社会科学院研究生院读博士，非常有幸可以经常听到一些学术名家的讲座，尤其是每次聆听中国社会科学院世界经济与政治研究所张宇燕的讲座都会有所启发，我开始思考新兴经济体的增长问题。

在攻读博士期间，我的专业是数量经济学，主要的研究方向是政策效应评估与模拟，与新兴经济体的发展问题并不是非常的直接相关，但是我一直在困惑着一个问题：为什么有的发展中国家和地区成长为新兴经济体，而有的国家和地区始终贫困呢？我搜索了一些相关的研究来看，达龙·阿西莫格鲁（Daron Acemoglu）的思想给了我启发，这种差别不是来源于地理或者文化，而是来源于制度的设计。基于此，我试图从实证的角度来研究制度变化与新兴经济体的经济增长。

对于新兴经济体而言，能源与环境问题随着经济规模的快速扩大而变得日益重要。现在在清洁能源方面的技术已经取得了很大的进步，新兴经济体的工业化过程中有可能避免当年发达国家工业化大量使用化石能源的情形，但是事实上，由于使用清洁能源的成本很高且相关技术为发达国家所垄断，所以新兴经济体工业化的过程中依然依赖化石能源。不过，由于化石能源的分布严重不均，且全球能源市场基本上被欧美发达国家所控制，因此，给新兴经济体的能源安全带来了潜在的威胁。为了实现能源的安全，除了保证能源来源多元化外，还可以通过提高能源效率、多样化能源结构和增强能源权力来实现。提高能源效率和多样化能源结构可以使得同样产出下减少化石能源的消耗，降低对化石能源的需求。增强能源权力主要是通过影响国际能源市场，来保证化石能源的供应。

从新兴经济体能源消耗的实际情况来看，它们都高度依赖化石能源的使用。化石能源的消耗会带来空气污染，尤其是温室气体和微小颗粒的排放。在当前世界各国普遍对通过减少温室气体排放来遏制全球变暖达成共识，新兴经济体面临着如何实现保持经济增长与控制温室气体排放相协调的问题。从中国、印度的发展经验来看，保持经济增长与控制温室气体排放很难协调。因此，这就决定了新兴经济体在国际气候谈判中的立场，要求发达国家和地区承担温室气体排放的历史责任，减少温室气体排放，对发展中国家和地区进行技术和资金援助，发展中国家则选择自愿减少排放，将发展和减少贫困作为优先目标。

在对新兴经济体能源、环境与经济增长的研究中，我对新兴经济体可持续发展有着几点体会，想提出来和大家一起分享。

第一，合适的制度设计是发展中国家和地区迈向高收入国家和地区的必要条件。当前的世界经济秩序为发达国家所把控，来自发达国家和地区的跨国公司控制着全球生产资源，发展中国家和地区必须实现对外开放的政策，将自己融入全球生产体系中，但是在这个过程中，经济发展和财富的增加必然会深刻地改变着新兴经济体的制度结构，传统的制度在解体，新的制度尚还不完善，形成了所谓的制度"脆弱性"。一旦受到外部不利条件的冲击，这种"脆弱性"就会凸显出来，将经济带入所谓的"中等收入陷阱"。为了应对这种"脆弱性"，需要一个较强控制力的中央政府，制度的设计和改革要适当推进，不宜过于冒进。

第二，新兴经济体的崛起会深刻的改变全球能源市场的权力结构。长期以来，全球能源市场被发达国家和石油输出国组织所把持，很多发展中国家和非石油输出国组织产油国在全球能源市场上几乎没有什么话语权。随着新兴经济体的崛起，尤其是中国成长为世界上最大的能源进口国和第二大经济体，对世界能源市场产生了巨大的影响，主要体现在如下几个方面：一是主要产油国的能源出口市场不再需要依赖发达国家，它们可以向中国、印度等新兴经济出口；二是来自中国、印度等新兴经济体的石油企业在国际能源市场上的竞争力日益增强，获得了不少油气资源的开采权；三是人民币开始参与到国际石油贸易的结算当中，给美元在石油领域的霸权带来了一定的挑战。

第三，新兴经济体难以跳出"先污染后治理"的困境。在西方发达国家和地区的工业化过程中，鉴于当时的技术条件，工业化的过程伴随着大量的环境污染，到了工业化后期，发达国家和地区便开始重视环境治理，即所谓的"先污染后治理"的发展道路。在新兴经济体的发展过程中，一些国家和地区努力试图摆脱"先污染后治理"的这种发展路径，但是从目前的观察来看，新兴经济体的工业化过程中普遍面临着严重的污染问题，这种污染问题的形成是全球分工的必然结果。发展中国家和地区在工业化的初始阶段，普遍缺少技术和资金，需要来自发达国家和地区的投资，而对于发达国家和地区的跨国企业来说，它们必然会在全球范围内按照比较优势来布局产业链，发达国家和地区劳动力成本和环境保护的标准普遍都比较高，它们更希望将劳动密集型和资源密集型的产业转移到发展中国家和地区。同时，发展中国家和地区为了争取到来自发达国家的投资，在环境保护标准上不断的"向底线赛跑"，所以，新兴经济体在发展的过程中难以避免的环境污染问题。

从对新兴经济体能源、环境与经济增长的考察中，我发现有很多相关的问题需要讨论和研究，从新兴经济体的一般问题到中国的特殊情况，我在本书中的研究仅仅是冰山一角，无论是广度和深度都存在进一步拓展的空间。此外，由于本人水平有限，还恳请广大读者批评指正。

周　睿

2017 年 12 月 4 日于南京

目 录

第一章 绪论 ·· 1
  1.1 新兴经济体范围的界定 ·· 1
  1.2 新兴经济体的增长问题 ·· 3
  1.3 新兴经济体的能源与环境问题 ···································· 8
  1.4 研究内容 ··· 10

第二章 新兴经济体的发展模式与战略选择 ························· 14
  2.1 中国的发展模式 ··· 15
  2.2 印度的发展道路 ··· 18
  2.3 俄罗斯的艰难恢复 ·· 22
  2.4 巴西的第二次崛起 ·· 23
  2.5 总结与展望 ·· 26

第三章 "东亚奇迹"与"拉美陷阱"的成因比较 ··················· 28
  3.1 经济社会的一般特征 ··· 28
  3.2 东亚与拉美的比较 ·· 32
  3.3 结论 ··· 42

第四章 技术进步、市场自由化与能源效率 ························· 44
  4.1 问题的提出 ·· 44
  4.2 模型的设定与估计方法的选择 ·································· 46

4.3 数据来源和变量说明 …… 47
4.4 模型的估计结果 …… 48
4.5 进一步讨论：石油禀赋的效应 …… 50
4.6 结论 …… 52

第五章 环境库兹涅茨曲线的估计 …… 54

5.1 问题的提出 …… 54
5.2 基于 EKC 的跨国研究综述 …… 55
5.3 参数估计 …… 57
5.4 半参数固定效应面板估计 …… 62
5.5 进一步讨论：参数与非参数估计方法的异同 …… 66
5.6 结论 …… 68

第六章 能源消耗、经济增长与 CO_2 排放量 …… 69

6.1 问题的提出 …… 69
6.2 文献综述 …… 71
6.3 数据说明与基本统计 …… 73
6.4 面板数据协整检验与因果关系分析 …… 74
6.5 PVAR 模型分析 …… 78
6.6 结论及相关政策启示 …… 82

第七章 中国能源效率测度及其影响因素分析 …… 84

7.1 问题的提出 …… 84
7.2 DEA-Tobit 两步法 …… 87
7.3 变量与数据说明 …… 89
7.4 能源效率的测度结果 …… 90
7.5 Tobit 模型估计 …… 92
7.6 结论及其相关政策启示 …… 94

第八章 中国全球能源战略与能源合作研究 …… 96

8.1 全球能源的发展形势 …… 96

8.2　中国全球能源战略的发展阶段 …………………………… 101
　8.3　中国全球能源战略的战略框架 …………………………… 104
　8.4　中国与主要能源国家的能源合作 ………………………… 106

第九章　环境政策工具与新兴经济体环境治理 …………………… 145
　9.1　环境政策工具的类型 ……………………………………… 145
　9.2　环境经济手段的理论基础 ………………………………… 148
　9.3　制约环境政策工具发挥作用的因素分析：以中国为例 …… 153
　9.4　发达国家环境保护基本经验 ……………………………… 156
　9.5　发达国家环境保护政策对新兴经济体的启示 …………… 163

第十章　全球气候谈判的立场、困境与展望 ……………………… 167
　10.1　气候谈判的历程及主要协定 ……………………………… 167
　10.2　气候谈判参与国的各自立场 ……………………………… 172
　10.3　气候谈判的困境 …………………………………………… 185
　10.4　影响国际气候谈判的因素 ………………………………… 188
　10.5　国际气候谈判的展望 ……………………………………… 191

参考文献 ……………………………………………………………… 192
后记 …………………………………………………………………… 213

表 目 录

表 1-1　不同研究机构对新兴经济体的划分 …………………………… 2
表 3-1　部分国家和地区高速增长时期人均 GDP 的变动 …………… 29
表 3-2　世界主要国家和地区人均 GDP 变化趋势 …………………… 29
表 3-3　部分国家和地区人均 GDP3000 美元前后经济增长波动
　　　　系数比较 ………………………………………………………… 30
表 3-4　人均 GDP3000 美元左右部分国家三次产业比例 …………… 31
表 3-5　钱纳里和塞尔奎因结构标准 …………………………………… 31
表 3-6　巴西、阿根廷、韩国和新加坡人均 GDP 增长率的基本
　　　　统计描述 ………………………………………………………… 33
表 3-7　20 世纪日本和亚洲"四小龙"关键产业和关键阶段 ………… 37
表 3-8　日本和亚洲"四小龙"在 20 世纪不同时期选择的
　　　　主导产业 ………………………………………………………… 37
表 4-1　1996～2009 年新兴经济体相关变量和数据说明 …………… 48
表 4-2　新兴经济体模型估计结果 ……………………………………… 49
表 4-3　分时段估计结果 ………………………………………………… 50
表 4-4　石油净出口国模型估计结果 …………………………………… 51
表 4-5　石油净进口国模型估计结果 …………………………………… 52
表 5-1　新兴经济体环境库兹涅茨曲线估计结果 ……………………… 59
表 5-2　新兴经济体中的转型国家环境库兹涅茨曲线估计结果 ……… 60
表 5-3　新兴经济体中的非转型国家环境库兹涅茨曲线估计结果 …… 60
表 5-4　半参数固定效应面板数据模型的参数部分估计结果 ………… 64
表 5-5　参数与半参数方法估计的污染物排放量和经济增长的关系 … 66

表 6-1	描述性统计	74
表 6-2	面板数据单位根检验结果	75
表 6-3	Pedroni（2004）残差协整检验结果	76
表 6-4	考（1999）残差协整检验结果	76
表 6-5	基于约翰森（1988）方法的面板协整检验结果（Fisher 检验）	76
表 6-6	面板因果关系检验结果	78
表 6-7	面板 VAR 的 GMM 估计结果	80
表 6-8	方差分解结果	82
表 7-1	基于 CCR 模型能源效率得分的基本统计信息	91
表 7-2	基于 BCC 模型能源效率得分的基本统计信息	91
表 7-3	Tobit 模型估计（Ⅰ）	93
表 7-4	Tobit 模型估计（Ⅱ）	93
表 8-1	中国在哈萨克斯坦油气上游勘探开采主要合作项目	141
表 8-2	中国在中亚炼油和石油化工领域主要合作项目	142
表 10-1	美国参与气候谈判的立场变化	173
表 10-2	加拿大参与气候谈判的立场变化	176
表 10-3	澳大利亚参加气候谈判的立场变化	177
表 10-4	日本参与气候谈判的立场变化	178
表 10-5	俄罗斯参与气候谈判的立场变化	179
表 10-6	欧盟参与气候谈判的立场变化	180
表 10-7	中国参与气候谈判的立场变化	181
表 10-8	印度参与气候谈判的立场变化	183
表 10-9	巴西参与气候谈判的立场变化	183
表 10-10	南非参与气候谈判的立场变化	184

图 目 录

图 3-1　东亚和拉美代表性四国人均 GDP 变化 ……………………… 33
图 3-2　1980 年阿根廷家庭收入份额的 Pareto 图 ………………… 39
图 3-3　1997 年阿根廷家庭收入份额的 Pareto 图 ………………… 40
图 3-4　1979 年巴西家庭收入份额的 Pareto 图 …………………… 41
图 3-5　1996 年巴西家庭收入份额的 Pareto 图 …………………… 41
图 5-1　对新兴经济体样本估计中的非参数部分结果 ……………… 64
图 5-2　对转型国家样本估计中的非参数部分结果 ………………… 65
图 5-3　对非转型国家样本估计中的非参数部分结果 ……………… 65
图 5-4　中国和印度技术进步与二氧化碳排放量的关系 …………… 67
图 5-5　中国和印度贸易依存度与二氧化碳排放量的关系 ………… 67
图 6-1　脉冲响应函数 …………………………………………………… 81
图 7-1　能源效率测度结果 ……………………………………………… 90

第一章

绪　论

1.1　新兴经济体范围的界定

20世纪70年代以来，一些发展中国家利用全球化带来的契机，实现了经济的蓬勃发展和社会的深刻变化，至于什么是新兴经济体，目前并没有一个明确的定义，但是可以概括出大致的共同特征，诸如，经济增长率，工业在国民经济中的比重快速增加，对外贸易和吸收外来投资大幅度增加，贫困率明显下降，社会治理能力提升等等。基于这些特征的观察与判断，不同的研究机构对新兴经济体的划分也不同（见表1-1）。

2010年12月，西班牙对外银行（BBVA）的研究提出了一个新的经济概念用来确定新兴经济体，并将它们进行了分类。BBVA在2014年3月将新兴经济体划分为三类：如果发展中国家未来十年预期GDP的增长率超过G7（不包括美国）的平均水平，则将这类国家称为鹰之国，分别为巴西、印度、印度尼西亚、俄罗斯、土耳其、中国和墨西哥；如果发展中国家预期未来十年的经济增长低于G7（不包括美国）的平均水平，但是高于意大利的增长率，那么这些国家被称为鸟巢之国，包括阿根廷、埃及、马来西亚、菲律宾、南非、孟加拉国、伊朗、尼日利亚、波兰、泰国、治理、伊拉克、巴基斯坦、卡塔尔、越南、哥伦比亚、哈萨克斯坦、秘鲁、沙特阿拉伯；其他的新兴经济体为巴林、匈牙利、立陶宛、斯洛伐克、阿联酋、保

能源、环境与经济增长：以新兴经济体为样本

表1-1　　　　　不同研究机构对新兴经济体的划分

国家和地区	IMF	FTSE	MSCI	S&P	EM bond index	Dow Jones	Russell	EMGP
阿根廷	√				√			√
孟加拉国	√			√	√			
巴西	√	√	√	√	√	√	√	√
保加利亚	√							
智利	√	√	√	√	√	√	√	√
中国	√	√	√	√	√	√	√	√
哥伦比亚	√		√	√	√	√	√	√
捷克		√	√	√		√	√	√
埃及		√	√	√	√	√	√	√
希腊		√	√	√		√	√	
匈牙利	√	√	√	√	√	√	√	√
印度	√	√	√	√		√	√	√
印度尼西亚	√	√	√	√	√	√	√	√
以色列					√			√
马来西亚	√	√	√	√	√	√	√	√
毛里求斯								√
墨西哥	√	√	√	√	√	√	√	√
尼日利亚					√			
阿曼					√			
巴基斯坦	√	√	√	√	√			
秘鲁	√		√	√	√	√	√	
菲律宾	√	√	√	√	√	√	√	√
波兰	√	√	√	√	√	√	√	√
卡塔尔			√		√		√	
罗马尼亚	√							
俄罗斯	√	√	√	√	√	√	√	√
斯洛文尼亚								√
南非	√	√	√	√	√	√	√	√
韩国			√					√
中国台湾		√	√	√		√	√	√
泰国	√	√	√	√	√	√	√	√
土耳其	√	√	√	√	√	√	√	√
乌克兰	√				√			
阿联酋		√	√		√		√	√
委内瑞拉	√				√			
越南					√			

资料来源：https://en.wikipedia.org/wiki/Emerging_markets。

加利亚、约旦、毛里求斯、斯里兰卡、乌克兰、捷克、科威特、阿曼、苏丹、委内瑞拉、爱沙尼亚、拉脱维亚、罗马尼亚、突尼斯。

从国际上主要的研究机构所选取的新兴经济体来看，具有如下几个特点：一是更多的发展中国家经济开始兴起，意味着世界上除了传统的欧美发达国家外，新的工业化国家开始出现了；二是进入新兴经济体的发展中国家大部分来自亚太地区和东欧；三是巴西、智利、中国、哥伦比亚、捷克、埃及、匈牙利、印度、印度尼西亚、墨西哥、秘鲁、菲律宾、波兰、俄罗斯、南非、泰国、阿联酋成为公认的新兴经济体。

1.2 新兴经济体的增长问题

在研究新兴经济体经济增长的问题上，有个值得关注的问题：一是新兴经济体为什么能够维持较长时间的经济增长，二是新兴经济体为什么容易陷入"中等收入陷阱"。

亚当·斯密（Adam Smith，1776）在《国富论》中以农业社会为分析的背景，提出了分工促进经济增长；随后的马尔萨斯（Malthus，1798）在《人口原理》中指出由于人口和生活资料的增长趋势不一致，导致人口增长常常会超过生活资料的增长。亚当·斯密和马尔萨斯这种仅简单的讨论土地、劳动力和资源之间相互关系的增长理论，被称为古典增长理论。哈罗德（Harrod，1939）和多马（Domar，1946）在凯恩斯的短期增长理论的基础上整合了经济增长的长期因素，并强调了资本积累在经济增长中的重要性。至此，不仅标志着新古典经济增长理论的诞生，也标志着经济增长理论转向对长期增长的关注。索洛和斯旺（Solow & Swan，1956）的模型在假定技术进步外生的条件下强调资本和劳动对经济增长的贡献，从真正意义上推动了新古典经济转增长理论的发展；卡斯和库普曼斯（Cass & Koopmans，1965）运用拉姆齐（Ramsey，1927）的思想对索洛经济增长模型进行了新古典改造，在模型中储蓄率被设定为内生的，由消费者最优消费选择的决策机制决定。拉姆齐－卡斯－库普曼斯将新古典经济增长理论推上了顶峰，使得经济增长理论有了扎实的微观基础。

不过，无论是古典经济增长理论，还是新古典增长理论，都在外生技术进步的时候认为技术进步可以促进经济长期增长。将技术进步内生化又催生了增长理论的发展。罗默（Romer，1986）引进了知识具有递增的边际生产率假定，这样无限的知识存量水平就可能产生递增的边际生产率，从而使得技术进步成为经济增长的源泉。卢卡斯（Lucas，1988）认为人力资本对经济的长期增长具有重要贡献。罗默和卢卡斯都认为知识的外溢效应导致了正的外部性存在，最终经济增长率将决定于R&D技术的发展、企业垄断力量的程度以及投资者的投资时间区间。基于熊彼特（Schumpeter，1926）创新理论的思路，为内生增长理论提供另外一个方向，阿吉翁和豪伊特（Aghion & Howitt，1992）将熊彼特思想全面引入了经济增长理论，并进一步提出了质量改进型创新，熊彼特"创造性破坏"使得创新活动能够最大限度地保留旧产品，而不至于使得旧产品消失，因为旧产品的消失将耗费更多的投入，而将这些节省下来的投入用于研究和开发，将会促使经济增长，这种以"提升产品质量的产业创新"作为经济长期增长基本动力的增长理论被称为"熊彼特主义内生增长理论"。琼斯（Jones，1995）利用证据对熊彼特主义内生增长理论中关于规模效应的论断进行了反驳，即人口甚至R&D人员数量激增的情况下，生产率的增长仍然保持不变。杨（Yong，1995）指出随着经济的增长，R&D在不同部门间的扩散，会使得产品多样性增加，这会旨在降低质量改进的R&D投入的有效性。迪诺帕勒斯（Dinopoulous，1993）、帕累托（Peretto，1998）、豪伊特（1999）等利用杨（1995）的观点对琼斯（1995）提出的证据进行了解释。这些对熊彼特主义内生增长理论的质疑逐步被接受，并被称之为"半内生增长理论"。

考虑到发展中国家的制约因素，一些学者对内生增长理论进行了扩展。巴比尔（Barbier，1999）认为此前的内生理论忽视了自然资源对经济增长的贡献以及可能存在的自然资源短缺的制约，它分析了20世纪的经验数据后发现：创新的"供给"有可能受到自然资源短缺的限制，为此，他建立了一个"Romer-Stiglitz"内生模型，研究认为内生增长理论能够克服资源的短缺，但是从长期来看，产出主要决定于产生创新的资源存量的约束。如果将不可再生资源纳入内生增长模型，克里斯汀和波尔（Christian Groth & Poul Schou，2002）认为通过技术替代或者技术进步来克服缺乏资源所带来的限制增长的效应，阿吉翁（Aghion，1998）认为持续的增长不可能离开外生的技术进步，豪伊特（Howitt，2006）认为资源要素对经济增长的作用表现在可获得稳定的持续产出。

从古典经济增长理论到内生经济增长理论，都假定制度是外生的。新制度经济学将制度、技术等都看成社会经济系统的内生变量，认为技术进步是增长本身而不是增长的原因，有效率的制度安排才是经济增长的终极原因。诺斯（North，1994）建立了一个制度与经济增长关系的分析框架，讨论了制度变迁影响经济增长的传导机制。德隆·阿西莫格鲁（Darron Acemoglu，2005）认为制度是经济长期增长的根本原因。政治民主化进程作为制度变化来解释其与经济增长的关系是当前经济增长理论研究一个热点话题（Przeworski & Limongi，1993；Barro，1996；Tavares & Wacziarg，2001；Persson & Tabellini，2008；Bates，Fayad & Hoeffler，2012；Acemoglu et al.，2014）。在这些研究中，政治民主化进程和经济增长的关系随着研究样本和方法的不同，结果存在差异。

从不同的经济增长理论的阐述中，可以发现新兴经济体的经济增长，主要得益于全球化红利，人口红利、资源红利和制度红利。首先是全球化使得分工在世界范围内不断扩展和深化，由此带来了贸易和跨国投资的增加，为释放发展中国家的人口红利和资源红利提供了条件。发展中国家长期以来难以发展的一个重要原因在于经济发展缺乏投资，生产的产品缺乏市场，全球化则化解这个困境，驱动经济离开了落后的初始点。不过，需要看到的是，为什么有的国家可以变成新兴经济体，有的国家还深陷入贫困之中呢？阿西莫格鲁和罗宾逊（Acemoglu & Robinson，2011）在《国家为什么会失败》一书中，通过对经济史的考察，认为经济制度和政治制度的差异导致了资源禀赋类似的国家在后来的发展中出现了差别，保护产权、开放市场、推行全民教育和为民众提供公平机会的经济制度安排以及鼓励更多民众参与政治、限制政治家权力等政治制度安排是一个国家领先发展的条件。

从新兴经济体发展的情况来看，它们在人均收入达到"中等收入"之后，经济往往会陷入停滞，世界银行于2006年发表了一篇题为《东亚复兴——关于经济增长的观点》的研究报告，首次将这种现象称为"中等收入陷阱",该报告对"中等收入陷阱"的现象进行了描述,即如果缺乏规模经济,东亚的中等收入国家将面临严峻的挑战,将难以保持历史上的增长速度。以要素积累为基础的发展战略,看起来肯定会带来某些负面的后果,这种后果也是资本的边际生产率下降的自然结果。拉美和中东地区就是典型的例子,数十年来,它们都未能跳出这个陷阱。该报告的主要作者布兰巴特(Brahmbhatt)对"中等收入陷阱"的概念进行了进一步的解释,他认为各国赖以从低收入国家发展为中等收入国家所采用的战略,难以支撑其向高收入攀升,在历史上几乎没有国家处理好此时出现的复杂的技术、社会和政治挑战。这说明"中等收入陷阱"也不是某一类国家特有的现象,只不过在中东和拉美等国家集体出现了这一问题。

陷入"中等收入陷阱"的国家和成功的跨越"中等收入陷阱"的国家在经济和社会相关指标方面存在着明显的差异性特征。第一,经济增长的稳定性差别很大,陷入"中等收入陷阱"国家的经济增长往往出现较大起伏(孔径源,2011),而成功跨越"中等收入陷阱"的国家经济能够维持长时间的较为平稳的增长;第二,创新能力差别明显,成功跨越"中等收入陷阱"的国家在支出和高素质劳动力数量的增长方面都要高于陷入"中等收入陷阱"国家;第三,收入分配的公平情况差异大,陷入"中等收入陷阱"的国家基尼系数一般在 0.50 以上,贫富差距严重拉大(乔晓楠,2011),而成功跨越"中等收入陷阱"的国家基尼系数维持在 0.3 左右;第四,社会发展的各项指标差别明显,成功跨越"中等收入陷阱"的国家在预期寿命、婴儿死亡率和成人平均受教育年限等方面都优于陷入"中等收入陷阱"的国家;第五,对外部经济的依赖程度存在差别,陷入"中等收入陷阱"的国家不仅对外商投资的依赖性很高,而且外债在 GDP 中所占的比例也比较高。

形成"中等收入陷阱"的原因是多方面,不同的学者有着不同观点。概括起来,主要有以下几个方面:一是技术创新难以满足产业升级的需要。《东亚复兴》报告认为,中等收入国家面临低收入国家和高收入国家的双重挤压式竞争,低收入国家在劳动力成本上具有优势,而发达国家在技术方面具有优势,因此,中等收入国家必须通过技术创新来推动产业升级,以保持劳动生产率的持续增长,不过,由于自身的创新能力有限,中等收入国家难以实现产业升级,资本边际报酬递减,生产率增长放缓和经济停滞。二是收入分配严重不平等。世界银行 2006 年的发展报告——《公平与发展》中强调了收入分配不平等对经济增长的两个重要的负面影响:第一,发展中国家在很多领域存在市场失灵和缺失,譬如信贷、保险、土地和人力资本市场等,而当市场失灵和缺失时,财富和权力的分配会影响投资的机会;第二,强调经济不平等对制度的影响,"如果经济和政治的不平等程度高,在经济和社会制度的安排上,会偏向于影响力较大者的利益",而且这种不平等还存在代际自我复制现象,从而带来"不平等陷阱",另外,不平等还通过犯罪率、社会资本、收入再分配政策等多种机制不利于经济增长和社会发展。三是发展战略的选择出现偏差。克鲁格(Krueger,1993)和林毅夫(1994)等认为,拉美国家采取的进口替代战略是拉美国家陷入经济停滞状态的主要原因,这种战略扭曲了市场体系,导致了资源配置错位、收入分配严重不平等、社会矛盾激化等经济社会问题,形成了政治、经济体系的恶性循环。四是权贵资本的大量存在。哈伯和斯蒂芬(Harber & Stephen,2000)认为,政治精英和经济精英相结合的权贵资本主义是拉美诸国的基本特征,借助于寻租、游说等手段导致政府政策扭曲,从而导致资源配置错位、社会严重不公和腐败等行为,一方面制约了经济发展,另一方面容易导致政治动荡。五是殖民历史导致的制度路径依赖。比较制度经济学认为南美和北美的发展差异主要源于历史上他们归属于不同国家的殖民地,从而形成了不同的制度结构,导致了不同的发展绩效。六是发达国家主导的国际经济体系制约了发展中国家的发展。当前的国际经济体系基本上为发达国家所主导,发展中国家在这个体系中往往处于被控制和被俘获的地位,在这种情况下,发展中国家很容易遇到发展的天花板。

从新兴经济体发展实际情况来,制度的设计对新兴经济体的成功至关重要,可以说制度设计事关一个发展中国家能否成功地变成新兴经济体,新兴经济体能否成功地进入高收入发达国家。实施对外开放,接受国际产业转移,几乎是新兴经济体起步的必需条件,然而随着经济的发展,各种制度设计过于超前或者滞后,都会给发展带来制约,甚至会使得经济陷入困境。

1.3 新兴经济体的能源与环境问题

对于新兴经济体而言，在工业化的过程中很容易就会遇到能源与环境问题，能源与环境问题相生相伴，成为困扰新兴经济体可持续发展的重要因素之一。

能源与资本、劳动等同样是生产活动中重要的组成要素。人类工业化的过程，也是能源消耗不断变化的过程。在蒸汽革命之前，人类的能源消耗以燃烧木柴等为主，蒸汽革命之后，人类开始使用以煤为主的化石能源，再到第二次工业革命之后，石油开始作为工业的血液主导着人类的能源消耗，现在，人类开始努力摆脱化石能源的依赖，开始开发风能、太阳能、核能等新能源。在这个过程中，新兴经济体普遍面临着如下四个问题：

第一，能源安全。由于石油、天然气等化石能源在全球分布不均衡，在新兴经济体中存在着两类国家，一类是严重依赖能源进口的国家，譬如中国和印度等国，另外一类是经济高度依赖能源出口的国家，譬如尼日利亚、委内瑞拉和俄罗斯。对于前者来说，能源来源的安全是保证国内能源可持续供给的关键。然而，长期以来，来自欧美发达国家的跨国能源企业对全球能源资源形成一定程度的垄断，再加上欧美发达国家借助于政治、军事所形成的地缘政治力量，使得新兴经济体能源来源的安全性受到威胁。譬如，中国从中东、非洲等地进口的石油非常依赖于印度洋-南海海上航线的安全，而美国牢牢地控制着印度洋通往南海的咽喉——马六甲海峡，同时，中东作为世界主要的石油供应基地，叙利亚问题、也门问题、伊朗核问题等等，使得中东逐步像"火药桶"一般存在，成为中东能源供应的潜在不稳定因素。对于后者来说，当前石油定价权被欧美发达国家所控制，一方面欧美国家操控的石油价格，可以使得新兴经济体中的石油出口国收益减少，另外一方面新兴经济体中的石油出口国如果过于依赖单一市场，在能源价格的谈判中会处于被动地位。俄罗斯在乌克兰危机后，受到了欧美国家的制裁，在美国的操控下，国际原油价格暴跌，欧洲国家也出现了减少俄罗斯能源进口的倾向，使得俄罗斯经济严重萎缩。

第二，能源效率。能源效率是测度单位能源的利用效率问题，在同样能源消耗的情况下，如果能源效率较高，那么可以产生更多的能量。从当前发达国家与新兴经济体能源效率的比较来看，新兴经济体的能源效率普遍低于欧美发达国家。中国能源研究会副理事长、研究员鲍云樵认为中国当前的能源利用效率仅为34%，相当于发达国家20年前的水平，他同时还指出中国能源消费强度远高于发达国家和世界平均水平，约为美国的3倍，日本的7倍；中国是世界上单位产值能耗最高的国家之一，每公斤标准煤创造的GDP仅为0.36美元，而日本为5.58美元，约是中国的15倍，世界均值是1.86美元；工业锅炉能耗效率为60%，低于发达国家20个百分点；主要产品单位能耗平均比国际水平高40%，单位建筑面积采暖能耗相当于气候条件相近的发达国家的3倍；每年工业部门多消耗2亿~3亿吨标准煤，约占全国总消费量的1/5。与中国类似，印度尽管以服务业为主，但是印度的能源效率也比较低。能源效率低主要来自两个方面的原因，一是技术因素，包括化石能源的开采技术、冶炼技术以及具体使用过程中的相关技术，很显然，新兴经济体在能源利用技术上普遍落后于发达国家；二是制度性因素，如果市场机制缺失，能源价格不能正确地反映供求关系，价格信号倒逼企业提高能源效率的机制就会失效。

第三，能源结构。能源结构是和能源安全相关，但是又不完全相关的问题。能源结构是指一国消费的能源种类构成，主要包括煤炭、石油、天然气、风能、太阳能、核能等。如果一个国家能源结构趋向于多元化，那么对该国而言不仅可以提高能源供给的安全性，摆脱对单一能源来源渠道的依赖，而且由于天然气、风能、太阳能、核能等的温室气体排放少，能源结构的多元化可以有效地减少空气污染。EIA在《2017年国际能源展望》中指出，到2040年，可再生能源、天然气和核能将成为发展最快的能源，但是煤炭为主的化石燃料仍将是发电的主力；2015年到2040年间，全球能源消费总量将增长28%，其中亚洲将贡献大部分增量，化石能源在全球能源消费总量占比仍然会超过75%；天然气将成为中国和经合组织国家增长最快的化石能源，但是这些国家煤炭消费下降将被印度和其他非经合组织国家需求增长所抵消。由此可见，煤炭仍然是包括新兴经济体在内的发展中国家未来能源消费的主力。不过，在全球努力控制温室气体减排的背景下，新兴经济体将如何调整能源结构，提高清洁能源在能源消费中的比例将会成为一个重要的问题。

第四，能源权力。能源权力是指一国影响国际能源市场以及地缘政治的能力。传统的能源权力主要集中在包括"能源供给权"和"能源需求权"，譬如，第一次石油危机和第二次石油危机便是 OPEC 主导下的能源供给权的体现，此外，世界三大原油基准价格也体现原油供应权，英国布伦特原油价格是基于北海油田，中东迪拜基准原油价格是基于中东油田，美国西德克萨斯轻质原油价格早期形成是基于美国的油田。不过，需要指出的是，美国西德克萨斯轻质原油价格随着美国原油开采的减少和美国进口石油的不断攀升，美国西德克萨斯轻质原油价格则反映了"能源需求权"的作用。近些年来，随着国际能源市场的发展，"能源技术权""能源金融权"和"能源碳权"在国际能源市场上作用越来越大。对于新兴经济体而言，在"能源需求权"和"能源供给权"领域有可能会有所提升，但是在新兴的"能源技术权""能源金融权"和"能源碳权"等方面仍然难以突破。

能源的消耗不仅产生了动力，驱动了经济的发展，但同时排出了大量的温室气体和各种微小颗粒，不仅可能带来潜在的全球变暖，而且可能带来酸雨和雾霾，对暴露在空气中的建筑、工厂设备以及人类健康造成危害。作为煤炭消耗大国的中国和印度，都有多个城市被雾霾所困扰。

经济增长、能源消耗与环境污染作为一个系统的问题备受研究者关注。一方面根据著名的库兹涅茨曲线，构造了环境污染与经济增长之间的关系，提出了所谓的环境库兹涅茨曲线，该曲线是一个经验研究的结果，虽然后来有学者为该曲线提供了经济学理论上的描述和论证，但是在实证上仍然存在很多争议；另外一方面就是放弃环境库兹涅茨曲线的设定，采用诸如半参数计量经济学模型、时间序列计量经济学模型来考察经济增长、能源消耗与环境污染的关系。

1.4 研究内容

本书围绕新兴经济体的能源、环境和经济增长的问题展开讨论，主要

的研究内容如下:

第一章是绪论,介绍了新兴经济体的界定,简要地新兴经济体的经济增长、能源与环境问题。

第二章对新兴经济体的发展模式与战略选择进行了研究。本章从经济发展史的角度,分别考察了中国、印度、俄罗斯和巴西等"金砖四国"的发展模式和战略选择。中国、印度、俄罗斯和巴西等四国各有其发展的特点,其发展模式和战略选择与其资源禀赋、国际环境、历史、文化等密切相关,可以为其他发展中国家的发展提供借鉴。

第三章讨论了"中等收入陷阱"问题。本章从考察一国或者地区进入中等收入后的一般特征入手,接着对东亚和拉美在中等收入阶段的发展情况进行了对比,认为形成二者差别的主要原因在于:一是东亚国家在政府的推动下,成功地实现了产业转型升级,而拉美国家普遍实现经济自由主义,高度依赖国外投资,在达到中等收入阶段,没有能够实现产业的本地化升级;二是东亚国家通过大力发展教育来不断地优化收入分配结构,而拉美国家则没有有效的解决收入分配差距过大的问题。

第四章研究了技术进步、市场自由化对新兴经济体能源效率的影响,采用了22个新兴经济体1996~2009年的面板数据,研究了市场制度的变化和技术进步对能源效率的影响。研究发现:在控制了诸如经济规模、储蓄变化、贸易依存等变量后,技术进步和经济体制转型对新兴经济体能源效率的提高起着显著的作用,而市场自由化则制约着这些国家能源效率的提高;在1996~2002年样本中,技术进步仍然促进能源效率提高,经济体制转型对能源效率的提高并不显著,市场自由化也制约着能源效率的提高,在2003~2009年的样本中,除了技术进步和经济体制转型提高了新兴经济体能源效率外,市场自由化对能源效率的贡献显著为正;无论是石油出口国还是进口国,技术进步和经济体制转型都促进了其能源效率的提高,市场自由化制约着能源效率的提高,不过,技术进步和经济体制转型对石油净出口国的贡献更大,市场自由化对石油净进口国的制约更大。

第五章估计了新兴经济体环境库兹涅茨曲线。环境污染问题一直困扰着新兴经济体的发展,新兴经济体是否按照环境库兹涅茨曲线中所描述在经济发展到一定水平后污染水平会下降呢?本章使用22个新兴经济体1996~2009

年的面板数据，分别采用参数和半参数方法对新兴经济体以二氧化碳为代表的污染物排放量和经济增长关系进行了估计。研究认为：环境库兹涅茨曲线所描述的污染物排放量和经济增长之间典型的倒"U"型关系在不同的样本、模型设定形式和估计方法下并不一定得到满足，但是 EKC 假说中所描述的污染物排放量和经济增长之间先上升后下降的整体趋势还是存在的，只不过下降的过程可能非常缓慢或者存在着波动。此外，在参数模型估计中，提高技术进步和贸易依存度能够减少二氧化碳排放量，而在半参数模型中，其结果是截然相反。

第六章讨论了能源消耗、经济增长与 CO_2 排放量之间的关系。以 17 个新兴经济体 1984～2010 年的面板数据为样本，使用面板数据协整检验、因果关系分析、面板数据 VAR 模型、面板数据脉冲响应和方差分解等研究了这些国家能源消耗、经济增长与 CO_2 排放之间的关系。从面板数据协整检验与因果关系分析来看，能源消耗、经济增长与 CO_2 排放量之间存在着协整关系，三者在短期内互为因果，经济增长才能使系统偏离原有的长期稳定关系。从面板 VAR 模型的分析结果来看，能源消耗、经济增长与 CO_2 排放量的变化存在着一定的路径依赖，滞后一、二期的经济增长对当期能源消耗、CO_2 排放均有着显著的影响，滞后一期的 CO_2 排放量降低了当期的经济增长。无论是给能源消耗还是 CO_2 排放量一个标准冲击，都会使得能源消耗、经济增长和 CO_2 排放量增加；给经济增长一个标准冲击，使得能源消耗、经济增长和 CO_2 排放量先增加后减少。方差分解显示能源消耗、经济增长和 CO_2 排放量的波动主要来自自身的影响，但是相对而言，CO_2 排放量的波动也受到能源消耗和经济增长的较大冲击。

第七章对中国能源效率进行了测度并分析了影响能源效率的因素。中国的能源效率问题一直备受关注。通过 DEA-Tobit 两步法的分析框架，利用 CCR 模型和 BCC 模型分别测度了改革开放后中国近三十年来的中国能源效率，并分析了诸如能源结构、所有制结构、产业结构等因素对其的影响。认为 1990 年之前和 2002 年之后，中国能源效率变化的波动较大，而在 1991～2001 年之间，中国的能源效率基本维持在相对较高的水平，在规模报酬不变的条件下，能源结构、所有制结构、产业结构、市场开放程度、税收负担和技术进步对能源效率有着显著影响，且存在反比例关系，在规模效应可变的条件下，仅有技术进步和税收负担对中国能源效率的影响具有负效应，并在此结论的基础上，给出了相关政策启示。

第八章研究了中国全球能源战略与能源合作的问题。本章从介绍全球能源的发展形势和中国全球能源战略出发，分别讨论了中国与俄罗斯、非洲、中东和中亚的能源合作现状、存在问题、重大项目和加强双方合作的对策。

第九章主要讨论环境政策工具与新兴经济体环境治理问题。本章在介绍环境政策工具的基础上，以中国为案例分析了制约环境政策工具发挥作用的因素，并展示了发达国家如何利用这些环境政策工具来进行环境保护，最后，就新兴经济体环境治理问题提出了相关对策。

第十章主要介绍了全球气候谈判的立场、困境与展望。本章从介绍全球气候谈判的历程和主要协定入手，分析了"伞形国家"和"基础四国"在全球气候谈判中的立场，并讨论了导致全球气候谈判困境的原因，制约全球气候谈判的影响因素，最后对全球气候谈判进行了展望，研究认为全球气候谈判存在难以突破的问题，未来的前景难言乐观。

第二章

新兴经济体的发展模式与战略选择

新兴经济体作为后发的发展中国家,一方面可以利用后发优势,即通过学习和模仿的方式获得发达国家的技术和管理经验,降低自己探索的成本;另一方面又得应付发达国家的先行优势,它们掌握着全球经济资源的控制权,拥有雄厚的资金和技术积累,它们在全球的扩张,挤压了后发国家的市场空间。那么新兴经济体的成功在某种程度就是要处理好这二者之间的关系,即在"干中学"的基础上,有效的提升本国企业的竞争力。要处理好这二者关系的过程中,就需要制定适合本国特点的发展路径和开发战略。每个国家都有自己特殊的历史人文、资源禀赋、制度安排,而这些要素在很大程度上决定着一国采取何种发展路径和开发战略。

第一类是从计划经济往市场经济转型的国家,以中国和俄罗斯为代表,但是二者转型的方式截然不同。中国采取了渐进改革的路径,在实施市场化的过程中,依托出口导向型战略,成功地融入了全球价值链的分工体系,分得了"全球化红利"。中国虽然处于全球价值链的低端,但是产业发展相对均衡,经济和贸易都得到了继续增长。俄罗斯采取了激进改革的路径,在市场化进程中,私有化快速展开,但是与之相配套的其他制度难以跟进,导致了经济衰退,在随后的二十年中,俄罗斯不断调整和完善私有化制度,发展国有企业等等,经济取得了较快的发展。

第二类实现市场经济的发展中国家,以印度和巴西为代表。印度自从独立以后,推行保护主义,实施进口替代战略,这种发展路径和战略选择一直维持到现在。而巴西在第二次世界大战后也实施进口替代战略,采取负债发展的路径，大力发展国有企业，实现了"巴西奇迹"，但是随着负债发展路径的失败，巴西陷入了"拉美陷阱"，巴西开始推行新自由主义，鼓励国内外投资，推动国有企业私有化，放宽管制等自由市场措施，经济得到了恢复和发展。

这里选择了目前学界较为关注的金砖四国（BRIC）为对象，分析其发展模式和战略选择，挖掘其发展的内在特点。

2.1 中国的发展模式

从当前新兴经济体的发展情况来看，中国无疑是其中最为成功的典范，分析中国经济成功的原因成为一个非常值得思考的问题，一些学者将中国的发展历程称之为"中国经验""中国模式"或者"中国道路"，尽管这三种称呼各有有其特点和内涵，在这里为了表述的方便，将中国改革开放以来的发展情况统称为"中国模式"。

弗雷德里克·詹姆逊（Fredric Jameson）首次明确提出"中国模式"的概念，2004 年乔舒亚·库珀·雷默（Joshua Cooper Ramo，2004）在《北京共识》中系统阐述"中国模式"，《北京共识》对中国 20 多年的经济改革成就作了全面理性的思考与分析，指出中国依托艰苦努力、主动创新和大胆实践，探索出了一个适合本国国情的发展模式。[①] 在这之后，"中国模式"的提法在国际学术界开始流行。正确处理了改革、发展、稳定的关系是"中国模式"的一个重要的成功经验，中国始终坚持发展是目的，是硬道理，是第一要务，改革是手段，是动力，稳定是前提，是必备条件，这三者相互依存、互为条件：改革和稳定为发展服务，发展能够促进改革和稳定，改革必须带来发展，使尽可能多的人受益。"中国模式"坚持实行多元化、多样化、混合化，而没有走极端、搞单一化。在实行对外开放的同时，并没有放弃对本国企业、产业、经济的必要、合理的保护；既充分利用国外的资本、资源、先进技术和管理方法，又减少对外国的依赖，促进本国

---

① Ramo, J. C, The Beijing Consensus, The Foreign Policy Center, 2004.

企业和产业的发展，维护本国的经济安全。中国的模式转换也没有采取激进式的"休克疗法"，而是渐进式的"摸着石头过河"，先易后难，先试验后推广，将重点突破与整体推进相结合，这样阻力更小，成本更低，实践证明这是一种成功的方式。

奈斯比特（Naisobitt，2011）认为，"中国模式"将以令人难以置信的力量影响整个世界，并且预言未来世界新的中心可能是中国。中国正在创造一个崭新的社会、经济、政治体制，它的政治模式也许可以证明资本主义这一所谓的"历史之终结"，只不过是人类历史道路的一个阶段。在未来的数十年，"中国模式"不仅会挑战全球经济，也会挑战西方式民主，证明西方现代民主并不是唯一可以减少贫困、保障社会和经济权利要求的治理模式。在奈斯比特看来，中国的变化并不是停留于表面，而是正在创建一种不同于西方的、符合自己历史与思维的纵向民主模式。[①]尽管如此，"中国模式"将遇到一些重大挑战：第一，政府驱动型的投资发展模式，导致投资效率低下，地方政府债务巨大；第二，产业处于全球价值链的低端，且对国际市场依赖程度较高，劳动力、土地等投入要素价格的提高和环境的承载力的限制迫使产业转型升级；第三，权力腐败、社会保障制度不完善和收入分配差距过大，易于滋生种种社会问题；第四，通货膨胀和高房价，降低了人民的生活幸福感。

为了解决这些发展中的问题，中国采取了如下几个非常有效的解决办法，一是在政治上，始终坚持党的领导，严厉打击贪污腐败，不断增强政府的透明度建设，提升人民对政府的信心；二是始终将改革开放与产业转型升级相结合，改革开放是通过不停地进行制度创新来更加有效的利用国内外两种资源、两个市场，从而实现对国内过剩产能的化解，提升产品的附加值与竞争力；三是积极推进城镇化，针对中国普遍存在高外贸依存度和内需乏力的问题，实现城镇化可以有效增加居民的资产收入，促进内需的增加；四是强化基础设施建设，基础设施的建设不仅可以通过巨额的投资来拉动经济增长，带动就业，还可以提升物流、人流的移动速度，增强企业的全球供应能力；五是根据经济的发展情况不断地提升居民的社会保

[①] 荆墨：《"中国模式"的真诚对话——读赵启正、奈斯比特之〈对话：中国模式〉》，载《中国高新区》2011年第7期。

障能力，实现经济发展的成果为全民所享，对于发展中国家来说，如果一开始就不顾实际的推行较高水平的福利政策，会使得有限的财政收入中用于发展和储备的资金减少，使得后续发展乏力，应对国际冲击的能力下降，反之，如果不能够和国民分享经济发展的成果，则会带来社会的动荡，因此，中国选择了循序渐进的提升社会福利水平，既保证了发展所需的资金，又提高了居民的实际获得感；六是大力发展教育，中国在全国实现"九年制"义务教育，部分经济发达地区甚至实现了"十二年制"的免费教育，同时，中国还大力发展高等教育和职业教育，国民的受教育水平极大提高，为经济发展提供了丰富的人力资本；七是努力营造和平的国际经济环境，自从中华人民共和国成立以来，中国就奉行"独立自主"的外交政策，后来邓小平同志提出了"韬光养晦"的战略思想，再到习近平总书记提出建设"一带一路"并积极参与全球治理的伟大构想，这些外交战略的背后最核心的一点就是要为中国的发展赢得良好的外部环境。

当前，中国的发展已经引起了世界的关注，中国的经济总量已经位居世界第二，是全世界唯一的工业门类齐全的国家，中国经济发展的美好前景已经被不少研究机构、专业人士看好，但是中国政府始终居安思危，直面中国发展中的问题。在大国崛起的过程中，可能会遇到"塔西佗陷阱""修昔底德陷阱"和"中等收入陷阱"，习近平总书记高度重视这三个"陷阱"，多次讲话中对如何避免这"三个陷阱"进行了指示。"塔西佗陷阱"是指当政府失去公信力时，无论说真话还是假话，无论是做好事还是坏事，都会被认为是说假话、做坏事。针对此，习近平总书记在《之江新语》中指出："企业无信，则难求发展；社会无信，则人人自危；政府无信，则权威不立。"不过，仍然存在少数政府官员不顾法纪，损害政府形象。"修昔底德陷阱"是指一个新崛起的大国必然要挑战现存大国，而现存大国也必然会回应这种威胁，这样战争就变得不可避免。在过去的一百多年，西方发达国家主导者世界经济与政治秩序，中国的崛起必然会深刻的改变当前世界的格局，西方世界的主导地位也会逐渐衰落，当然，它们并不甘于自己的利益受损，会对中国的崛起进行遏制。尽管关于中国是否会陷入"中等收入陷阱"讨论很多，但是多个国家在进入中等收入之后都或多或少遇到了经济停滞、社会动荡，中国尚未跨入发达的高收入国家行列，如果不能够强化经济发展的动力和保持社会的稳定,有可能滑入"中等收入陷阱"。

2.2 印度的发展道路

与亚洲其他一些新兴工业化国家(如日本、韩国、泰国等)相比,印度在20世纪80年代以前的总体表现极其一般。在这一段时期内,印度的发展战略主要围绕两大目标:一是在经济上满足人民生活水平迅速提高的要求;二是在政治上使政府的经济政策和对外政策具有独立性。为了实现这样的目标,印度效仿了苏联的一些做法,走上了一条以集中全社会资源、优先发展基础工业和公营部门为重点的发展道路。

不过,印度没有像苏联和东欧的社会主义国家那样对收入或财产进行重大的再分配,而是保留了传统的生产关系和殖民时期就已有所发展的私营部门,建立起了一种混合经济体制。然而,30余年的发展实践表明,这一做法与当初的设想的结果相去甚远。麦迪逊的研究指出,1952年印度的国民生产总值占全世界的比重为3.8%,而到1978年,反而下降为3.4%。1952~1978年间,印度国民生产总值的年均复合增长率仅为4.02%,远低于同一时期日本的7.85%,也低于苏联的4.75%、世界平均水平的4.52%和中国的4.40%。同一时期,印度的人均国民生产总值增长率也是出奇的低,仅为1.81%,远低于日本的6.66%、苏联的3.15%、世界平均水平的2.56%和中国的2.34%。[①] 这些数据清楚地反映出了印度经济所面临的增长乏力的困境,也为决策者提出了政策调整和改革的必要。

从20世纪80年代开始,印度开始调整政策体系。1984年拉吉夫·甘地(Rajiv Gandhi)担任总理后,在许可证政策上做出了较大的松动,允许大财团享有不受垄断和限制性贸易行为法和外汇管制条款约束的特殊照顾等。这种政策变化的效果很快就在经济指标上得到了体现。在"六五"(1980~1984)和"七五"计划(1985~1989)期间,印度实际的GNP增长率分别上升到了5.5%和5.6%。尽管如此,细小的政策修补并不足以弥

---

① 张立:《印度经济发展模式的经验及教训》,载《天府新论》2009年第5期。

补整个体制的漏洞。预算赤字和海湾战争使得印度经济陷入困境，这反而激发了印度深化改革的决心。在当时国内外情势的影响下，拉奥政府发布了新的改革政策，其具体内容在同年7月颁布的《新工业政策声明》得到了较为详细的阐述，例如，基本取消工业许可证制度，为公营、私营企业提供接近平等的竞争条件；修改《反垄断法》，减少对大型私营企业的投资限制；改革公营部门，引进竞争机制；改革计划管理体制，加强市场调节功能，加速推行经济自由化、市场化；调整外资政策，改革外贸体制，促进印度经济国际化等。自此以后，印度迎来了一个新的大发展时期。印度已经成为世界第四大经济体。印度的社会指标在改革过程中也在不断改善。所谓的"印度发展模式"也开始引起了全球广泛而热情的关注。

结合印度近年来的发展实践来看，可以认为，"印度发展道路"主要包括了以下四个方面的基本特点：

第一，从制度、体制环境来看，印度的发展是在"民主"和"法制"的框架下进行的。印度号称是世界最大的民主国家，建立了竞争式的竞选制，并且有着相对健全的法制环境。这使得它与"东亚"新兴工业化国家的"威权"式政治体制明显不同。莱内特·翁（Lynette Von，2004）就此指出："印度似乎还建立了有益于经济发展的公共制度——民主、运转良好的司法系统、财产权等。"[1] 诺贝尔经济学奖获得者阿玛蒂亚·森（Amartya Sen）教授发表的评论也指出："1947年时，受到严重束缚的印度经济以缓慢而稳定的速度增长——著名的3%。缓慢的经济增速与新共和国的政治变革速度形成鲜明对比：印度在一夜之间成为世界上首个全面实行民主的贫困国家。自那以来，民主确实在印度繁荣起来，其间很少出现停滞。印度定期举行有序的大选，拥有自由而活跃的媒体和司法独立，同样重要的是，执政党在大选失败后愿意交出政权，而非召集军队。对于任何贫困国家（特别是像印度这种规模的国家），这都是一项令人瞩目的成就。"[2]

第二，从发展策略来看，印度既强调对外开放，同时对国内保护力度也很大。这与东亚新兴工业化国家十分注重依靠出口和外部市场拉动本国经济增长的策略也有明显的区别。这正如前世界银行驻中国首席代表鲍泰

---

[1] 莱内特翁：《中印经济发展模式差异详解》，载《参考消息》2004年5月25日。
[2] 阿玛蒂亚·森：《六十岁的年轻印度》，何黎译，载《国际金融报》2007年8月21日。

利（Pieter Bottelier，2006）所指出的："中国开放了本国零售市场，而印度至今仍对此非常抵触。虽然进口关税已有了大幅度的削减，但2005年印度对进口制造业产品所征关税的税率仍比中国高一倍。"① 另外，蒙特克·S.阿卢瓦利亚（Montec S. Ahluwalia，2005）在回顾印度自1991年经济改革以来的发展状况时也指出："……实际的情况是，印度产业和贸易政策的改革力度都不够。"②

第三，在发展动力上，印度具有重视消费而非投资、重视内需而非出口、重视服务业而非制造业、重视高新技术产业而非劳动密集技术含量低的工业等特点。闻潜等人的一份研究指出，长时期以来，印度内需与经济增长的关联度相当高，达到0.95左右。③ 同时，印度消费占GDP的比例也相对较高，2003年达到77.7%。④ 与消费所发挥的作用相比，印度出口的贡献明显不足。与中国和东南亚的情况不同，印度的外资企业在产品出口方面没有起到应有的作用，相反，印度所引进的外资主要针对的是国内市场。除了对外贸易所扮演的角色有所不同以外，在产业发展模式上，印度也与中国、韩国和日本等东亚国家有很大的差异。这些东亚国家政府的政策大多是优先发展制造业，其服务业依然处于相对的欠发达状态。然而，在印度，服务业的大发展却是20世纪90年代经济增长的最大推动力。在产业发展取向上，印度也十分重视信息技术（IT）、生物科技、医疗和制药等技术密集型行业的发展。⑤ 这与东亚国家大力发展劳动密集型低技术加工制造业的策略也形成鲜明的对照。这种产业发展路径使得印度经济对全球经济不景气冲击的抵抗力较强，如在1997年东南亚金融危机中印度就几乎未受波及和伤害。

第四，在发展绩效方面印度具有质量高和可持续性强等方面优势。恰兰·达斯（Gurcharan Das，2006）指出："印度国内生产总值增加的30%~40%都是生产效率提高的结果，而不是单纯地依靠总量投入。这一点与中国

---

① Bottelier, P：《中国经验对照下的印度繁荣之路》，载《第一财经日报》2006年10月13日。
② 蒙特克·S·阿卢瓦利亚、刘英：《渐进主义的功效如何？——1991年以来印度经济改革的回顾》，载《经济社会体制比较》2005年第1期。
③ 闻潜等：《消费启动与收入增长分解机制》，中国财政经济出版社2005年版。
④ 权衡：《中印经济增长模式之比较》，载《东方早报》2006年9月11日。
⑤ 赵伯乐：《印度经济可持续发展因素分析》，载《四川大学学报》（哲社版）2007年第5期。

有明显不同，也有别于其他亚洲新兴经济体。生产效率提高是经济增长真正有价值的指标，它不仅意味着经济增长，而且也意味着技术进步，单纯依靠投资和产量增加来推动经济增长并不能反映一国经济运行的真相，投资效率和生产效率提高才是经济健康增长的真正指标。"① 反映印度经济增长质量高的其他一些重要指标还有劳动生产率和资金利用效率等方面的变化情况。有研究指出，自1980年以来，印度的劳动生产率增长势头一直相当良好，全要素生产率（每单位劳动力和资本投入的产出增长）每年大约提高2%。② 另有统计资料显示，印度的储蓄率约为24%，中国高达40%左右，并且中国每年吸引的外国直接投资（FDI）规模比印度多出十几倍。③ 由此可以看出，印度运用比中国少很多的资本就获得了年均6%甚至8%的经济增长率，体现出其资金利用效率明显高于中国。如果印度外资流入能够不断增加，同时国内储蓄率也能有所上升的话，即使达不到中国的水平，印度也会有很强的发展后劲，完全能够保持连续的快速增长。

印度意料不到的快速崛起及其独特的发展模式，使得"东亚模式"不再风光独占，而是要经受印度模式的比较和挑战。曾作为印度总理曼莫汉·辛格（Manmohan Singh）的重要助手散嘉亚·巴鲁（Sanjaya Baru）在其2006年中出版的一部著作中援引相关资料指出，1700～1995年间，印度在全球收入中所占比例从22.6%降至4.6%。1991年开始改革以来，这种下降趋势已经开始扭转。而就在2006～2007年度，印度已经有望连续4年实现8%的经济增长，这是前所未有的成绩。④ 著名的投资银行美国高盛公司（GoldmanSachs）研究"金砖四国"（BRIC：巴西、俄罗斯、印度和中国）的经济学家们指出，如果印度继续照此速度发展，那么到2050年，它有望成为全球第三大经济体。⑤ 尽管如此，印度还存在着基础设施落后、贫困现象研究、失业率较高等诸多问题，制约了印度的发展。

---

① Das，G：《探寻"印度模式"的成功之道》，载《中国经济日报》2006年7月27日。
② 马丁沃尔夫：《中国和印度不同的发展道路》，李白译，载《国外社会科学文摘》2005年第5期。
③ 刘建辉：《印度：在另一条跑道上特立独行的大象》，载《经济》2005年第3期。
④ http：//www.ftchinese.com/story/001006361/ce.
⑤ http：//www.ftchinese.com/story/001006361/ce.

2.3 俄罗斯的艰难恢复

1992年以来，俄罗斯采取"休克疗法"对苏联时期的社会经济体制进行了全面而彻底的转轨，尽管俄产业结构发生了一定的变化，但是产业结构逐渐呈现二元特征，能源原材料比重过大的特征没有根本改变。在经济发展方面始终没有摆脱其粗放型经济发展模式，即资源型经济发展模式。这种经济发展模式的主要特征是，依靠资源性产品和初加工产品的出口换取外汇以支撑国家财政收入和促进经济发展。

俄罗斯经济增长主要是依靠资源性产品，特别是燃料——原料类产品（主要包括原油、天然气、煤炭、电力、有色和黑色金属等）的大量出口。在2000~2008年俄罗斯经济持续快速的恢复性增长中，资源性产品更是起到了举足轻重的作用。根据俄罗斯海关统计，在2015年俄罗斯出口商品结构中，虽然受到美国的经济制裁，但是俄罗斯燃料能源类商品仍占66.4%，其中，石油出口增长了11.2%，天然气出口增长了14.7%，石油产品增长了4.9%。在燃料类产品出口中占主导地位的又是石油，因此，俄罗斯经济走势就与石油价格息息相关。

俄罗斯的资源型经济发展模式不仅会耗竭不可再生的自然资源，而且会时常受国际市场行情波动的影响，从而使本国经济增长不可避免地受外部因素的左右而产生波动。俄罗斯经济在近10年间从恢复性增长走向严重衰退，这已经暴露出俄罗斯资源型经济发展模式的严重弊端，这种发展模式带来的经济增长是低质量的、不稳定的，它从根本上制约了俄罗斯政府制定和实施反危机经济政策的空间。2009年的国际金融危机对俄罗斯经济的冲击表面上是对经济增长速度的冲击，实质上是对其经济发展模式的冲击。因此，转变经济增长模式是俄罗斯经济摆脱危机、实现持续稳定发展的战略选择。事实上俄罗斯政府已多次意识到这种经济发展模式不符合现代经济发展的要求，过度依赖资源性产品和海外市场是俄罗斯经济的致命伤。但是，当俄罗斯政府还没有来得及将其改变经济发展模式的政策措施付诸实施的时候，在这次国际金融危机和全球实体经济的衰退中，俄罗斯以其惨重的代价演示了资源型经济发展模式对俄罗斯经济影响的路径和结果。

"荷兰病"威胁俄罗斯经济:2005年2月国际评级机构标准普尔(Standard & Poor's)发表报告称,俄罗斯已经患上了"荷兰病",石油出口收入的大幅度增加使得卢布坚挺,威胁工业的竞争力。[①] 从长期来看,"荷兰病"会造成资源从加工部门向采掘部门转移,导致增加值减少。经济长期依赖自然资源的出口会削弱加工业发展的动力和高新技术的发明和创造。乌克兰危机之后,欧美国家对俄罗斯实施严厉的经济制裁,使得俄罗斯经济进一步萎缩,对石油、天然气的出口更加依赖。

因此,转变资源型经济发展模式是俄罗斯经济实现现代化的关键因素。如果说经济转轨初期的俄出口商品结构以能源—原材料为主还有一定的必然性和合理性的话,在进入21世纪后的高科技时代,如果不改变这种畸形落后的产业结构,经济就难以实现稳定持续快速发展,更不可能占领世界经济的制高点,甚至有可能陷入"比较优势陷阱",这样就会在国际分工和世界贸易格局中出现被边缘化的趋势。因此,像俄罗斯这样一个大国,出售资源只能作为经济复兴的起点。俄罗斯必须利用其雄厚的科研基础,依托科技创新,实现经济发展模式的转变和战略的调整。

2.4 巴西的第二次崛起

1941年,奥地利作家斯蒂芬·茨威格(Stefan Zweig)出版了《巴西:未来之国》(Brasil, País do Futuro)一书。茨威格在该书中对巴西历史、经济、文化、城市生活进行了多视角观察,该书是首部将巴西冠以"未来之国""潜在大国"等头衔的国外著作,巴西由此从拉美大陆一隅走向世界。[②] 进入新千年后,巴西迎来了有史以来最佳的一个经济增长周期。良好的发展势头,以及不变的潜在优势,使巴西再次成为备受瞩目的国家,并被冠

---

① http://www.xjjjb.com/html/news/83164_2.html.
② 周志伟:《从"永远的潜在大国"到"崛起的金砖"——试论巴西发展模式的转变》,载《当代世界》2009年第11期。

以"金砖"的名号。

自20世纪30年代实施进口替代工业以来,巴西便实现了比其他拉美主要国家更快的经济增长。周志伟(2009)认为:自20世纪50年代开始,巴西进入一个经济快速增长的黄金阶段,1951～1980年的30年间,年均经济增长率达6.8%,其中1968～1973年"经济奇迹"时期达到了11.2%,1973年创下14%的增长纪录;20世纪70年代的石油危机使巴西"经济奇迹"戛然而止,油价的疯涨、国际资本的短缺、国际市场对初级产品需求的下降等多重因素使巴西经济的繁荣周期从1974年开始进入尾期,宏观经济的混乱一直延续到1994年雷亚尔计划的实施,该计划实施的当年,通货膨胀率便从1993年的289%降至92.9%,1995年降至22%,1996年回落到9.1%。① 总之,20世纪80年代末开始的经济调整和1994年实施的雷亚尔计划推动了巴西经济从封闭走向开放,并且实现了巴西宏观经济的稳定,进而使得巴西进入一个新的增长周期。

与20世纪60年代末70年代初的"经济奇迹"时期相比,当前的巴西政治、经济、社会、外交等各个层面都发生了深刻变化,这些变化既与世界格局变革这一因素有关,但更重要的原因在于巴西的内部环境发生了巨大改变。从巴西国情的各个层面的变化可以概括出当前巴西发展模式的主要特点。

第一,民主政治进一步巩固与深化。从1964～1985年巴西经历了长达21年的军政府执政时期,这段时期是巴西经济腾飞的重要阶段,1968～1973年巴西的"经济奇迹"就发生在军政府统治阶段,与此同时,巴西的社会结构也发生了巨大的改变,中产阶级的壮大推动了巴西民主运动的发展。1985年,巴西产生了"再民主化"后的首届文人政府,1988年通过了宪法,规范了民主体制,恢复了总统的直接选举,实施多党制。自此以后,巴西的民主体制得到了有序的运行。

第二,长期可持续的适中增长。1994年开始实施雷亚尔计划,巴西经济逐步步入一个速度适中的长期增长阶段。1995～2008年这13年间,巴西经济增长率仅在1998年出现0.1%的负增长,多数年份的经济增幅超过

---

① 周志伟:《从"永远的潜在大国"到"崛起的金砖"——试论巴西发展模式的转变》,载《当代世界》2009年第11期。

3%。虽然与1951~1980年6.8%的年均GDP增速和"经济奇迹"时期11.2%的增长水平相比,1995~2008年的增速显得比较低,但这一阶段的巴西经济增长质量要强于此前的任何阶段。概括而言,当前巴西经济增长质量的提高反映在通货膨胀可控,外债减轻,开放型经济快速发展等方面。

第三,注重社会的协调发展。卢拉在2002年竞选期间曾提出"帮巴西穷人实现一日三餐"是自己的最大使命,将保护穷人的生存权提升至政府政策的优先目标。执政6年来,卢拉政府推行以"零饥饿计划"和"家庭救助金计划"为主的一系列社会政策,政府反贫困的决心和努力取得很好的效果。根据巴西地理统计局(IBGE)的统计,巴西的基尼系数出现了连续10年的下降,从1998年的0.567降至2008年的0.515。收入分配的改善给巴西的社会结构带来了较大改变,2008年的巴西低收入阶层和超低收入阶层分别较2003年下降了15.5%和37%,相反中产阶级人数则增加了23.1%。实现经济与社会的发展是当前巴西发展模式与20世纪70年代"经济奇迹"时期的发展模式一个最主要的不同所在。

第四,自信外交提升巴西国际影响力。20世纪90年代后半期,巴西在实现经济稳定和步入稳步增长的同时,加大了国际事务参与力度,卡多佐和卢拉两位总统为此推行高频且务实的"总统外交""贸易外交""乙醇外交""文化外交"等实践,且收获了不错效果。巴西已经成为国际多边贸易谈判中的重要力量和国际金融体系改革的新兴力量。

从世界历史的发展过程来看,国家的崛起是一个长期的过程。巴西的大国地位更多体现在作为"地区大国",现在的巴西尚不具备成为全球性世界大国的条件。不过,在某些国际事务中,特别是在一些地区事务上,巴西的重要作用得到了越来越明显的体现,并且也逐渐得到了世界的普遍认同,这也体现出巴西正处于一种崛起状态。另外,从最近几年经济社会发展来看,巴西也的确处在一个新的增长周期中,各项经济和社会指标的改善便证实了这种可持续的发展态势,特别是在应对国际金融危机方面,巴西也体现出了自己的一些相对优势。所以,在某种意义上说,巴西当前正处在其有史以来的最佳发展阶段。

但必须承认的是,巴西在其崛起过程中依然面临着诸多挑战。首先,巴西依然面临着贫困、失业和高犯罪率等问题,要消除这些问题仍然任重而道远；其次，通货膨胀仍然困扰着巴西，虽然说近几年得到了有效的控制，但是全球性的通胀难免不影响到巴西。再其次，巴西的综合国力依然不强。不管是从"硬实力"还是从"软实力"分析，巴西的国家实力不仅与当今的世界大国存在很大差距，而且与其他新兴大国相比也有一定距离。最后，巴西的地区领导地位并未得到南美国家的普遍认同。巴西在实现地区一体化方面做了很多努力，但在与周边国家的关系上仍无法消除邻国的不信任，同时，与美国的结构性矛盾对巴西崛起构成制约。

2.5 总结与展望

新兴经济体的发展可以说是全球化的受益者，就连采取保守政策的印度也不例外，它引以为自豪的软件业，也得益于发达国家的发包。在经济全球化的时代，资源可以在全球范围内配置，一方面新兴经济体可以实现本国资源和全球其他资源的对接，弥补自己发展过程中的短板，并可以借助于发达国家的市场，将自己嵌入到全球价值链中；另一方面经济全球化使得本国企业面临的竞争更加激烈，遭受到跨国公司的挤压，发展环境变得困难。

新兴经济体曾经都是比较落后的国家或者原计划经济国家，在发展中总是会出现一些比较严重的缺陷。首先，新兴经济体常出现制度建设跟不上经济发展的需要，政府的经济政策也会经常变动和调整，使得企业在这样的环境中难以适从，菜单成本较高。其次，发展的区域不均衡问题也比较突出，在经济的发展过程中不可能所有的领域同时发展，再加之以极化效应，资源从国内不发达的地区流向发达的地区。再其次，普遍存在在严重的两极分化和腐败现象，且没有特别好的处理办法。严重的贫困化问题会导致社会犯罪率上升，社会环境恶化。最后，新兴经济体一般处于全球价值链的最低端，以资源消耗型为主要发展特征，且对国际市场高度依赖，这会给新兴经济体的发展带来了一系列的问题，譬如环境污染、金融动荡、输入性通货膨胀等等。

随着欧美发达国家经济的不景气，失业率和政府财政赤字居高不下，欧美发达国家的反全球化和贸易保护主义开始抬头，而且金融危机使得它们开始重视本国制造业的发展，而与此同时，由于新兴经济体上升的生产成本和低的劳动效率，发达国家的跨国公司逐渐放慢了对新兴经济体的投资，甚至将一些制造环节撤回本国。在这种情况下，新兴经济体应该努力推进经济改革，解决一些经济发展存在的深层次问题。

第三章

"东亚奇迹"与"拉美陷阱"的成因比较

3.1 经济社会的一般特征

从发展经济学的视角来看,人均 GDP 在 400~2000 美元为经济的助跑阶段,2000~10000 美元为加速跑动阶段,10000 美元以上为稳定增长阶段,人均 GDP 达到 3000 美元,意味着经济发展进入加速成长阶段。国际经验一般认为,当一个国家或地区的人均 GDP 达到 3000 美元时,意味着经济发展已经积累了相当的基础,将进入一个经济加速发展、人民生活水平迅速提高的活跃期,经济社会中存在诸多机会;但是与此同时,经济社会的发展也遇到一些新问题,如果不能顺利地解决这些问题,经济社会的发展可能陷入停滞甚至倒退。对于成功实现人均 GDP3000 美元后经济转型的经济社会特征可以概括为以下几点:

第一,经济发展速度加快,经济增长的稳定性增强。

经济总量可能高速增长,从国外成功的经验来看,人均 GDP3000 美元前后,是一个国家或者地区的经济开始高速增长的阶段,而且这一高速增长在时间上有着较长的跨度(见表3-1)。

表3-1列出的这些国家(地区)的经济在人均 GDP3000 美元前后获得了成功,新加坡和中国香港持续高速增长了33年,日本持续了12年,韩国持续了11年,最少的联邦德国也持续了5年,中国在2007年末人均收入达

表 3-1　　　　部分国家和地区高速增长时期人均 GDP 的变动

国家和地区	高增长期（持续时间）	人均 GDP（按 1994 年美元折算）	年均增速（%）
日本	1961~1973（12 年）	2200~14000	9.8
联邦德国	1951~1955（5 年）	2400~4300	9.1
韩国	1983~1994（11 年）	2870~8260	8.8
新加坡	1961~1994（33 年）	3572~19420	8.3
中国香港	1961~1994（33 年）	3750~21650	8.1

资料来源：1996 年及相关年份《世界发展报告》。

到了人均 GDP3000 美元左右，在这之前的 20 多年以及随后的 2 年多，基本维持着两位数的增长。

人均 GDP 在经济总量快速增加的条件下，也加快提高。在表 4-2 中可以看到，随着经济开始突破助跑阶段，人均 GDP 每增加 1000 美元所用的时间不断减少，而且对于助跑较晚的经济体而言，其人均 GDP 提高的速度相对更快。如 1966 年开始经济助跑的日本，人均 GDP 从 1000 美元到 4000 美元时，每增加 1000 美元所用的时间分别为 6 年、3 年和 2 年，快于较早助跑的英国、法国和德国，他们分别为 13 年、7 年、3 年，13 年、7 年、3 年和 9 年、6 年、3 年。人均 GDP 从 4000 美元到 10000 美元时，表 3-2 中所列国家平均每增长 1000 美元只要 1.5 年，其中以联邦德国的增长速度最快。这暗示了后起的国家存在着某种后发优势，它们可以借鉴先进国家的发展经验，实现本国经济的跨越式发展。

表 3-2　　　　世界主要国家和地区人均 GDP 变化趋势　　　　单位：年

国家和地区	人均 GDP1000 美元的起始年	人均 GDP 1000~2000 美元经过的时间	人均 GDP 2000~3000 美元经过的时间	人均 GDP 3000~4000 美元经过的时间	人均 GDP 4000~10000 美元经过的时间
美国			12	7	10
法国	1953	13	7	3	7
英国	1955	13	7	3	9
联邦德国	1957	9	6	3	7
日本	1966	6	3	2	11
中国香港	1971	4	4	3	11
韩国	1977	8	4	2	9
中国上海			4	3	

资料来源：李萍、夏沁芳、刘黎：《人均 GDP3000 美元后北京市社会经济发展趋势分析》，载《北京社会科学》2003 年第 3 期，经改动而成。

经济增长的波动减小，稳定性增强。表3-3中给出了日本、韩国和中国香港在人均GDP3000美元前后经济增长的波动系数，可以看到在人均GDP3000美元前经济增长的波动系数很大，特别是韩国和中国香港，而人均GDP3000美元之后，经济增长的波动系数就变小，特别是人均GDP3000美元前的经济增长波动系数是人均GDP3000美元后的4倍。

表3-3 部分国家和地区人均GDP3000美元前后经济增长波动系数比较

国家或地区	时间（年）	波动系数
日本	1960~1965	0.40
	1966~1973	0.24
韩国	1980~1985	0.75
	1986~1994	0.28
中国香港	1962~1968	0.76
	1969~1973	0.18

资料来源：李萍、夏沁芳、刘黎：《人均GDP3000美元后北京市社会经济发展趋势分析》，载《北京社会科学》2003年第3期，经改动而成。

第二，产业结构优化升级，城市化水平大幅度提高。

通常通过经济中三次产业的比例变化来衡量产业结构的优化，虽然对用三次产业来衡量经济的发展水平存在着一些争议，但是在大量的经验研究证据下，这个衡量标准还是具有很大的意义。表3-4中，给出了人均GDP3000美元时日本、德国和法国的三次产业的比例分布，第三产业在日本和法国占有最大的比例，第二产业其次，第一产业所占的比例最小，德国稍稍有点不同，第二产业的比例稍稍高于第三产业。这说明在人均GDP3000美元时，经济社会中对非物质生产（服务）的需要增强，而传统的第一产业在经济中产出的地位下降。在表3-5中，钱纳里和塞尔奎因结构标准从人均GDP不同的水平给出了三次产业的比例，清晰地描述了在人均GDP很低时，第一产业居于主导，接着随着人均GDP的提升，第二产业比重上升，第一产业比重下降，当人均GDP达到4000美元时，第三产业有着绝对的主导地位。

表 3-4　　人均 GDP3000 美元左右部分国家三次产业比例　　单位:%

国家	第一产业	第二产业	第三产业
日本	16	35	49
德国	8	48	44
法国	13	39	48

表 3-5　　钱纳里和塞尔奎因结构标准　　单位：美元

人均 GDP	300 以下	300	500	1000	2000	4000
第一产业	46.3	36.0	30.4	26.7	21.8	18.6
第二产业	13.5	19.6	23.1	25.5	29.0	31.4
第三产业	40.1	44.4	46.5	47.8	49.2	50.0

注：人均国民生产总值的基准水平为 1980 年美元。
资料来源：Syrquin and Chenery（1989）："Three Decades of Industrialization". The Word Bank Economic Reviews, Vol. 3, pp. 152-153. 整理而成。

伴随着经济的增长和产业结构的优化，城市化水平也在提升，从发达国家城市化的进程可以得出两点结论：（1）城市化的速度在不同的工业化时期有着显著的差别，从发达国家的经验来看，在工业化起步的时期，城市化率增长缓慢，可以达到 30%，随着工业的深入，城市化率是起步阶段的 1.5~2.5 倍，城市化率可能会快速达到 70%，到工业化成熟期，城市化的增长率会下降，整体来说，城市化的增长率满足库兹涅茨倒 U 曲线，城市化率可能满足逻辑斯蒂函数。（2）高工业化对服务业有着高度的需求，因此在工业化的中后期，第三产业对城市化有着很大的推动力。

第三，消费结构呈富裕型特征，大额消费明显增加。

人均 GDP 达到中等收入之后，基本生活消费的比重明显下降，也就是恩格尔系数会下降，恩格尔系数会从 0.4 左右持续下降，住房、交通和文化娱乐等消费会出现持续的增加，人们的生活会从温饱型开始向追求生活享乐转变。居民的大额消费这个时候开始活跃起来，其消费的方向主要有两个方面：一个是轿车，跨越中等收入后轿车成为人们首选的机动化个体交通工具，并逐渐进入每百户家庭拥有 10 辆左右的汽车社会；另一个是购房，联合国人居中心关于城市住房状况的调查资料显示，从低人发指数的人均 8 平方米到高人发指数的人均 28 平方米，从非洲地区的 8.4 平方米到工业化国家的 35.8 平方米，差异非常明显。

第四，资源环境压力增大，经济社会问题凸显。

在经济发展的初期，人们一般关注于经济的增长，生产一般以粗放型生产方式为主，高耗能，高污染，但是由于经济处于一个相对比较低的水平，资源与环境问题就被如何促使经济增长这个问题掩盖了，当人均收入达到中等收入时，这个问题就凸显出来了，资源的大量浪费使用，一方面导致了资源供给的稀缺，提升了资源的价格，另一方面加剧了环境的污染。从发达国家的发展道路来看，它们在工业化的初期都是走的高耗能高污染的路子，不过，它们的一个优势在于其资源问题可以通过进口发展中国家产品而得到持续的改善。伴随着全世界对资源的需求越来越大，一个显著的信号是石油价格上涨、铁矿石价格飙升、煤电价格也在提高，生产的成本不断提高，给经济的持续增长带来很大的压力。

人均收入进入中等收入后，一些经济和社会问题就会困扰着经济的发展和社会的进步。这个时候比较容易出现的经济社会问题有：恶性通货膨胀、债务危机、产业比较优势丧失、收入分配严重失衡以及政变等。

3.2 东亚与拉美的比较

为了研究的方便，选择韩国和新加坡作为东亚经济发展的代表，选择巴西和阿根廷作为拉美经济发展的代表。在1980年，巴西的人均GDP为2190美元，韩国为2330美元，阿根廷为2890美元，新加坡在1978年为3334美元，但是在经过随后大约20年的发展，如图3-1所示，韩国和新加坡在亚洲金融危机前的人均GDP有着明显的上升趋势，新加坡人均GDP超过25000美元，韩国的人均GDP超过了11000美元，随后的亚洲金融危机让其经济受到了冲击。巴西和阿根廷从总体上来看，人均GDP有所增长，但是增长的幅度比较小，波动的次数较多。

表3-6给出了巴西、阿根廷、韩国和新加坡这四个国家1988~1999这12年的人均GDP增长率的基本统计描述结果。从均值上看，地处东亚的韩国和新加坡的人均GDP的平均增长率都在9%以上，而巴西只有6.8%；标准差、最大值和最小值都可以反映出人均GDP增长率的波动情况，可以看

(美元)

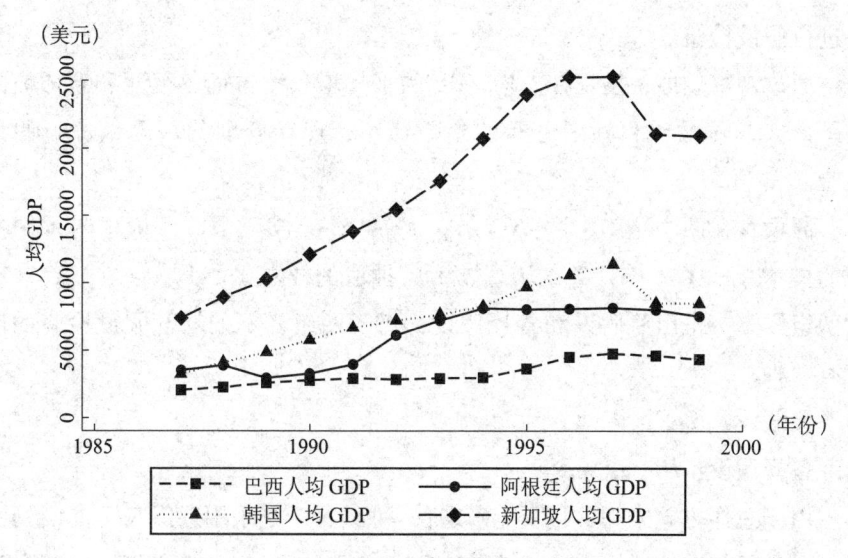

图3-1 东亚和拉美代表性四国人均GDP变化

到阿根廷的波动幅度是最大的,其次是韩国。峰度和偏度主要对照正态分布来考察样本的分布情况,偏度是对随机变量分布不对称性的度量,其值等于零时,正态分布对称,大于零时为正偏,小于零时为负偏,巴西和阿根廷为正偏,韩国和新加坡为负偏,这说明巴西和阿根廷在起初的几年增长比较快,韩国和新加坡在后一段时间增长较快。峰度度量随机变量分布中间部分的陡峭程度及两端尾部的厚重程度,当数据为正态分布时,其峰度为零,正峰度表示数据分布比正态分布中间顶峰更峭,两尾更重,负峰度则反之,在表3-6中的峰度都是正的,值越高就越峭。

表3-6 巴西、阿根廷、韩国和新加坡人均GDP增长率的基本统计描述

国家	均值	标准差	最大值	最小值	峰度	偏度
巴西	0.068	0.095	0.24	-0.05	2.28	0.56
阿根廷	0.079	0.19	0.55	-0.23	4.61	0.98
韩国	0.092	0.13	0.27	-0.25	5.18	-1.42
新加坡	0.095	0.11	0.20	-0.17	3.97	-1.33

从均值及其方差上看,拉美的巴西和阿根廷与东亚的韩国和新加坡在人均GDP3000美元后的增长率存在着差距,但是这种差距在统计上是否显著,这里采用假设检验,假设检验首先是对均值进行假设检验,然后对方

差进行假设检验。

通过观察均值，发现在人均 GDP 的平均增长率方面，巴西和新加坡的差距最大，阿根廷和韩国之间的差距最小，现在分别就这两组进行假设检验。

假设存在两个总体，$X \sim N(\mu_1, \sigma_1^2)$，$Y \sim (\mu_2, \sigma_2^2)$，从总体 X 中抽取的样本 $X_1, X_2, \cdots, X_n$，从总体 Y 中抽取的样本 $Y_1, Y_2, \cdots, Y_n$，针对这两组样本，提出原假设和备择假设，对于两组样本的均值假设检验的假设有两种：

原假设：$H_0: \mu_1 = \mu_2$

备择假设：$H_1: \mu_1 \neq \mu_2$

由于总体方差未知，且不能确定 σ_1 和 σ_2，于是采用近似双样本 t 检验。对巴西和新加坡这组样本检验结果的 P 值等于 0.516，大于 0.05；对阿根廷和韩国这组样本检验结果的 P 值等于 0.853，大于 0.05，因此在 5% 的置信区间上不可以拒绝原假设，即认为拉美的巴西和阿根廷在人均 GDP3000 美元后的平均增长率和东亚的韩国与新加坡之间可能存在不显著的差异。

为了考察人均 GDP3000 美元后，东亚和拉美人均 GDP 增长的波动情况，也就是考察二者在方差上是否有着显著的不同，于是采取了双总体等方差假设检验。

原假设：$H_0: \sigma_1^2 = \sigma_2^2$

备择假设：$H_1: \sigma_1^2 \neq \sigma_2^2$

按照均值假设检验的思路，同样将四个国家分成两组，即巴西和新加坡，阿根廷和韩国。通过计算，发现对于巴西和新加坡这组样本方差检验结果的 P 值为 0.69，大于 0.05；对阿根廷和韩国这组样本方差检验结果的 P 值为 0.233，也大于 0.05，因此在 5% 的置信区间上不能拒绝原假设，因此可以认为拉美的巴西和阿根廷在人均 GDP3000 美元后平均增长率的变化和东亚的韩国与新加坡之间可能存在不显著的差异。

通过对东亚和拉美具有代表性的两个国家的人均 GDP3000 美元后的增长率的假设检验发现，二者并没有显著的差异，但是为什么会出现大家认为的"东亚奇迹"和"拉美陷阱"呢？要对这个问题进行回答，必须要对"拉美陷阱"和"东亚奇迹"作一个了解。

自从 20 世纪七八十年代以后，拉美各个国家在经济的发展过程中不同程度地陷入了"经济有增长，社会无发展"的状态，这种不协调称为"拉美陷阱"。拉美在经济的发展过程中导致基尼系数不断变大，美国学者伯恩斯认为拉丁美洲的大量民众在 20 世纪末并不比 20 世纪初生活得更好，甚至可以有力地说明他们的生活状况更差了。20 世纪 90 年代初，拉美地区处于贫困线以下的人口达 1.96 亿，占该地区总人口的 46%，也就是近一半的人口处于贫困线以下，这其中有着 9350 万人口处于极端贫困状态，占总人口的 22%，不少拉美国家的失业率超过 10%，还存在大量的半失业人口。最为重要的是在 1980~1990 年间，拉美公共部门和农业劳动者的收入平均下降了 30%，工业领域平均下降了 17%。这种贫困化的存在制约了拉美经济社会的继续发展。

日本和亚洲的"四小龙"在二次世界大战后，经济从较低的水平上起步，特别是亚洲的"四小龙"国家和地区，其工业化水平在 20 世纪 50 年代仍然很低，资本和外汇很稀缺，人均国民生产总值只有 100 美元左右，但是这些经济体在二三十年的时间里持续、快速增长，在高速增长的同时，还伴随着收入分配的相对均等，经济结构的优化和一系列福利指标的提高，由于这些国家都处于东亚，因此将这种发展的经济奇迹称为"东亚奇迹"。

由此可见，"东亚奇迹"和"拉美陷阱"之间的最根本区别并不在于人均 GDP 的增长与否，而是整个社会的发展水平。那么形成这种差别的原因是什么呢？

3.2.1 东亚在国家指导下的产业转型与拉美的经济自由主义

一般认为东亚经济的成功在于其立足于赶超型重工业优先发展战略或者进口替代战略，同时，林毅夫、蔡昉、李周（1999）认为，比较优势战略是日本及其亚洲"四小龙"实现经济成功的核心。比较优势战略使得经济发展的每个阶段上都能发挥出当时资源禀赋的比较优势，从而维持经济的持续增长并提升资源禀赋的结构。这种比较优势战略使经济具有竞争力和持续发展的动力，有助于在发展中解决经济社会中存在的问题，林毅夫他们还强调自由市场经济对日本对亚洲"四小龙"成功的关键作用，但是考虑到拉美也是自由的市场经济，用这个来解释亚洲和拉美转型的成败不是一个好的思路。

在拉美，其经济发展战略中也实现进口替代战略，大力吸引外商投资，增加政府投资支出，努力实现经济的赶超，但是拉美国家信奉自由主义思想，在经济赶超的过程中没有实现政府对经济的有效干预，发挥出比较优势。埃利斯·埃姆斯登（Alice Amsden, 1989）和罗伯特·韦德（Robert Wade）将东亚经济的成功解释为政府有意识地扭曲价格、限制市场的作用，利用产业政策来扶持某些关键性的战略产业。尽管存在很多由于经济干预和价格扭曲导致经济发展失败的例子，但是有一点共识是存在的，就是产业政策的运用，并采取相关的手段配合产业调整的目标的达到，这些手段包括扭曲部分产品的价格，限制某些产品的市场等，但是这些只是辅助的工具，最终的目的是要实现产业结构的优化升级和比较优势的充分发挥。拉美国家对经济的干预更多的是在强调公共支出，为经济的发展提供基础设施，后期的一些政府支出，很多时候是出于政治上的需要，为了降低失业，采取的类似于罗斯福新政的那些策略，发行外债筹措资金，导致陷入了债务危机。

为了进一步说明东亚经济在产业政策上的成功，可以通过观察其在不同阶段不同关键产业的情况，发现东亚经济体的产业在不断的升级，努力发挥其比较优势。

在表3-7中可以看到，无论是日本还是亚洲"四小龙"在其经济的转型过程中，产业是不断地随着时间的推移而升级的，而且最重要的一点，它们在某一时段发展某一关键产业都是基于自身的实际情况出发，以能够发挥其比较优势为基础的。日本和韩国擅长于制造业，而中国香港和新加坡则利用其独特的地理位置，发展现代服务业，特别是银行与金融业。这说明产业升级不一定按照一定的顺序进行，可以按照比较优势原则来选择。

表3-8从劳动、资本、技术和知识的密集度来考察了日本及其亚洲"四小龙"的产业演化，可以看到其经济发展初期都采用进口替代战略，这一点上和拉美国家发展初期是一样的，都是从劳动密集型轻工业开始的，但是日本和亚洲的"四小龙"进口替代逐步扩展到资本、技术和知识密集型产业，而拉美国家在这个过程中没有实现跳跃。

表 3-7　20世纪日本和亚洲"四小龙"关键产业和关键阶段

产业	日本	韩国	中国台湾	中国香港	新加坡
纺织	1900~1930、50年代		60年代和70年代	50年代初	60年代初，70年代再次
服装、成衣	50年代		60年代	50~60年代	
玩具、表、鞋			60~70年代	60~70年代	
炼制		60年代初（推动）			
钢铁	50~70年代	60年代末70年代初（推动）			
化工	60~70年代	60年代末~70年代初			
造船	60~70年代	70年代			
电子	70年代	70年代末~80年代	80年代		70年代
汽车	70~80年代	80年代			
电脑与半导体	80年代	80年代末			
银行与金融				70年代末~80年代	80年代

资料来源：Ito, Takatoshi, "Japanese Economic Development: Are Its Features Idiosyncratic or Universal?", paper presented at the XIth Congress of International Economic Association at Tunis, December 17-22, 1995. 转自林毅夫、蔡昉、李周：《比较优势与发展战略——对"东亚奇迹"的再解释》，载《中国社会科学》1999年第5期。

表 3-8　日本和亚洲"四小龙"在20世纪不同时期选择的主导产业

国家和地区	50年代	60年代	70年代	80年代
日本	劳动密集型轻工业（面向出口）资本密集型重化工业（进口替代）	资本密集型重化工业（面向出口）技术知识密集型工业（进口替代）	资本技术密集型工业（面向出口）技术知识密集型工业（进口替代）	技术知识密集型工业（面向出口）创造性技术知识密集型工业（进口替代）
韩国	劳动密集型轻工业（进口替代）	劳动密集型轻工业（面向出口）资本密集型重化工业（进口替代）	劳动密集型轻工业（面向出口）资本密集型重工业（面向出口）技术知识密集型工业（进口替代）	资本密集型工业（面向出口）资本技术密集型工业（面向出口）技术密集型工业（进口替代）

续表

国家和地区	50年代	60年代	70年代	80年代
新加坡	劳动密集型轻工业（进口替代）	劳动密集型轻工业（面向出口）	资本密集型工业（面向出口）资本技术密集型工业（进口替代）	资本技术密集型工业（面向出口）技术密集型工业（面向出口）
中国台湾	劳动密集型轻工业（进口替代）	劳动密集型轻工业（面向出口）资本密集型重化工业（进口替代）	劳动密集型轻工业（面向出口）资本密集型重化工业（进口替代）	劳动密集型轻工业（进口替代）资本密集型重化工业（进口替代）技术密集型工业（面向出口）
中国香港	劳动密集型轻工业（进口替代）	劳动密集型轻工业（面向出口）	劳动密集型工业（面向出口）资本技术密集型工业（进口替代）	劳动密集型工业（面向出口）技术密集型工业（面向出口）

资料来源：邹晓涓、汪睿：《对"东亚奇迹"的再思考——主导产业演进视角的历史剖析》，载《广东商学院学报》2007年第1期。

3.2.2 东亚收入的相对公平与拉美收入的两极分化

对于广大的发展中国家来说，实施进口替代战略是其经济起步的一个可行而且有效的方法，但是如何在从进口替代战略变为面向出口，获得比较优势，在这个过程中，国内市场的购买力非常重要。一个国家的收入分配结构就成为一个突出的问题。如果收入分配集中于少部分人，大部分人没有从这种经济发展中获益，那么进口替代战略就可能会失效，因为国内的有钱会由于模仿效应或者攀比效应，而去消费国外进口的高档甚至是奢侈品，不去消费国内生产的产品，消费国内产品的那部分本国人由于贫穷而没有能力消费。如果收入分配结构相对的均衡，那么进口替代战略会由于国内市场的存在而获得发展，从而使经济进入一个良性的循环。另外，如果收入差距过大，财富在少部分人手里积聚，会带来很多社会问题，譬如犯罪、吸毒、辍学、政治动乱等，这样会严重阻碍经济的发展。

在研究东亚奇迹和拉美陷阱二者之间差别形成的原因，收入分配的结构不同获得了大量学者的认同，一般认为东亚地区的相对公平的收入分配制度有助于促进东亚国家经济的可持续增长，而拉美地区的严重两极分化阻碍了经济的发展。通常衡量收入分配差异大小用基尼系数，这个系数越大表示收入分配越不均衡，这个系数越小表示收入分配越均衡。通过计算20世纪60年代、70年代和80年代，拉美的基尼系数分别为0.51、0.52和0.50，而东亚则分别为0.38、0.40和0.39。从这个指标来看，拉美收入分配的公平度要低于东亚地区。

为了直观地看到拉美地区收入分配的两极分化比较严重的问题，选取了最具有代表性的拉美国家——阿根廷和巴西，按照不同的收入分组，绘制出了这两个国家家庭收入份额的帕累托图。

图3-2和图3-3分别为1980年和1997年阿根廷家庭收入份额的帕累托累积分布图，在1980年时，阿根廷最富有的10%的家庭占收入分配30.9%，而最穷的40%的家庭只占到收入分配的17.4%，这分配状况到了1997年继续恶化，最富有的10%的家庭占收入分配的比例上升到35.8%，而最穷的40%的家庭降到只占到收入分配的14.8%。阿根廷的收入分配差距在这18年里继续恶化。

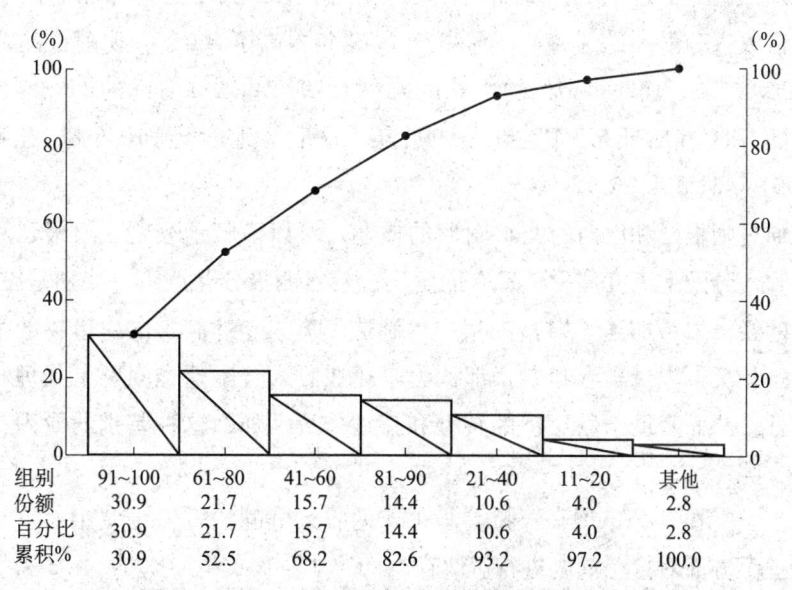

组别	91~100	61~80	41~60	81~90	21~40	11~20	其他
份额	30.9	21.7	15.7	14.4	10.6	4.0	2.8
百分比	30.9	21.7	15.7	14.4	10.6	4.0	2.8
累积%	30.9	52.5	68.2	82.6	93.2	97.2	100.0

图3-2　1980年阿根廷家庭收入份额的Pareto图

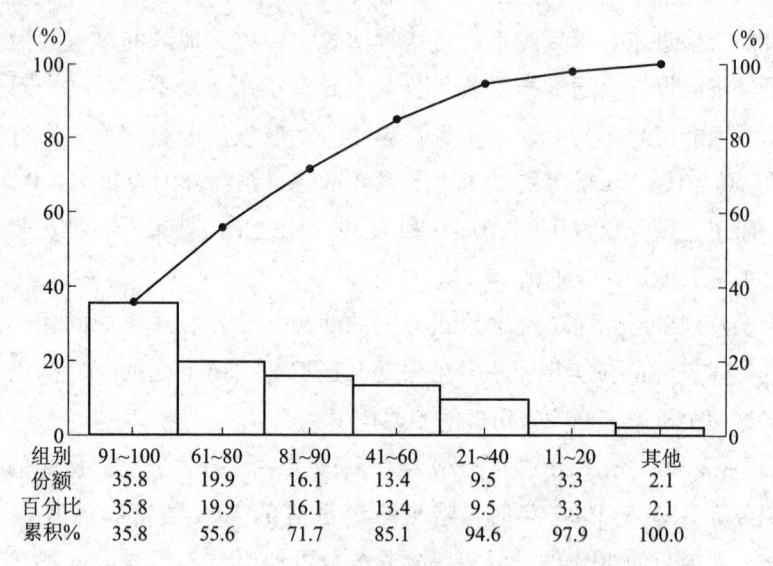

组别	91~100	61~80	81~90	41~60	21~40	11~20	其他
份额	35.8	19.9	16.1	13.4	9.5	3.3	2.1
百分比	35.8	19.9	16.1	13.4	9.5	3.3	2.1
累积%	35.8	55.6	71.7	85.1	94.6	97.9	100.0

图 3-3　1997 年阿根廷家庭收入份额的 Pareto 图

图 3-4 和图 3-5 描述了 1979 年和 1996 年的巴西家庭收入的帕累托累积分布图，可以看到在 1979 年最富有的 10% 的人占收入分配的比例为 39.1%，比阿根廷 1980 年时高 8.2%，而到了 1996 年，巴西最富有的 10% 的人占收入分配的比例为 44.3%，比 1979 年提高了 5.2%，比阿根廷 1997 年时高 8.5%，而收入最低的 40% 的人在 1979 年占收入分配的 11.8%，比阿根廷 1980 年时低 5.6%，到了 1996 年，这个比例下降到 10.6%，比阿根廷 1997 年时低 4.2%。

通过阿根廷和巴西的两组图形的描述，可以清晰地表明：阿根廷和巴西在收入分配上高度集中于富有的阶层，贫富两极分化严重，特别是巴西。它们的经济增长加速了财富的集中，制造了穷人，抑制了国内市场的消费能力。相反，大量学者和专家都认为东亚在收入分配这个问题上处理相对比较好，从而有助于其经济的转型和持续发展。那么这种差别的原因在什么地方呢？

江学时在《分享增长：拉美与东亚的收入分配比较》一文中对这个问题从三个方面对这个问题进行了解释。

首先，拉美人力资本开发落后于东亚地区，他引用世界银行的研究报告，认为在年龄、工种和其他因素为既定的条件下，受教育程度愈高的人，

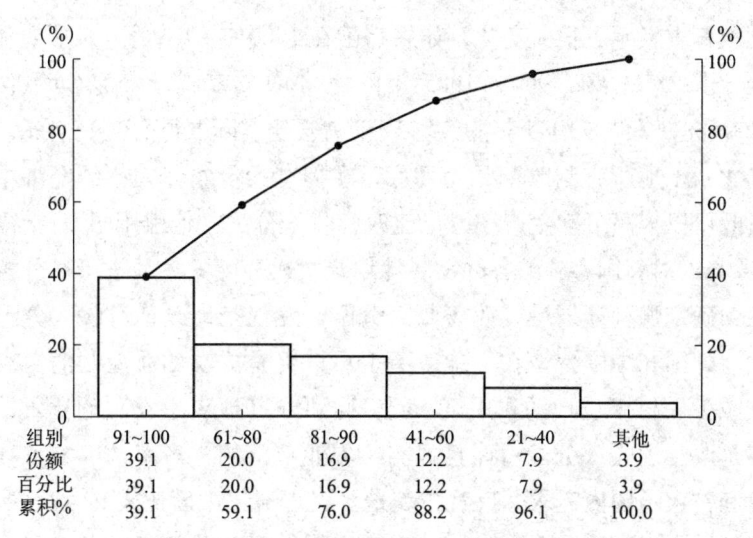

组别	91~100	61~80	81~90	41~60	21~40	其他
份额	39.1	20.0	16.9	12.2	7.9	3.9
百分比	39.1	20.0	16.9	12.2	7.9	3.9
累积%	39.1	59.1	76.0	88.2	96.1	100.0

图 3-4　1979 年巴西家庭收入份额的 Pareto 图

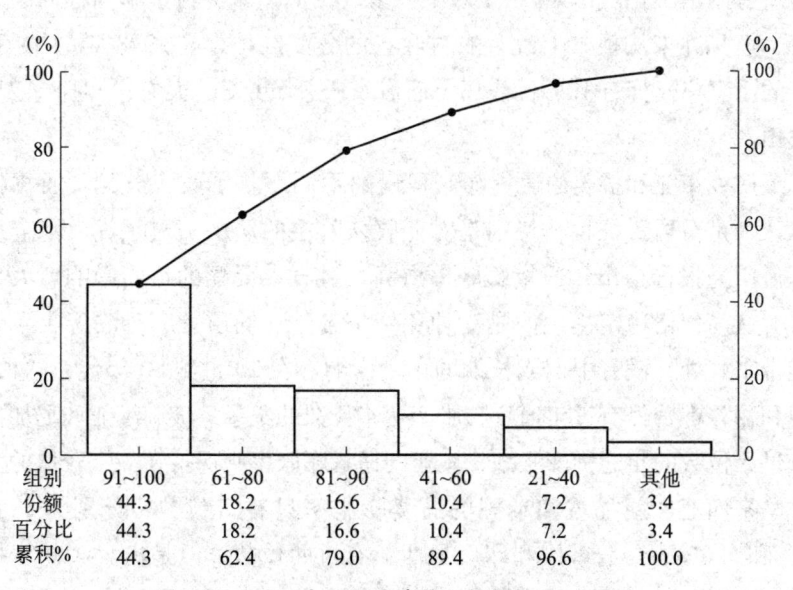

组别	91~100	61~80	81~90	41~60	21~40	其他
份额	44.3	18.2	16.6	10.4	7.2	3.4
百分比	44.3	18.2	16.6	10.4	7.2	3.4
累积%	44.3	62.4	79.0	89.4	96.6	100.0

图 3-5　1996 年巴西家庭收入份额的 Pareto 图

其所获得的工资也就愈高，报告还指出，在导致拉美收入分配不公的各种因素中，教育因素所占比重高达 25%。J. 贝尔曼的研究表明，在拉美，没有受过文化教育的人，有 56% 的可能性会成为穷人，而受过大学教育的人的可能性只有 4%。同时，他还通过数据来说明了韩国 1976~1986 年之间在文化教育上发生了很大变化,如果韩国在 1960 年的小学生入学率和巴西一样低,那么韩国在 1960~1985 年的经济增长率就不会是实际取得的 6.1%,而是 5.6%,1985 年的人均 GDP 就会比实际取得的低 11.1%。

其次,土地所有制改革是否彻底。在拥有大量农业人口的经济中,土地改革既可以提高劳动生产率,也能改善收入分配。他引用了 I. 艾德尔曼和 S. 罗宾逊对韩国实施的各种发展计划与收入分配的关系进行过分析和研究,试图确定哪种计划最能改善收入分配,发现土地改革对收入分配的影响最大。韩国和中国台湾在土地改革上可以算是成功的典型,他们改革的目标是减少农村中土地的集中度,提升自耕农(或者小农)的比重,这样不仅仅是改善了收入分配,而且提高了农业部门的生产率,稳定了社会经济环境和扩大了国内需求。反观拉美地区,土地集中度比较高,A. 费希罗认为:"当代拉美严重的收入分配不公,是 19 世纪或更早时期遗留下来的土地所有制集中化的结果。"虽然绝大多数拉美国家进行了不同程度的土地改革,但是并未从根本上改善农村收入的分配结构,在 1978 年的中美洲,79% 的小农户仅拥有 10% 的农田,而占农户总数 6% 的大农户却拥有 7.1% 的农田。

最后,东亚和拉美的通货膨胀程度的不同恶化了收入分配。通货膨胀可以认为是对居民征税,特别是对低收入阶层的居民。国际货币基金组织的一份研究报告指出,通货膨胀率愈高,对收入分配的负面影响愈大,这份报告认为价格稳定提供的是一种免费午餐,降低通货率对改善收入分配只能带来好处,没有中期或长期的不良影响。在 20 世纪 80 年代,阿根廷、巴西和秘鲁都曾经有过年通货膨胀率达 4 位数的纪录。玻利维亚和尼加拉瓜则有过 5 位数的年通货膨胀率,东亚的通货膨胀率则保持在一个较低的水平上,马来西亚、新加坡和泰国的通货膨胀率只有 1 位数,分别为 3.4%、3.6% 和 5.6%,尽管韩国和印度尼西亚有过两位数,但是也大大低于拉美的 192.1%。

3.3 结　　论

进入中等收入之后,经济和社会发展会出现一些一般性特征,主要包括经济持续快速增长,产业结构不断升级,城市化水平提升,居民大额消费增加,同时,一些环境问题和社会问题也会凸显出来。在从中等收入国家到高收入国家的跨越中,存在着所谓的"中等收入陷阱",也就是说进入中等收入的国家容易在中等收入阶段经济发展停滞下来,甚至会出现经济萎缩和崩溃,这里通过比较东亚和拉美的发展情况后,发现东亚的成功在于成功解决了产业转型与收入分配的问题,前者为进入中等收入后经济的发展注入了动力,后者解决了发展中最重要的社会问题,保证了良好的社会环境。

第四章

技术进步、市场自由化与能源效率

4.1 问题的提出

随着新兴经济体工业化过程的深入,能源作为一种重要的生产要素,对其的需求也相应地增加。BP公司在《BP2030世界能源展望》中指出,未来20年全球能源的增长主要集中在中国、印度、俄罗斯和巴西等新兴经济体,非经合组织国家能源消费到2030年将比现在增长68%,年均增幅达到2.6%,并构成世界能源消费增长的93%。美国能源信息署(EIA)在《2010年国际能源展望》也指出,从2007年到2025年,非经合组织国家能源消费将增长118%,其中中国和印度增长最为强劲。然而,由于现在乃至未来相当长一段时间世界能源的消费主要是不可再生的化石能源,再辅之以世界石油市场垄断结构,新兴经济体对能源需求的快速增长可能会抬高石油价格,会导致原有的低成本制造难以维持和通货膨胀,此外,还会威胁到生态环境和国家安全,因此,能源效率成为新兴经济体关注的一个重要问题。

那么,如何测度能源效率呢?EIA(2003)认为用能源强度来测度能源效率,能源强度是能源效率最好的一个近似代理指标,这是因为能源强度掩盖了结构和行为的变化,这些变化不能表示真实效率的提高。田中(Tanaka, 2008)认为能源强度仅仅是简单的能源投入与产出比值,能源消费指数能够被用来在诸如工厂、公司、甚至国家等更广的范围进行评估和比较。然而，能源强度只能衡量能源投入与产出之间的比例关系，不能考虑到生产过程中其他投入要素的影响，不能反映诸如产业结构变动、资本和劳动等投入要素或者不同能源要素之间的相互替代对能源消耗强度的影响，所以无法度量潜在的技术效率（Wilson, Trieu, Bowen, 1994；魏楚、沈满洪，2007）。基于这种情况，基于数据包络（DEA）方法的全要素能源效率得到广泛应用（Fare, Grosskopf, Noh et al., 2005；Satoshi, Hu, 2009；Mukherjee, 2008 & 2010），全要素能源效率以微观经济学中的全要素生产理论为基础，弥补了能源强度来测度能源效率的缺陷。

对于发展中国家而言，能源效率，特别是工业能源效率的提高对其有什么影响呢？泰勒等（Taylor et al., 2008）研究了巴西、中国和印度等发展中国家能源效率，认为能源效率的提高能够增加经济的产出，同时他们还指出能源效率的提高可以增强经济的竞争力。法瑞尔和雷米斯（Farrell & Remes, 2009）的研究表明能源效率的提高可以带来更低的生产成本。能源效率的提高还可以间接地增加就业（UNDP-Kenya, 2006），并由此减少贫困（Taylor et al., 2008；WEC, 2008），并且可以减少发展中国家外汇支出（UNDP-Kenya, 2006）、改善国际贸易收支（UNDP-Kenya, 2006；Semboya, 1994），另外，能源效率的提高可以增强环境的可持续发展能力（Taylor et al., 2008；WEC, 2008）。

能源效率的提高可以给包括新兴经济体在内的发展中国家带来诸多收益，那么由此带来一个问题，即这些国家能源效率的提高受到哪些因素的影响。联合国2011年在《发展中国家工业能源效率：一个背景记录》中认为发展中国家提高能源效率需要技术的改进，并指出发展中国家改进这些技术可能面临的障碍。胡根华、秦嗣毅（2012）采用DEA方法测度了"金砖国家"的全要素能源效率，在此基础上用Tobit模型从宏观角度分别估计技术进步、产业结构和能源结构对全要素能源效率的影响，他们认为这三个因素对能源效率的影响显著为负。

这里采用22个新兴经济体1996～2009年的样本数据来分析技术进步、市场自由化、经济体制转型等制度因素对其能源效率的影响。技术进步提高了能源效率（李廉水、周勇，2006），新兴经济体在经济的发展过程中得益于来自发达国家的技术转移和模仿,以及在模仿基础上逐步成长起来的自主技术创新,显著地提高了自身的技术水平,从而提高了各种要素的利用效率。新兴经济体市场制度的变化主要体现在市场自由化程度的提高和经济体制的转变,市场自由化程度的提高优化了能源配置效率,不过,新兴经济体在经济发展初期普遍存在着权威政治,这种权威政治对市场的干预,扭曲了价格信号,包括能源在内的生产要素很难实现最优配置。同时,诸如中国、俄罗斯、乌克兰和越南等由计划经济向市场经济转轨的新兴经济体,建立市场经济制度,发挥了价格信号的功能,提高了能源效率。在控制了经济规模变化、储蓄变化和贸易依存度等变量后,运用可行广义最小二乘法和极大似然估计法对面板数据模型进行了估计,并分时段分析了技术进步、市场自由化和经济体制转型对能源效率的不同影响,以及根据石油自给率的不同,讨论了技术进步、市场自由化和经济体制转型对新兴经济体中的石油净出口国和净进口国的不同影响。本章一共分为五个部分,第一部分是引言,第二部门是模型的设定与估计方法的选择,第三是模型的估计结果,第四部分讨论了石油禀赋的效应,第五部分是本章的结论。

4.2 模型的设定与估计方法的选择

在面板数据模型中,但截面 N 相对于时间 T 较大时,一般被称之为短面板。在处理短面板的时候,一般采用静态面板数据模型。模型记为:

$$y_{it} = \alpha + X'_{it}\beta + Z'_{it}\gamma + I'_{it}\delta + \mu_{it} (i = 1, \cdots, N; t = 1, \cdots, T)$$

$$\mu_{it} = \mu_i + \nu_{it}$$

$$\mu_i \sim IID(0, \sigma_\mu^2)$$

$$v_{it} \sim IID(0, \sigma_v^2)$$

其中,i 表示截面个体,t 表示时间,N 是截面的个数,T 是时间的长度,α 为常数,y_{it} 是被解释变量,X_{it} 是解释变量,Z_{it} 是控制变量,I_{it} 是虚拟变量,β、γ 和 δ 是估计参数,μ_{it} 表示残差,μ_i 表示不可观测较高的个体特殊效应,v_{it} 表示剩余的随机扰动。这里的被解释变量为能源效率,解释变量主要为技术进步和市场自由化,控制变量为经济规模变化、储蓄变化、贸易依存度、贸易增长率以及是否为转型国家。

　　静态面板数据模型的估计方法主要有 OLS、组内估计、组间估计、FGLS、MINQUE 和最大似然等估计方法,麦德拉和芝特(Maddala & Mount, 1973)通过蒙特卡罗实验的方法对这些方法的估计效果进行了模拟,认为在小样本条件下,在各种可行的 GLS 估计方法中进行选择几乎没有什么差别,同时,他还指出,在实证研究的时候,在给数据一个冲击时要用至少两个方法进行估计以确保它们没有得出完全不同的结果,如果它们给出了不同的结果,那么研究者就要诊断模型是否设定错误。泰勒(1980)比较了组内估计量和 Swamy-Arora 可行 GLS 估计量后认为:(1)可行 GLS 估计量除了自由度最小以外,要比 LSDV 有效得多;(2)可行 GLS 的估计方差比 Cramer-Rao 下界不会高出 17%;(3)方差分量较有效的估计量不是得到有效可行 GLS 估计量的必要条件。另外,考虑到在本文的研究中基于跨国数据的短面板,存在着异方差的问题,可行 GLS 能够对异方差进行修正,因此,这里选择了应用可行 GLS 方法对模型进行估计。同时,出于对模型稳健性的考虑,通常两个方法,一是运用极大似然估计法对模型进行了再次估计,二是对两个相关的控制变量进行替换,分别带入到模型中进行估计,不过,只要其中一个方法得到满足,就可以认为估计结果是稳健的。

4.3 数据来源和变量说明

　　本研究所涉及的变量包括能源效率、技术进步、市场自由化、经济规模、贸易依存度、贸易增长率、储蓄变化和是否转型国家等等,来研究市场制度变化、技术进步对能源效率的影响,样本范围为 22 个新兴经济体 1996~2009 年的年度数据。为了清楚的说明指标情况和数据来源,见表 4-1。

表 4-1　　1996~2009 年新兴经济体相关变量和数据说明

变量类别	变量名称	变量和数据说明
被解释变量	能源效率	能源效率根据新兴经济体的国内生产总值、一次性能源消费量、劳动力投入量和资本存量来计算，采用了 DEA 分析中的 CCR 法。数据来源于世界银行数据库
解释变量	技术进步	技术进步用全要素技术效率来衡量，主要依据新兴经济体的国内生产总值、劳动投入量和资本存量来计算，采用了 DEA 分析中的 CCR 法。数据来源于世界银行数据库
	市场自由化	市场自由化用《华尔街日报》和美国传统基金会发布的经济自由度指数来替代，其值在 0~100 之间，值越高表示市场自由化化程度越高
控制变量	经济规模变化	经济规模的变化采用经济增长率来代替，采用新兴经济体的以美元衡量的环比值，数据来自世界银行数据库
	储蓄变化	储蓄变化率采用新兴经济体以美元衡量的总储蓄环比值。数据来自世界银行数据库
	贸易依存度	贸易依存度采用新兴经济体以美元衡量的贸易总额与国内生产总值的比重。数据来自世界银行数据库
	贸易增长率	贸易增长率以新兴经济体贸易总额的环比值来表示。数据来自世界银行数据库
虚拟变量	是否是转型国家	将计划经济体制转变为市场经济体制的新兴经济体设为 1，其他的新兴经济体为 0

4.4　模型的估计结果

在对静态面板数据模型的估计中，为了防止参数过多和自由度损失过多的问题，需要判断 μ_i 是需要估计的固定参数还是随机的，即是采用固定效应模型还是随机效应模型。解决这一问题的办法一般借助于 Hausman 检验和 B-P 检验来判断。Hausman 检验和 B-P 检验的结果表明可以采用固定效应模型。

在表 4-2 中，模型 I 在控制了经济规模变化、储蓄变化、贸易依存等变量之后，发现技术进步显著地促进了新兴经济国家能源效率的提高，即全要素生产率每增加一个单位，在 FGLS 估计下约提高 0.235 个单位，在 MLE 估计下提高的幅度有所增加；市场自由化制约了新兴经济体能源效率的提高，但是制约的程度较轻，市场自由化每提高 1 个单位，导致能源效率下降 0.002 个单位；同时，新兴经济体经济体制的转型也显著了提高了能源效率。为了增强模型 I 的结论的稳健型,使用贸易增长代替贸易依存度作为控制变量,依然可以支持技术进步和经济体制的转型提高了能源效率,而市场自由化制约了能源效率的提高这一结论。

表4-2　　　　　　　　　　新兴经济体模型估计结果

变量名称	模型 I		模型 II	
	FGLS	MLE	FGLS	MLE
技术进步	0.235 (10.21)***	0.254 (11.32)***	0.229 (10.04)***	0.251 (11.54)***
市场自由化	-0.002 (-3.35)***	-0.002 (-2.28)**	-0.003 (-4.12)***	-0.002 (-2.41)**
经济规模	0.008 (6.9)***	0.01 (8.00)***	0.004 (2.38)**	0.005 (3.11)***
储蓄变化	-0.001 (-1.88)*	-0.004 (-3.08)***	-0.002 (-3.02)***	-0.004 (-3.85)***
贸易依存度	-0.0004 (-3.41)***	-0.0003 (-1.28)	—	—
贸易增长	—	—	0.051 (3.74)***	0.177 (4.44)***
是否是转型国家	0.063 (4.46)***	0.076 (3.06)***	0.051 (3.74)***	0.717 (2.75)***
常数项	0.905 (19.34)***	0.933 (14.19)***	0.924 (20.30)***	0.941 (14.36)***
Wald 值	216.96	—	231.04	—
极大似然值	—	168.28	—	185.85

在模型 I 和模型 II 的估计结论中,有一点是需要特别解释的,即经济体制转型的目的就是为了提高市场自由化程度,而事实上中国、俄罗斯、越南和乌克兰等前计划经济体制国家的新兴经济体在经济体制转型后,市场自由化程度明显提高,而在模型的估计结果中却发现市场自由化制约了能源效率的提高,这二者看起来存在着一定的矛盾。存在这一问题可能有两个方面的原因:第一,对于新兴经济体而言,由于市场发育的长期滞后,市场自由化程度的快速提高会导致为市场提供配套的诸多制度滞后,这样就干扰了市场效率,甚至导致了市场扭曲,有可能会阻碍能源效率的提高;第二,从计划经济向市场经济体制的转变,成本约束一下子得到了突变性的增强,从而导致了能源效率的提高,这种转变带来的能源效率的提高程度远高于市场自由化对能源效率的制约程度。

如果围绕市场自由化的制度建设随着市场自由化的深入而不断完善，那么市场自由化是不是有可能会提高能源效率？表4-3进行了分时段估计，试图来讨论这两个问题。从对1996~2002年样本的估计中可以看到，技术进步仍然促进能源效率提高，经济体制转型对能源效率的提高并不显著，市场自由化也制约着能源效率的提高，但是在对2003~2009年的样本估计结果显示，市场自由化对能源效率的贡献显著为正。通过对这两个不同时段的样本估计比较可以看出：技术进步对能源效率的提高的贡献在后一个样本中更高，且市场自由化对能源效率的影响由负值转为正值，这一变化从某种程度上说明了市场自由化并不利于新兴经济体提高能源效率，而是存在着滞后的制度制约着市场化发挥作用；另外，在前一个样本中，经济体制转型对能源效率没有显著影响，但是在后一个样本中有着显著的影响，这种不同可能是由于经济体制转型的红利出现是存在时滞的。

表4-3　　　　　　　　　　分时段估计结果

变量名称	时段：1996~2002年				时段：2002~2009年			
	模型Ⅰ		模型Ⅱ		模型Ⅲ		模型Ⅳ	
	FGLS	MLE	FGLS	MLE	FGLS	MLE	FGLS	MLE
技术进步	0.100 (2.10)**	0.109 (1.82)*	0.157 (3.26)***	0.144 (2.41)**	0.161 (6.51)***	0.153 (6.91)***	0.164 (6.84)***	0.156 (7.27)***
市场自由化	-0.005 (-5.32)***	-0.005 (-3.58)***	-0.006 (-5.64)***	-0.005 (-3.26)***	0.001 (2.00)**	0.002 (1.47)	0.002 (2.66)***	0.002 (2.04)**
经济规模	0.011 (5.98)***	0.011 (6.70)***	0.004 (1.67)*	0.006 (2.63)***	0.005 (3.65)***	0.005 (4.78)***	0.005 (3.86)***	0.007 (5.16)***
贸易依存度	-0.001 (-4.85)***	-0.001 (-2.64)***	—	—	—	—	-0.0003 (-3.16)***	-0.0005 (-2.73)***
贸易增长	—	—	0.268 (3.02)***	0.246 (3.28)***	—	—	—	—
是否转型国家	—	—	—	—	0.044 (3.62)***	0.042 (2.19)**	0.055 (4.49)***	0.058 (2.92)***
常数项	1.126 (21.78)***	1.089 (14.38)***	1.078 (20.09)***	1.029 (12.30)***	0.711 (14.36)***	0.706 (10.35)***	0.703 (14.64)***	0.698 (10.32)***
Wald值	107.05		85.77		55.80		69.37	
极大似然值		62.94		67.95		52.68		61.69

4.5　进一步讨论：石油禀赋的效应

自从工业革命以来，石油一直作为主要的能源在工业生产中扮演着重要的作用。不过，遗憾的是，石油在世界各国的分布不均，另外，又由于各国的经济发展水平不同，对石油的需求也不同，这样，在新兴经济体中就出现了石油净出口国和净进口国。对于石油净出口而言，石油的供给大于需求，石油价格则相对较低，而石油净出口则反之，因此，石油净出口国的企业在能源要素的成本约束上要相对松弛。由于要素边际产出递减，那么如果技术进步可以提高能源效率，那么其对石油净出口国的影响要大于净进口国，同样，如果市场自由化导致能源效率下降，那么石油净进口国下降得更大。

表4-4给出了来自新兴经济体石油净出口国家样本的估计结果，从中可以看到在控制了经济规模变化、储蓄变化和贸易增长之后，技术进步和经济体制的转型显著地提高了新兴经济体重石油净出口国的能源效率，市场自由化制约着能源效率的提高。

表4-4 石油净出口国模型估计结果

变量名称	模型 I		模型 II	
	FGLS	MLE	FGLS	MLE
技术进步	0.273 (8.23)***	0.271 (8.25)***	0.27 (8.40)***	0.269 (8.41)***
市场自由化	-0.002 (-1.67)*	-0.002 (-1.10)	-0.002 (-1.80)*	-0.002 (-1.25)
经济规模	0.012 (6.04)***	0.012 (6.35)***	0.006 (2.14)**	0.007 (2.43)**
储蓄变化	-0.006 (-6.05)***	-0.007 (-5.09)***	-0.006 (-5.98)***	-0.007 (-5.06)***
贸易增长	—	—	0.189 (2.77)***	0.178 (2.64)***
是否是转型国家	0.087 (3.57)***	0.097 (3.12)***	0.082 (3.47)***	0.092 (3.08)***
常数项	0.953 (10.76)***	0.925 (9.32)***	0.963 (11.19)***	0.939 (9.80)***
Wald 值	155.88	—	173.04	—
极大似然值	—	93.48	—	100.32

表4-5是对新兴经济体中石油净进口国样本的估计，在控制了经济规模变化之后，可以得到和表4-4估计结果类似的结论。

表 4-5　　　　　　　　　石油净进口国模型估计结果

变量名称	模型 I		模型 II	
	FGLS	MLE	FGLS	MLE
技术进步	0.214 (6.52)***	0.235 (7.45)***	0.194 (6.18)***	0.214 (7.13)***
市场自由化	-0.003 (-3.82)***	-0.003 (-2.65)***	-0.003 (-3.80)***	-0.003 (-2.70)***
是否是转型国家	0.055 (3.05)***	0.059 (2.06)**	0.042 (2.39)**	0.044 (1.60)
经济规模	—	—	0.007 (4.70)***	0.007 (4.82)***
常数项	0.948 (16.83)***	0.94 (11.63)***	0.921 (17.21)***	0.919 (11.90)***
Wald 值	60.83	—	90.25	—
极大似然值	—	56.28	—	78.12

通过对表 4-4 和表 4-5 的对比，可以发现技术进步一个单位，对能源净出口国的能源效率提高更大，经济体制转型对能源净出口的贡献也更大，市场自由化程度每提高一个单位，对能源净出口国能源效率提高的制约程度更小。

4.6　结　论

技术进步和制度的变革不仅会影响产出，而且会影响要素的使用效率。新兴经济体在技术进步和制度变革方面最为活跃的，因此，采用了 22 个新兴经济体的跨国面板数据来研究技术进步、市场自由化和经济体制转型对能源效率的影响。考虑到新兴经济体之间存在着明显的异质性，且结合样本本身的数据特征，运用可行广义最小二乘法进行了估计，同时，出于稳健性的需要，除了使用极大似然法外，还进行了贸易依存度和贸易增长这两个相关变量在模型估计中的替换。

从对全样本估计结果来看，在控制了诸如经济规模变化、储蓄变比、贸易依存等变量外，技术进步和经济体制转型对新兴经济体能源效率的提高起着显著的作用，而市场自由化则制约着这些国家能源效率的提高。分时段样本估计结果表明：在 1996~2002 年样本中，技术进步仍然促进能源效率提高，经济体制转型对能源效率的提高并不显著，市场自由化也制约着能源效率的提高，在 2003~2009 年的样本中，除了技术进步和经济体制转型提高了新兴经济体能源效率外，市场自由化对能源效率的贡献显著为正。在将新兴经济体按照石油的自给水平分为了石油进出口和石油净进口国，从对这两个子样本的估计来看，技术进步和经济体制转型都促进了其能源效率的提高，市场自由化制约着能源效率的提高，不过，技术进步和经济体制转型对石油净出口国的贡献更大，市场自由化对石油净进口国的制约更大。

从模型的研究结论中可以得到两点政策启示：新兴经济体要提高能源效率，需要积极支持企业更新生产设备和工艺，增加对技术研发的投入，提高生产的技术水平，同时，要结合市场发展的实际情况，提供相应的制度配套，防止制度配套滞后制约了市场在配置资源上的功能。

第五章

环境库兹涅茨曲线的估计

5.1 问题的提出

20世纪末，以巴西、俄罗斯、印度、中国和南非等五国为代表的新兴经济体经济获得快速发展，其经济增长要远高于同期世界经济平均增长率，成为国际分工的重要参与者和拉动世界经济增长的重要力量。不过，在经济增长的同时，新兴经济体的环境问题也日益突出，尤其是在备受关注和争议的二氧化碳排放问题上，在全世界二氧化碳排放量前五名的国家中，除了美国和德国外，余下的都来自新兴经济体。那么对于新兴经济体而言，以二氧化碳为代表的污染物排放量是否会随着经济的增长而有所下降呢？

20世纪90年代初，格罗斯曼和克鲁格（Grossman & Kruger）研究发现在经济增长初期时环境污染比较轻，但是环境污染随着人均收入的增加而加重，不过，在人均收入达到一定程度后，环境污染开始随着人均收入的增加而减少。帕纳约托（Panayotou，1995）借用库兹涅茨关于经济增长和收入分配关系所研究得到的倒"U"曲线关系，将格罗斯曼和克鲁格研究发现的经济增长和环境污染之间的关系称为"环境库兹涅茨曲线（EKC）"。随后，EKC成为一个备受关注的研究热点，大量的文献讨论了经济增长和多种污染物排放之间是否存在着这样一个倒"U"关系。如果这种倒"U"关系存在，则说明随着新兴经济体经济的发展，二氧化碳排放量会逐步减少，当前二氧化碳排放量不断攀高是一个阶段性的特征。

不过，EKC 假说受到两个重要的批评，一是影响污染物排放的并不仅仅是经济增长，奥茨和贝凯蒂（Auci & Becchetti, 2005）认为传统的 EKC 模型存在着遗漏变量，导致估计存在偏误；二是在对 EKC 估计中，估计结果严重依赖模型本身的设置（冯烽、叶阿忠，2013）。为了解决这两个问题，一方面一些研究将诸如贸易、技术进步等考虑进去，从参数模型角度扩展了 EKC 假说的研究，但是它并没有解决关于 EKC 假说的第二批评；另外一方面采用非参数的方法，即不考虑估计方程本身的设定形式（Azomahou, T., et al., 2005），但是非参数方法并没有解决遗漏变量问题。要解决这一问题，就必须满足两个条件：一是 EKC 的具体形状不做设定，二是 EKC 模型能够包括其他影响污染物排放的因素，能够满足这两个条件的就是采取半参数方法。

这里在对新兴经济体 EKC 假说的研究中，以二氧化碳为污染物排放的代表，运用世界银行 1996~2009 年新兴经济体的相关数据，分别对 EKC 扩展模型采取了参数估计方法和半参数估计方法，不仅研究了新兴经济体二氧化碳排放量和经济增长之间的关系，还可以在不同的方法下对 EKC 假说进行检验。此外，考虑到新兴经济体中的一些国家经历过从计划经济向市场经济转型的巨大制度变化，将新兴经济体划分为转型国家和非转型国家，并以它们为样本对 EKC 假说进行了检验，本章一共分为五个部分，第一部分是引言，第二部分是对 EKC 跨国研究的综述，第三部分是参数模型的设定、估计结果及对 EKC 假说的解释，第四部分在是半参数面板数据模型的介绍和估计，第五部分是参数模型与半参数模型估计结果的比较。

5.2 基于 EKC 的跨国研究综述

通过跨国截面数据或者面板数据来验证 EKC 假说已经成为 EKC 实证研究的一个重要方面，但是由于所选择的样本和方法上的差异，导致了对 EKC 是否存在争议颇多。

环境污染和人均 GDP 之间存在着明显的倒 "U" 型关系，即支持 EKC

假说。格罗斯曼和克鲁格（Grossman & Krueger，1991）解释了环境污染和收入之间的关系，他们从32个国家中选取了52个城市1977~1988年的横截面数据，研究了人均GDP和SO_2浓度、微尘和悬浮颗粒等污染物之间的关系，发现这三种污染物和人均GDP之间存在着倒"U"关系。塞尔登和宋（Selden & Song，1994）研究了22个高收入国家、6个中等收入国家和2个低收入国家的人均GDP与SO_2、NO_x、SPM和CO等污染排放物之间的关系，他们以二次函数为EKC方程，研究发现所选污染物和人均GDP之间存在着倒"U"关系。袁正、马红（2011）通过多国截面数据，研究了经济发展水平、产业结构、政府财政收入、技术水平和民主水平对环境质量的影响，他们的研究表明经济发展水平和环境质量之间存在着倒"U"关系。钟茂初、孔元、宋树仁（2011）采用109个国家的截面数据，研究认为人均GDP和CO_2、SO_2排放之间存在着倒"U"关系。布恩和法赞恩甘（Buehn & Farzanegan，2013）利用多指标计算了一个关于空气污染的新指数，用这个指数对122个国家1985~2005年进行了排名，并研究了人均GDP和这个指数之间的关系，研究结果表明支持EKC假说。

环境污染和人均GDP之间不存在倒"U"关系，即不支持EKC假说。法卡西（Facacci，2003）研究了6个发达国家在过去的40年间能源强度、CO_2排放强度和收入之间的关系，发现EKC并不存在。法卡西（2005）又研究了巴西（1969~1997年）、中国（1960~1997年）和印度（1960~1997年）这三个发展中国家的人均收入和CO_2强度之间关系，认为EKC对这些国家也不是有效的。佩曼和斯滕（Perman & Stern，2003）采用协整的方法分析了1960~1990年74个国家的GDP和SO_2排放之间关系，发现无论是单个国家还是面板的协整检验都不支持EKC假说。哈里斯等（Harris et al.，2009）研究了146个国家1961~2000年的人均GDP和生态足迹的关系，研究结果认为人均GDP和生态足迹之间不存在倒"U"关系，并指出经济增长自身不会改善环境。

环境污染和人均GDP之间的是否存在倒"U"关系不确定，和不同的国家、不同的污染物选择等有关。沙尔菲克和班德亚帕德耶（Shalfik & Bandyopadhyay，1994）使用了1960~1990年149个国家的面板数据，考察环境质量的10个不同指标与人均GDP的关系。研究发现对于SO_2与城市烟雾指标而言，存在倒"U"关系，但是饮用水质量、城市卫生与人均 GDP 之间不呈倒"U"关系，因此，他们认为经济增长与环境之间的关系不存在固定的形式，经济增长有可能缓解环境问题，但是不存在一个环境自发的改善过程，只有当环境问题损坏到人们的生存环境时，环境治理才会变成一个普遍的共识。阿鲁里等（Arouri et al.，2012）研究了中东和北非国家1981~2005年的能源消费、经济增长和 CO_2 排放之间的关系，认为尽管对绝大多数研究的国家而言，收入和其平方的长期估计系数满足 EKC 假说，但是拐点在不同的国家高低差别很大，因此他们认为仅有很少的证据支持 EKC 假说。

5.3 参数估计

5.3.1 参数模型的设定

在通常情况下，对 EKC 的实证研究一般将污染物作为被解释变量，将代表经济增长的人均 GDP 及其平方作为解释变量，但是除了人均 GDP 外，还存在其他一些变量影响污染物的排放，因此，哈博等（Harbaugh et al.，2002）认为 EKC 主要是一种实证现象，所以对其确切的形式没有太多的理论上的指导。传统的模型被加入了立方的人均 GDP 和其他影响污染物排放的变量，这使得实证模型可以获得超越倒"U"型外的其他函数形式。

参照阿克波斯坦茨等（Akbostanci et al.，2009）的研究，将人均 GDP 的水平值、平方值和立方值作为解释变量，将二氧化碳排放量作为被解释变量，将模型设定如下：

$$\ln y_{it} = \alpha_i + \beta_1 \ln x_{it} + \beta_2 (\ln x_{it})^2 + \beta_3 (\ln x_{it})^3 + \mu_{it} (i = 1, \cdots, N; t = 1, \cdots, T) \tag{5-1}$$

其中，i 表示截面个体，t 表示时间，N 是截面的个数，T 是时间的长度，α 为常数，y_{it} 是被解释变量，x_{it} 是解释变量，β_1、β_2 和 β_3 是估计参数，μ_{it} 表示残差。这里的被解释变量为碳排放量，解释变量为国内生产总值。为了解决 EKC 假说的检验中遗漏变量的问题，对式（5-1）重新设定为：

$$\ln y_{it} = \alpha_i + \beta_1 \ln x_{it} + \beta_2 (\ln x_{it})^2 + \beta_3 (\ln x_{it})^3 +$$
$$\sum \gamma_i Q_{it} + \mu_{it} (i=1,\cdots,N; t=1,\cdots,T) \quad (5-2)$$

在式（5-2）中，Q_{it} 表示控制变量，诸如工业增加值在 GDP 中的比例、贸易依存度和技术进步等，γ_i 为这些控制变量的系数。

5.3.2 参数模型估计结果

在对静态面板数据模型的估计中，需要进行如下几个步骤：第一，以混合最小二乘为基础，通过 F 检验来判断是采取混合最小二乘还是固定效应模型，通过 B-P 检验来判断随机效应是否优于混合最小二乘；第二，为了防止参数过多和自由度损失过多的问题，需要通过豪斯曼检验来进行固定效应模型和随机效应模型的选择；第三，对组间、组内的相关性进行检验，并对异方差进行检验；第四，如果存在组间、组内相关性和异方差的情况，可以采取可行广义最小二乘（FGLS）和面板修正的标准差估计（PCSE）。

表 5-1 中是对经典环境库兹涅茨曲线的估计，对数人均 GDP 的一次方估计系数符号为正，二次方估计系数符号为负，三次方估计系数符号为正，且这些估计系数均在 1% 的置信区间上显著，这说明新兴经济体的二氧化碳排放量和人均 GDP 之间的关系为三次函数关系。从系数的大小和符号可以判断，随着人均 GDP 的增加，二氧化碳排放量出现递增，在第一个拐点后出现一个平缓的递减趋势，不过，在达到第二个拐点后，如果人均 GDP 再继续增加，二氧化碳排放量会略有增加。

在新兴经济体中，中国、俄罗斯、乌克兰和越南等国家都是从计划经济国家转轨为市场经济国家，这种转轨的过程其实质就是让价格机制在资源配置中起主导地位，但是在转轨过程中市场功能的培育需要一个渐进的过程。在市场机制不完善的环境里，价格信号在能源配置中可能被扭曲，进而使得能源消费偏离了市场的最优配置，相应使得二氧化碳排放量也发生了偏离。为了考察转轨国家二氧化碳排放量的特征，这里就转轨国家和非转轨国家分别进行了估计。

表 5-1　　新兴经济体环境库兹涅茨曲线估计结果

	混合 OLS	固定效应	随机效应	FGLS	PCSE
样本数	308	308	308	308	308
β_1	32.98 (3.42)***	6.70 (3.92)***	6.92 (4.01)***	16.61 (11.39)***	13.96 (3.81)***
β_2	-4.31 (-3.46)***	-0.78 (-3.51)***	-0.81 (-3.61)***	-2.10 (-10.62)***	-1.76 (-3.72)***
β_3	0.19 (3.50)***	0.03 (3.17)***	0.03 (3.27)***	0.09 (10.21)***	0.07 (3.70)***
γ_1	7.36 (5.95)***	1.62 (4.58)***	1.67 (4.70)***	1.75 (8.47)***	2.33 (3.22)***
γ_2	-0.98 (-5.36)***	0.41 (5.39)***	0.39 (5.15)***	0.23 (6.40)***	-0.31 (-2.66)***
γ_3	-1.10 (-3.55)***	0.27 (2.76)***	0.25 (2.64)***	-0.53 (-12.51)***	-0.27 (-2.04)**
α	-72.54 (-2.97)***	-7.77 (-1.79)*	-8.35 (-1.90)*	-32.81 (-9.20)***	-25.31 (-2.68)***
R^2	0.26	0.60	0.60		0.98
F	17.26	70.95	—	—	—
Wald	—	—	417.85	2537.23	150.57

注：①F 检验的 P 值为 0，B—P 检验的 P 值为 0，Hausman 检验的 P 值为 0.24，固定效应组间相关性检验 P 值为 0.18，组内相关性检验 P 值为 0，面板异方差检验的 P 值为 0；②随机效应和 PCSE 估计结果的中括弧里面给出的是 z 值，其他估计结果中括弧里给出的是 t 值；③ * 表示在 10% 的置信区间上显著， ** 表示在 5% 的置信区间上显著， *** 表示在 1% 的置信区间上显著。

从表 5-2 中可以看到，固定效应估计优于混合 OLS 估计，混合 OLS 估计优于随机效应估计，且豪斯曼检验显示使用固定效应估计。同时，模型存在着组间、组内相关以及异方差，采取了 FGLS 和 PCSE 对此进行了修正。在控制了工业增加值在 GDP 中的比例和技术进步率之后，新兴经济体中的转型国家环境库兹涅茨曲线呈现二次函数形式，即倒 "U" 型。

表 5-3 中对新兴经济体中的非转型国家的环境库兹涅茨曲线进行了估计，从估计的结果中可以看到，模型应该采用随机效应模型，但是同样存在着组内、组间相关和异方差，也采用 FGLS 和 PCSE 方法进行了修正。模型的估计结果显示：在控制了技术进步之后，新兴经济体的非转型国家环境库兹涅茨曲线为三次函数形式。

表 5-2　新兴经济体中的转型国家环境库兹涅茨曲线估计结果

	混合 OLS	固定效应	随机效应	FGLS	PCSE
样本数	70	70	70	70	70
β_1	5.12 (6.15)***	1.82 (5.88)***	5.12 (6.15)***	4.80 (5.44)***	4.93 (4.70)***
β_2	-0.30 (-5.56)***	-0.11 (-5.42)***	-0.30 (-5.56)***	-0.29 (-4.89)***	-0.30 (-4.30)***
γ_1	16.85 (14.48)***	4.13 (4.79)***	16.85 (14.48)***	12.96 (11.53)***	12.90 (9.88)***
γ_2	-1.65 (-8.59)***	0.47 (3.83)***	-1.65 (-8.59)***	-1.32 (-6.42)***	-1.54 (-6.58)***
α	-12.61 (-4.14)***	3.75 (3.15)***	-12.61 (-4.14)***	-10.10 (-3.13)***	-10.31 (-2.67)***
R^2	0.92	0.77	0.35	—	0.97
F	196.05	52.32	—	—	—
Wald	—	—	784.19	383.61	323.69

注：①F 检验的 P 值为 0，B—P 检验的 P 值为 1，Hausman 检验的 P 值为 0，固定效应组间相关性检验 P 值为 0，组内相关性检验 P 值为 0，面板异方差检验的 P 值为 0；②随机效应和 PCSE 估计结果的中括弧里面给出的是 z 值，其他估计结果中括弧里给出的是 t 值；③ * 表示在 10% 的置信区间上显著，** 表示在 5% 的置信区间上显著，*** 表示在 1% 的置信区间上显著。

表 5-3　新兴经济体中的非转型国家环境库兹涅茨曲线估计结果

	混合 OLS	固定效应	随机效应	FGLS	PCSE
样本数	238	238	238	238	238
β_1	27.46 (2.96)***	5.71 (2.74)***	5.79 (2.79)***	7.98 (7.38)***	4.67 (1.79)*
β_2	-3.62 (-3.01)***	-0.66 (-2.41)**	-0.67 (-2.46)**	-1.06 (-7.73)***	-0.61 (-1.78)*
β_3	0.16 (3.09)***	0.025 (2.20)**	0.03 (2.25)**	0.05 (8.29)***	0.03 (1.88)*
γ_3	-0.37 (-1.06)	0.16 (1.46)	0.16 (1.51)	-0.23 (-5.97)***	-0.21 (-1.98)**
α	-56.90 (-2.41)**	-4.93 (-0.94)	-5.11 (-0.98)	-8.24 (-2.94)***	-0.34 (-0.05)

续表

	混合 OLS	固定效应	随机效应	FGLS	PCSE
样本数	238	238	238	238	238
R^2	0.10	0.46	0.46	—	0.99
F	6.47	46	—	—	—
Wald	—	—	186.29	340.45	71.41

注：①F 检验的 P 值为 0，B—P 检验的 P 值为 0，Hausman 检验的 P 值为 0.97，固定效应组间相关性检验 P 值为 0，组内相关性检验 P 值为 0，面板异方差检验的 P 值为 0；②随机效应和 PCSE 估计结果的中括弧里面给出的是 z 值，其他估计结果中括弧里给出的是 t 值；③ * 表示在 10% 的置信区间上显著，** 表示在 5% 的置信区间上显著，*** 表示在 1% 的置信区间上显著。

从对新兴经济体不同样本中二氧化碳排放量和经济增长的关系估计可以看到，除了新兴经济体中的转型国家满足 EKC 外，新兴经济体和其中的非转型国家的二氧化碳排放量和经济增长的关系都是三次函数形式。那么，为什么会出现三次函数形式？新兴经济体中的转型国家为什么是倒"U"型呢？

经济增长通过三个不同的渠道影响环境：规模效应、技术效应和结构效应（Grossman，Krueger，1991），即 EKC 的变化是这三种效应相互作用来决定的，斯滕（Stern，2004）解释说在快速增长的中等收入国家，规模效应导致污染增加居于主导地位，而在高收入国家，技术效应对污染的影响要超过规模效应。总之，规模效应在 EKC 上升的阶段起着主导作用，结构效应和技术效应在 EKC 下降阶段的作用要超过规模效应。对于新兴经济体而言，在经济起飞阶段，规模效应占据着主导地位，随后，技术效应和结构效应开始起作用，使得二氧化碳排放量出现下降，但是由于规模经济带来的经济增长仍然是发展经济的首要目标，所以技术效应和结构效应并没有导致太大的二氧化碳排放量的下降；在人均 GDP 上升第二个拐点之后，居民由一般性满足向追求更高档次的方向转变，譬如购买更大排量的汽车、使用更大功率的电器、消费品的更新速度也加快，这样就使得二氧化碳的排放量又开始有所缓慢增加。

然而，对于新兴经济体中的转型国家来说，在计划经济向市场经济转轨的过程中，市场机制存在着一个逐步完善的过程，在刚开始的时候产权界定比较不清晰，缺乏污染物交易机制，以及为了发展而竞相降低环境准入标准，这就带来污染物排放的负外部性问题，导致污染物排放量不断增加,随着经济发展和市场机制的完善,"资源"和"污染"逐渐被纳入市场体制,原本被外部化的成本转化为内部成本(钟茂初等,2010)。另外,在市场化程度较低时,调节资源配置的价格信号容易被扭曲,特别是自然资源的价格往往容易被低估,使得社会对自然资源的使用激增,也就相应地增加了污染物的排放,当市场机制逐步走向成熟时,价格信号得到纠正,资源的使用效率不断提高,污染物排放逐步减少。因此,对于转轨国家而言,制度变革效应干扰了技术效应和结构效应的作用,使得 EKC 经过上升的拐点后下跌得很快。

5.4 半参数固定效应面板估计

5.4.1 半参数固定效应面板数据模型

半参数面板数据模型一般由参数和非参数两部分组成,写成:

$$y_{it} = \sum x'_{it}\beta_i + m(z_{it}) + \alpha_i + \mu_{it} (i = 1,\cdots,n, t = 1,\cdots,T) \quad (5-3)$$

其中,$\sum x'_{it}\beta_i$ 是参数部分,x_{it} 是解释变量,β_i 是未知参数,$m(z_{it})$ 是非参数部分,α_i 是固定效应或者随机效应,μ_{it} 扰动项。

$$y_{it} - y_{i,t-1} = \sum (x_{it} - x_{i,t-1})\beta_i + (m(z_{it}) - m(z_{i,t-1})) + (u_{it} - u_{i,t-1})$$
$$(5-4)$$

为了简化,记 $Y_{it} = y_{it} - y_{t,t-1}$,$X_{it} = x'_{it} - x'_{i,t-1}$,$M(z_{it}, z_{i,t-1}) = m(z_{it}) - m(z_{i,t-1})$,$U_{it} = u_{it} - u_{i,t-1}$,则式(5-4)重新写成:

$$Y_{it} = \sum X'_{it}\beta_i + M(z_{it}, z_{i,t-1}) + U_{it} \quad (5-5)$$

为了简化,将模型写为:

$$Y = X'\beta + M + U \quad (5-6)$$

假设存在序列 $p^L(z)$,该序列满足如下两个条件:(1)$p^L(z, \bar{z}) = p^L(z) - p^L(\bar{z}) \in \Xi$,其中 Ξ 是由 $m(z_{it}) - m(z_{i,t-1})$ 组成的集合;(2)随着 L 的增加,$p^L(z, \bar{z})$ 的线性组合能够从平均方差意义上很好近似 Ξ 中的任意函数。因此,$p^L(z)$ 和 $p^L(z, \bar{z})$ 可以近似为 $m(z)$ 和 $M(z, \bar{z}) = m(z) - m(\bar{z})$:

$$p^L(z_{it}, z_{i,t-1}) = \begin{pmatrix} p_1(z_{it}) - p_1(z_{i,t-1}) \\ p_2(z_{it}) - p_2(z_{i,t-1}) \\ \vdots \\ p_L(z_{it}) - p_L(z_{i,t-1}) \end{pmatrix} \quad (5-7)$$

为了表述简化，记 $P = (p_{11}^L, p_{12}^L, \cdots, p_{1T}^L, \cdots, p_{n1}^L, p_{n2}^L, \cdots, p_{nT}^L)'$，令 $\bar{P} = P(P'P)^-P'$，其中 $(\cdot)^-$ 为对称广义逆。再令 $\tilde{A} = \bar{P}A$，用 $\bar{P}$ 左乘式（5-6），可以得到：

$$\tilde{Y} = \tilde{X}'\beta + \tilde{M} + \tilde{U} \quad (5-8)$$

式（5-6）减去式（5-8）可以得到：

$$Y - \tilde{Y} = (X - \tilde{X})'\beta + (M - \tilde{M}) + (U - \tilde{U}) \quad (5-9)$$

可以通过最小二乘（OLS）对式（5-9）进行估计，得到：

$$\hat{\beta} = [(X - \tilde{X})'(X - \tilde{X})]^{-1}(X - \tilde{X})'(Y - \tilde{Y}) \quad (5-10)$$

在获得 $\hat{\beta}$ 的估计后，可以对 $m(z)$ 进行估计：

$$\hat{m}(z) = p^L(z)'\hat{\gamma} \quad (5-11)$$

其中，$\hat{\gamma} = (P'P)^-P'(Y - X\hat{\beta})$。

在对半参数面板数据模型进行估计时，还涉及核和窗框的选择问题，这里对此不作讨论，详细可以参照巴尔塔吉和李（Baltagi & Li, 2002）。此外，在半参数面板数据模型中还涉及固定效应和随机效应的问题，式（5-4）到式（5-11）讨论了固定效应的估计，如果满足 $y_{i,t-1} = E(y_{it} | z_{it})$ 和 $E(\alpha_i + u_{it}) = 0$ 时，固定效应模型便变成了随机效应模型，因此，随机效应模型在这里是固定效应模型的一种特殊情况。

5.4.2 半参数固定效应面板数据模型的估计结果

表 5-4 给出了半参数面板数据模型参数部分的估计结构。对于新兴经济体而言，贸易依存度和技术进步与二氧化碳排放量之间存在着正比例关系；无论新兴经济体中的转型国家还是非转型国家，都是技术进步越快，二氧化碳排放得越多。

表 5-4　半参数固定效应面板数据模型的参数部分估计结果

样本名称	估计方程
新兴经济体	$\ln y_{it} = 0.20 \cdot TL_{it} + 0.27 \cdot TE_{it} + f(LPGDP_{it})$ (2.99)***　　(5.09)***　　$R^2 = 0.16$
新兴经济体中的转型国家	$\ln y_{it} = 0.29 \cdot TE_{it} + f(LPGDP_{it})$ (3.01)***　　　　　　　　$R^2 = 0.36$
新兴经济体中的非转型国家	$\ln y_{it} = 0.25 \cdot TE_{it} + f(LPGDP_{it})$ (3.99)***　　　　　　　　$R^2 = 0.09$

在图 5-1 中，使用半参数固定效应面板数据模型对新兴经济体的二氧化碳排放量和经济增长的关系进行了估计，发现曲线先上升，然后缓慢的下降，呈现出一个顺时针旋转 90 度后再翻转 180 度的"J"形状。

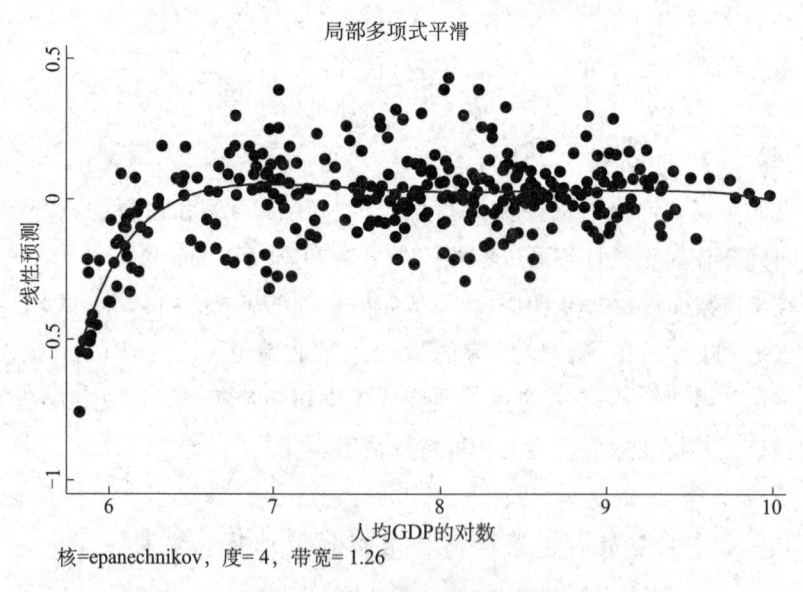

图 5-1　对新兴经济体样本估计中的非参数部分结果

图 5-2 给出了使用半参数固定效应面板数据模型估计的新兴经济体中转型国家的二氧化碳和经济增长的关系。曲线先是上升，然后出现下降，呈现出 EKC 中典型的倒"U"型特征。

图 5-3 给出了使用半参数面板数据模型估计的新兴经济体中转型国家的二氧化碳和经济增长的关系，曲线先是上升后一个缓降，然后又是缓升

后的下降，呈现出"驼峰"型特征。

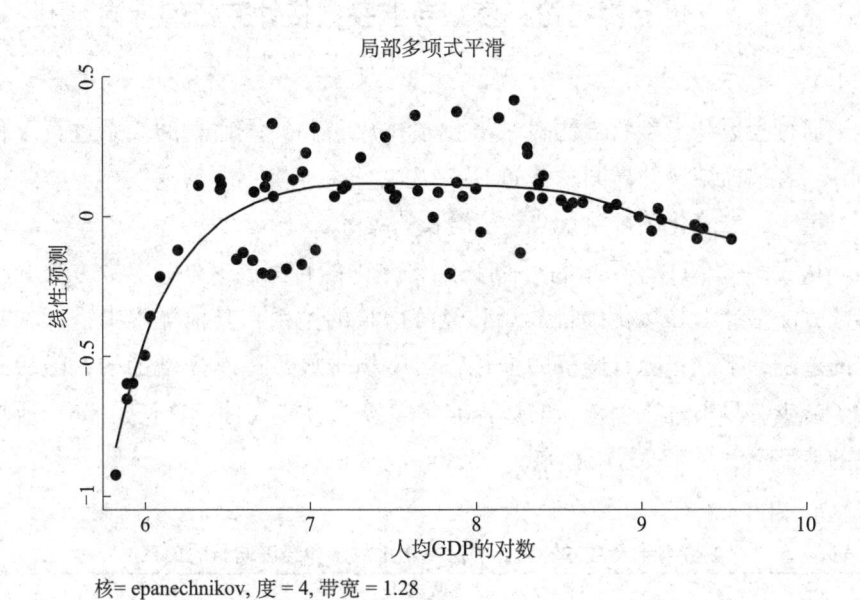

局部多项式平滑

核= epanechnikov, 度 = 4, 带宽 = 1.28

图 5-2 对转型国家样本估计中的非参数部分结果

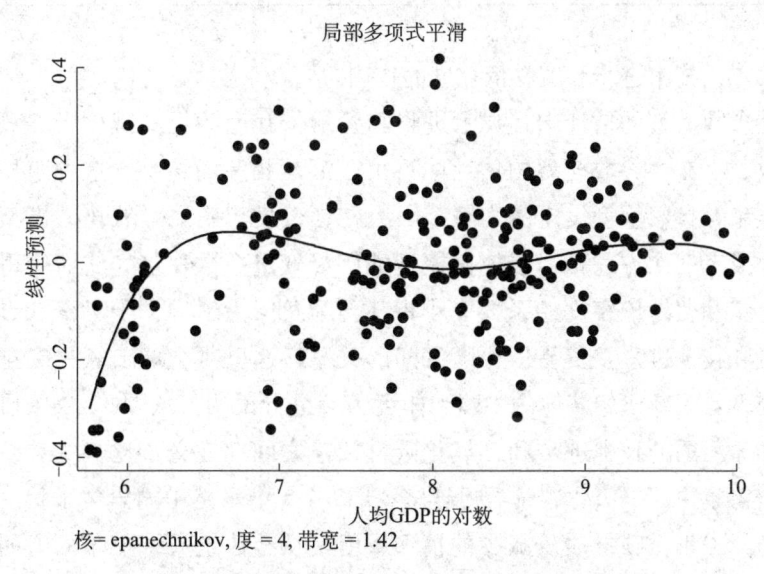

局部多项式平滑

核= epanechnikov, 度 = 4, 带宽 = 1.42

图 5-3 对非转型国家样本估计中的非参数部分结果

5.5 进一步讨论：参数与非参数估计方法的异同

通过参数和半参数方法对二氧化碳排放量和经济增长的关系进行了估计，二者估计结果的异同总结如下：

第一，二氧化碳排放量与经济增长的关系。

从表5-5可以看到，除了新兴经济体中的转型国家外，参数方法和半参数方法估计的二氧化碳排放量和经济增长的关系在其他样本中是存在一定的差别，不过，随着经济的增长，污染物排放量都是先增加的，随后出现了减少，只不过这个减少的过程非常缓慢或者非线性，这使得EKC所描述的典型倒"U"关系不存在。

表5-5 参数与半参数方法估计的污染物排放量和经济增长的关系

国家类型	参数方法	半参数方法
新兴经济体	三次函数形式	翻转后的"J"型
新兴经济体中的转型国家	倒"U"型	倒"U"型
新兴经济体中的非转型国家	三次函数形式	"驼峰"型

第二，技术进步和贸易依存度的作用。

在参数模型的估计中，技术进步和贸易依存度的提高减少了二氧化碳的排放，而在半参数模型的估计中得出了截然相反的结果。这种明显的差异可能来自参数模型设定的本身，因为在参数模型中对二氧化碳模型设定是二次或者三次方，相当于使得模型的解释变量个数变多，从而使得作为技术进步和贸易依存度的系数变小，甚至为负。为了进一步考察二氧化碳排放量和技术进步、贸易依存度之间的关系，这里对全球二氧化碳排放量排名前列且为新兴经济体的中国和印度为例进行说明。从图5-4中可以看到，中印两国的技术进步和二氧化碳排放量之间存在着正比例关系，即技术进步得越快，二氧化碳排放得越多；图5-5中虽然中国出现了贸易依存度提高，二氧化碳排放量减少的情形，但是从整体上看，中印两国的贸易依存度和二氧化碳排放量之间也存在着正比例关系。这说明半参数估计中技术进步、贸易依存度的系数符号是可以为正的，即在新兴经济体中技术进步不一定意味着更加节能环保,提高进出口水平可能会加剧本国的污染。

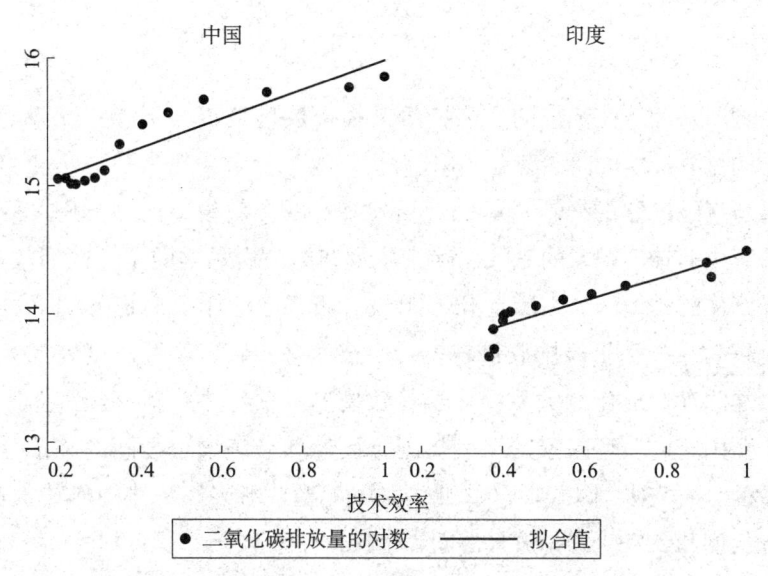

图 5-4 中国和印度技术进步与二氧化碳排放量的关系

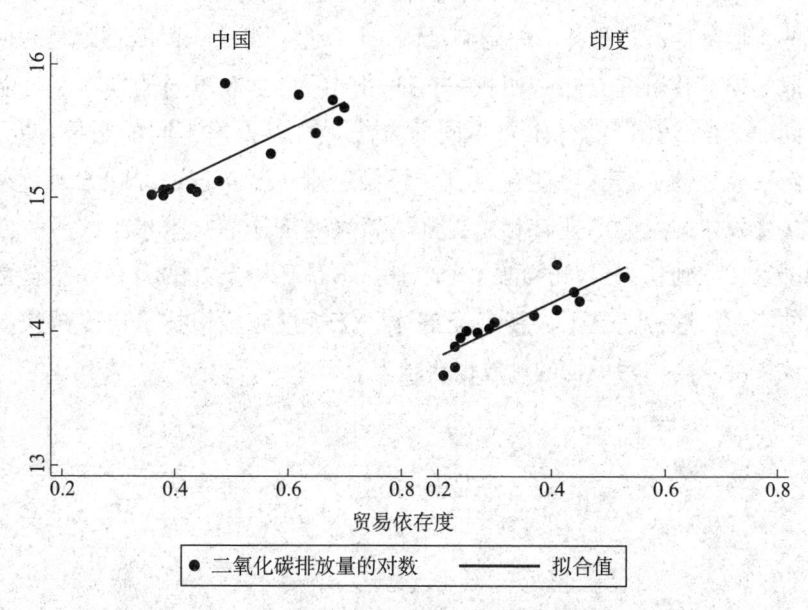

图 5-5 中国和印度贸易依存度与二氧化碳排放量的关系

5.6 结　论

随着新兴经济体经济的发展，污染物排放量是否会下降？经济增长和污染物的排放量之间是否满足 EKC 假说。这里分别采用参数方法和半参数方法对新兴经济体的样本进行估计后发现：在参数模型的估计中，新兴经济体及其中非转型国家的二氧化碳排放量和经济增长之间是三次函数关系，新兴经济体的转型国家则满足 EKC 假说，新兴经济体中工业在 GDP 中所占的比例越高，二氧化碳排放量越多，而技术进步、贸易开放度和二氧化碳排放量之间存在反比例关系；在半参数模型的估计中，新兴经济体及其中的非转型国家、转型国家的二氧化碳排放量和经济增长之间的关系分别为翻转后的"J"型、倒"U"型和"驼峰"型，新兴经济体中的技术进步、贸易开放度和二氧化碳排放量之间为正比例关系。

从参数模型和半参数模型的估计结果中可以推断出如下两个结论：第一，EKC 假说所描述的污染物的排放随着经济增长先上升后下降的趋势是存在的，但是这一过程并不一定满足倒"U"型；第二，EKC 假说是否成立和选取的样本和研究方法密切相关，即相同的方法在不同的样本下可能得出不同的结论，相同的样本在不同的方法下可能得出不同的结果。此外，对于新兴经济体而言，可能存在着"污染避难所"情况，即一方面新兴经济体接受发达国家的产业转移，提升了新兴经济体的技术水平，另一方面发达国家转移到新兴经济体的这些产业并不是环境友好的，有些甚至是高污染的产业，这种情况下，新兴经济体经济规模越大、技术进步越快、对外开放程度越高，污染物的排放也会越多。

第六章

能源消耗、经济增长与 CO_2 排放量

6.1 问题的提出

近二十年来,以"金砖五国"为代表的新兴经济体成为全球经济增长的新引擎,但是与此同时,它们也成为全球能源消耗和 CO_2 排放量增长最快的群体。能源消耗和 CO_2 排放量的快速增加对新兴经济体而言具有双重效应:一方面"高能耗、高排放"的发展模式支撑了新兴经济体经济的增长,另外一方面 CO_2 排放量的增加使得新兴经济体面临的发达国家要求减排的压力越来越大,且能源消耗的增加使得宏观经济容易受到能源价格的冲击而产生波动。因此,对于新兴经济体而言,如何在保持经济快速增长的同时降低对能源消耗的依赖和减少 CO_2 排放量便成了一个亟须解决的问题。

根据环境库兹涅茨曲线,经济增长和污染物排放之间存在着典型的倒"U"关系,这意味着新兴经济体的人均 GDP 在到达倒"U"的拐点之前,新兴经济体 CO_2 排放量是持续增加的,在到达拐点之后,新兴经济体 CO_2 排放量会下降。不过,这里存在着一个至今为止仍然在争论的问题,即环境库兹列茨曲线的存在性问题。塞尔登和宋(Selden & Song,1994)、加莱奥蒂等(Galeotti et al.,2009)、布恩和法赞恩甘(2013)的研究支持环境库兹涅兹曲线的有效性假说,法卡西(Focacci,2005)、佩曼和斯滕(Perman & Stern，2003）、哈里斯等（Harris et al.，2009）认为环境污染和人均 GDP 之间不存在倒"U"关系，此外，阿右拉斯和查普曼（Agras & Chapman，1999）、里士曼和考夫曼（Richmond & Kaufman，2006）认为在经济增长与环境污染之间没有明显的关系。这些争论说明新兴经济体的 CO_2 排放量并不一定随着经济增长而先增加后减少，可以通过其他的分析框架对其经济增长与 CO_2 排放量之间的关系进行考察。

能源消耗的增加可以促进经济增长，但是经济增长并非完全依赖能源消耗的增加。因为能源可以作为生产要素而纳入生产函数，如果该生产函数是严格拟凹的，那么能源消耗的增加会使得产出增加，不过，增加一单位能源消耗能够带来多少产出的增加取决于能源-产出弹性。同时，在一定的产出条件下，投入多少能源取决于技术、其他要素的投入量以及相关的投入-产出弹性，也就是说产出的增加并不一定需要增加能源的消耗。一些实证研究也说明了能源消耗和经济增长之间的关系并不是确定的，譬如，沙赫巴兹和可汗等（Shahbaz & Khan et al.，2013）使用 1971～2011 年中国的季度数据研究了能源消耗与经济增长的关系，能源消耗对经济增长具有正向冲击，能源消耗和经济增长之间存在单向因果关系，但是耶尔德勒姆和苏克鲁格鲁等（Yildirim & Sukruoglu et al.，2014）研究了未来 11 国的能源消耗和经济增长之间的关系之后，认为除了土耳其外，能源消耗和经济增长之间是相互独立的。此外，由于 CO_2 产生于能源的消耗过程中，能源消耗的增加是 CO_2 排放量增加的一个非常重要的因素（Pao & Tsal，2011），因此，在一定的技术条件下，CO_2 排放量和能源消耗之间存在着同步的变化，对经济的影响与能源消耗对经济的影响是一致的。

新兴经济体能源消耗和 CO_2 排放量不断攀升的原因来自两个方面：一是新兴经济体处于快速工业化的过程中，从欧美发达国家的工业化过程来看，这一阶段高度依赖于能源的消耗，也就相应的使得 CO_2 排放量激增；二是在当前的国际分工中，新兴经济体的经济发展在某种程度上依赖于发达国家的投资，而发达国家有意将生产过程中的高污染环节转移到新兴经济体，这个转移过程使得新兴经济体承担了原本该由发达国家来消耗的能源和排放的 CO_2。因此，这里通过研究新兴经济体能源消耗、经济增长和 CO_2 排放量之间的相互关系，试图从这三者的关系中寻找出新兴经济体是否可以走一条"低能耗、低排放、高增长"的绿色发展之路。首先通过面板数据协整检验和因果关系分析，考察了新兴经济体能源消耗、经济增长与 CO_2 排放量这三者之间在短期或者长期的关系，其次在此基础上，使用面板 VAR 模型对新兴经济体能源消耗、经济增长和 CO_2 排放量之间的动态关系进行了进一步的研究，最后是根据相关研究结论，给出了新兴经济体在保持经济增长条件下减少 CO_2 排放量的相关对策。

6.2 文献综述

近些年来，能源消耗、经济增长与 CO_2 排放量之间的关系成为一个重要的研究热点，这些研究将能源消耗、经济增长和环境污染这三者纳入一个模型系统的同时考察它们之间的关系。根据研究使用的样本不同，可以将能源消耗、经济增长与 CO_2 排放之间关系研究分为两类。

第一类是对某一具体国家的能源消耗、经济增长和 CO_2 排放量之间的关系进行研究。安格（Ang, 2007）利用协整检验和误差修正模型研究法国的 CO_2 排放量、能源消耗和产出之间的关系，研究认为三者之间存在着稳健的长期关系，经济增长导致了能源消耗和 CO_2 排放量在长期内出现增加，能源消耗和产出增加之间存在短期的单向因果关系。索伊塔什和萨利（Soytas & Sari, 2009）研究了土耳其能源消耗、经济增长和 CO_2 排放量之间的关系，认为 CO_2 排放量是能源消耗的 Granger 原因，而能源消耗不是 CO_2 排放量的 Granger 原因，收入和 CO_2 排放量之间不存在长期的因果联系。阿拉姆和贝根等（Alam & Begum et al., 2012）研究认为孟加拉国的能源消耗和经济增长在短期和长期内均存在单向因果关系，能源消耗和 CO_2 排放量之间在短期内存在单向因果，在长期内存在反馈因果关系，CO_2 排放量无论在长期还是短期内都是经济增长的 Granger 原因。沙赫巴兹和惠等（Shahbaz & Hye et al., 2013）利用印度尼西亚 1975~2011 年的季度数据研究认为经济增长和能源消耗会使得 CO_2 排放增加，能源消耗和 CO_2 之间存在着反馈关系，经济增长和 CO_2 排放量之间存在双向因果关系。沙赫巴兹和穆塔斯库等（Shahbaz & Mutascu et al., 2013）研究指出罗马尼亚的经济增长、能源

消耗和 CO_2 排放量之间存在长期关系，能源消耗是 CO_2 排放量的主要原因。黄星京和柳（Hwang & Yoo，2014）以 1965~2006 年的样本研究了印度尼西亚的能源消耗、CO_2 排放量和经济增长之间的关系，能源消耗和 CO_2 排放量之间存在双向因果关系，经济增长和能源消耗、CO_2 排放量之间存在单向因果关系，且不存在反馈效应。杨和赵（Yang & Zhao，2014）以印度 1970~2008 年的数据为样本，研究了经济增长、能源消耗和 CO_2 排放量的关系，能源消耗与 CO_2 排放量和经济增长之间存在单向因果关系，CO_2 排放量和经济增长之间存在双向因果。

第二类是利用跨国数据研究能源消耗、经济增长与 CO_2 排放之间的关系。阿佩吉斯和詹姆斯（Apergis & James，2010）使用英联邦 11 个国家 1992~2004 年的样本探讨了 CO_2 排放、能源消耗与真实产出的关系，他们发现从长期来看能源消耗对 CO_2 排放量具有正向显著影响，真实产出和 CO_2 排放量之间满足环境库兹涅茨曲线，能源消耗与 CO_2 排放量之间存在双向因果关系，但是能源消耗和 CO_2 排放量、真实产出和 CO_2 排放量之间在短期内不存在双向因果关系，能源消耗和真实产出之间存在双向因果关系。阿卡拉瓦茨和艾克拜尔（Acaravci & Ozturk，2010）以欧洲 19 个国家为样本研究了能源消耗、经济增长和 CO_2 排放量之间的关系，研究认为人均 CO_2 排放量、人均能源消耗、人均 GDP 以及人均 GDP 的平方在丹麦、德国、希腊、爱尔兰、意大利、葡萄牙和瑞典等国存在一种长期的关系。侯赛因（Hossain，2011）使用新兴工业国家 1971~2007 年的样本研究认为 CO_2 排放量、能源消耗和经济增长之间在长期内不存在因果关系，但是经济增长和能源消耗之间存在着短期的单向因果关系，更多的能源消耗会导致新兴工业国家更多的 CO_2 排放。埃尔 - 穆拉利（AL-Mulali，2011）使用 1980~2009 年中东和北非国家的面板数据研究了石油消费、经济增长和 CO_2 排放量之间的关系，认为这三者无论是短期还是长期都存在着双向格兰杰因果关系。随后，阿鲁里等（Arouri et al.，2012）、法海尼和雷耶伯（Farhani & Rejeb，2012）就中东和北非国家能源消耗、经济增长和 CO_2 排放量之间的关系作了进一步的研究，得出的结论存在着较大的差异，甚至截然相反。暗利（Omri，2013）使用中东和北非地区 14 个国家 1990~2011 年的面板数据研究了 CO_2 排放量、能源消耗和经济增长之间的关系，研究认为能源消耗和经济增长之间存在着双向因果关系，能源消耗和 CO_2 排放量之间存在单向因果关系，且不存在反馈效应，经济增长和 CO_2 排放量之间存在着双向因果关系。考恩、常、英格莱斯 - 洛特兹和古朴塔（N. Cowan, Chang, Inglesi-Lotz & Gupta, 2014），以 BRICS 国家 1990~2010 年的样本研究了电力消耗、经济增长和 CO_2 排放量之间的关系，研究认为在 BRICS 不同的国家中，这三者的相互关系存在着差别。海达利、凯特西欧格鲁和赛迪普尔（Heidari, Katircioglu & Saeidpour, 2015）研究了 ASEAN 国家的经济增长、CO_2 排放量和能源消耗之间的关系，研究认为 CO_2 排放量的增加会驱动 ASEAN 国家的经济增长，能源消耗导致 CO_2 排放量增加。

从已有的研究能源消耗、经济增长和 CO_2 排放量之间的关系来看，主要采取协整检验和 Granger 因果关系分析方法对不同样本进行检验，检验的结果显示这三者的关系在不同的样本中存在差别，但是大多数的研究认为在短期内或者长期内经济增长、能源消耗和 CO_2 排放量之间存在着因果关系，经济增长和能源消耗导致了 CO_2 排放量的增加。

6.3 数据说明与基本统计

为了研究新兴经济体能源消耗、经济增长和 CO_2 排放量之间的关系，在对数据进行基本描述的基础上，采用了面板数据单位根检验、面板数据协整检验、面板数据因果关系分析、面板数据 VAR 模型等方法。

6.3.1 数据说明

研究中涉及的变量主要有能源消耗（EC）、经济增长（EG）和二氧化碳排放量（CO_2），其中能源消耗用人均能源消耗量（每千克石油当量）来表示，经济增长以人均 GDP（以 2005 年不变价美元）来表示，二氧化碳排放量用人均 CO_2 排放量的吨数来表示。这些变量所涉及的数据都来自世界银行数据库。

文中所使用样本来自 17 个新兴经济体 1984~2010 年的年度数据，这些国家分别是：中国、印度、巴西、韩国、印度尼西亚、墨西哥、土耳其、埃及、南非、泰国、哥伦比亚、越南、孟加拉国、马来西亚、阿根廷、秘鲁和菲律宾。此外对样本还需要说明的是，由于俄罗斯和乌克兰涉及经济体制的巨变，数据存在较大的结构性突变，所以将俄罗斯和乌克兰排除在外。

6.3.2 基本统计

表6-1给出了新兴经济体的能源消耗、经济增长和CO_2排放量的基本统计描述。样本的截面17个，样本共计459个。能源消耗、经济增长和CO_2排放量的样本分布为左偏的非正态分布。

表6-1 描述性统计

项目	LNEC	LNEG	$LNCO_2$
平均值	6.73	7.65	7.55
中位数	6.74	7.85	7.53
极大值	8.53	10.17	9.35
极小值	4.63	5.54	4.60
标准差	0.79	1.08	0.98
偏度	-0.26	-0.23	-0.49
峰度	3.04	2.11	3.20
Jarque-Bera值	5.35 (0.07)**	19.31 (0.00)***	19.17 (0.00)***
样本数	459	459	459
截面个数	17	17	17

注：①括弧中的数值为Jarque-Bera检验的P值；② *** 表示在1%的置信区间上显著，** 表示在5%的置信区间上显著。

6.4 面板数据协整检验与因果关系分析

6.4.1 单位根检验

面板数据单位根检验是进行面板数据协整检验和因果关系分析的基础。多个方法可以用于面板数据单位根检验，但是由于这些方法对面板数据单位根检验的有效性是建立在某些特定条件下的,因此在对面板数据单位根检验的实证研究中,常常多选择几个面板数据单位根检验的方法,以避免选择某一个面板数据单位根检验方法存在的偏误。这里采用了五个面板数据单位根检验的方法,分别是 LLC 检验(Levin et al.,2002)、Breitung 检验(Breitung,2000)、IPS 检验(Im et al.,2003)、ADF-Fisher 检验(Fuller,1979)和 PP-Fisher 卡方检验(Phillips & Perron,1988)。表 6-2 中是能源消耗、经济增长和 CO_2 排放量的面板数据单位根检验结果,从中可以看到这三个变量在水平值上不能拒绝原假设,即变量不平稳,而在一阶差分后,则可以拒绝原假设,变量存在一阶单位根。

表 6-2 面板数据单位根检验结果

方法	$LNEC_t$	$LNEG_t$	$LNCO_{2t}$
LLC 检验			
水平值	1.62 (0.95)	-0.02 (0.49)	-1.14 (0.13)
一阶差分值	-14.67 (0.00)***	-6.79 (0.00)***	-15.18 (0.00)***
Breitung 检验			
水平值	4.70 (1.00)	2.43 (0.99)	-0.61 (0.27)
一阶差分值	-9.31 (0.00)***	-3.84 (0.00)***	-7.06 (0.00)***
IPS 检验			
水平值	3.56 (1.00)	1.35 (0.91)	-0.54 (0.30)
一阶差分值	-13.82 (0.00)***	-11.73 (0.00)***	-13.82 (0.00)***
DF-Fisher 检验			
水平值	26.27 (0.83)	32.64 (0.53)	42.92 (0.14)
一阶差分值	206.63 (0.00)***	130.18 (0.00)***	208.19 (0.00)***
PP-Fisher 检验			
水平值	25.38 (0.86)	36.84 (0.34)	37.61 (0.31)
一阶差分值	235.33 (0.00)***	188.58 (0.00)***	467.03 (0.00)***

注:①LLC、Breitung、IPS、ADF-Fisher 和 PP-Fisher 检验的零假设是序列不平稳;② *** 表示在 5% 的置信区间上显著;③滞后期通过施瓦茨信息准则进行选择;④涉及的变量都取了自然对数。

6.4.2 面板数据协整分析

面板数据协整检验主要是为了判断具有相同趋势的两个或者多个变量之间是否存在长期均衡关系,以防止发生伪回归的问题,因此需要对所研究的变量进行协整检验。本书使用了佩德罗尼(Pedroni,2004)、考(Kao,

1999）和约翰森（Johansen，1988）面板数据协整检验。

在表6-3中，佩德罗尼（2004）异质性面板数据残差协整检验结果显示无协整关系的零假设被拒绝，即新兴经济体能源消耗、经济增长和CO_2排放量之间存在着协整关系。

表6-3　　　　　　Pedroni（2004）残差协整检验结果

组内	检验统计量	P概率值	组间	检验统计量	P概率值
面板v统计量	2.92*	0.05			
面板r统计量	-2.85**	0.02	群组r统计量	-1.29*	0.098
面板PP统计量	-4.18***	0.00	群组PP统计量	-4.24***	0.00
面板ADF统计量	-4.10***	0.00	群组ADF统计量	-4.23***	0.00

注：①零假设为：变量间不存在在协整关系；②*** 表示在1%的置信区间上显著，** 表示在5%的置信区间上显著，* 表示在10%的置信区间上显著。

表6-4给出了考（1999）残差面板数据协整检验的结果，结果显示新兴经济体能源消耗、经济增长和CO_2排放量之间存在协整关系。

表6-4　　　　　　考（1999）残差协整检验结果

残差	T统计量	P概率值
ADF	-3.84***	0.00

注：*** 表示在1%的置信区间上显著。

表6-5给出了基于约翰森（Johansen，1988）方法的Fisher面板数据协整检验结果，检验结果支持新兴经济体能源消耗、经济增长和CO_2排放量之间存在着协整关系。

表6-5　　　基于约翰森（1988）方法的面板协整检验结果（Fisher检验）

项目	Fisher统计量（来自迹检验）	P概率值
None	110.60***	0.00
At most one	58.14***	0.01
At most two	44.19	0.11

注：*** 表示在1%的置信区间上显著。

从表6-3和表6-5不同的面板数据协整检验结果来看，新兴经济体能源消耗、经济增长和 CO_2 排放量之间存在着长期稳定关系,这意味着这三者在长期的变化趋势是一致的。

6.4.3 面板因果关系分析

采用恩格尔和格兰杰（Engle & Granger，1987）两步法的面板误差修正模型常被用来考察变量间存在的长期和短期的因果关系。

第一步是估计下列方程以获得其残差：

$$LNEC_{i,t} = \alpha_i + \beta_i LNEG_{i,t} + \delta_i LNCO2_{i,t} + e_{i,t} (i=1,\cdots,N, t=1,\cdots,T) \quad (6-1)$$

式 (6-1) 中的 β_i 和 δ_i 为待估计得系数，α_i 为考虑截面异质时的常数项。

第二步是估计和短期调整相关的参数。基于面板格兰杰因果关系检验的结果方程如下：

$$\Delta LNEC_{i,t} = \theta_{1,i} + \sum_{k=1}^{m} \theta_{1,1,i,k} \Delta LNEC_{i,t-k} + \sum_{k=1}^{m} \theta_{1,2,i,k} \Delta LNEG_{i,t-k}$$
$$+ \sum_{k=1}^{m} \theta_{1,3,i,k} \Delta LNCO2_{i,t-k} + \lambda_{1,i} ECT_{i,t-1} + \mu_{1,i,t} \quad (6-2)$$

$$\Delta LNEG_{i,t} = \theta_{2,i} + \sum_{k=1}^{m} \theta_{2,1,i,k} \Delta LNEC_{i,t-k} + \sum_{k=1}^{m} \theta_{2,2,i,k} \Delta LNEG_{i,t-k}$$
$$+ \sum_{k=1}^{m} \theta_{2,3,i,k} \Delta LNCO2_{i,t-k} + \lambda_{2,i} ECT_{i,t-1} + \mu_{2,i,t} \quad (6-3)$$

$$\Delta LNCO2_{i,t} = \theta_{3,i} + \sum_{k=1}^{m} \theta_{3,1,i,k} \Delta LNEC_{i,t-k} + \sum_{k=1}^{m} \theta_{3,2,i,k} \Delta LNEG_{i,t-k}$$
$$+ \sum_{k=1}^{m} \theta_{3,3,i,k} \Delta LNCO2_{i,t-k} + \lambda_{3,i} ECT_{i,t-1} + \mu_{3,i,t} \quad (6-4)$$

其中，Δ 表示一阶差分，$\theta_{j,i,t}$ ($j=1, 2, 3$) 表示国家固定效应，k ($k=1,\cdots, m$) 是根据施瓦茨信息准则得出的最优滞后长度，$ECT_{i,t-1}$ 是被估计的滞后误差修正项，表示和长期协整关系的偏离程度，$ECT_{i,t} = LNEC_{i,t} - \hat{\beta}_i LNEG_{i,t} - \hat{\delta}_i LNCO2_{i,t}$，$\lambda_{j,i}$ ($j=1, 2, 3$) 是一个调整系数，$\mu_{j,i,t}$ ($j=1, 2, 3$) 是干扰项。

从表 6-6 中可以看到，在短期内，$LNEG$ 和 $LNCO_2$ 对 $LNEC$、$LNEC$ 和 $LNCO_2$ 对 $LNEG$、$LNEC$ 和 $LNEG$ 对 $LNCO_2$ 均有着显著的影响，说明这三者

之间互为因果关系,也就是说,在短期内新兴经济体能源消耗的增长会促进经济增长和 CO_2 排放量的增加,经济增长会带来能源消耗和 CO_2 排放量的增加,CO_2 排放量的增加也会促进经济增长和增加能源消耗,这就意味着对于新兴经济体而言,要实现"低能耗、低排放、高增长"的可持续发展战略在短期内是难以实现的。从长期来看,ECT 的系数只有在经济增长的方程中显著,且符号为负,这说明经济增长是系统偏离长期均衡的重要调节因素,也就是说在长期内新兴经济体可以通过经济的持续增长,来减少能源消耗和 CO_2 排放量。

表 6-6　　　　　　　　　　面板因果关系检验结果

被解释变量	解释变量			
	短期			长期
	$\Delta LNEC$	$\Delta LNEG$	$\Delta LNCO_2$	ECT
$\Delta LNEC$		0.02（0.09）*	0.37（0.00）***	0.01（0.67）
$\Delta LNEG$	0.34（0.07）*		0.20（0.01）***	-0.10（0.01）***
$\Delta LNCO_2$	0.99（0.00）***	0.02（0.01）***		-0.04（0.14）

注:①*** 表示在 1% 的置信区间上显著,** 表示在 5% 的置信区间上显著,* 表示在 10% 的置信区间上显著;②表中括弧里是 P 值;③ECT 表示被估计的误差项。

6.5　PVAR 模型分析

6.5.1　面板 VAR 的 GMM 估计

尽管使用面板数据协整检验和因果关系分析对新兴经济体能源消耗、经济增长与 CO_2 排放量的长短期关系进行了讨论,但是并没有具体地考察这些变量的滞后期与当前期之间的动态关系以及它们的随机扰动项的冲击效应,因此,这里使用面板 VAR 模型对此进行进一步研究。

西蒙斯（Sims,1980）提出了向量自回归模型（Vector Regression Model,VAR Model）,该模型通常被用来研究变量间的动态关系,但是其只能用于时间序列数据的研究,霍尔特兹-埃金等（Holtz-Eakin et al.,1988）提出了面板数据向量自回归模型（Panel Vector Regressiong Model,PVAR Model)，可以用于研究样本为面板数据的变量之间的动态关系。这里假定在方程系统中待估计系数不随时间变化而变化，将 PVAR 模型描述如下：

$$LNEC_{it} = \psi + \sum_{j=1}^{p} \rho_j LNEC_{it-j} + \sum_{j=1}^{p} \tau_j LNEG_{it-j} + \sum_{j=1}^{p} \vartheta_j LNCO_{2it-j} + g_i + \varepsilon_{it} \tag{6-5}$$

$$LNEG_{it} = \mu + \sum_{j=1}^{p} \theta_j LNEC_{it-j} + \sum_{j=1}^{p} \varphi_j LNEG_{it-j} + \sum_{j=1}^{p} \gamma_j LNCO_{2it-j} + f_i + \upsilon_{it} \tag{6-6}$$

$$LNCO_{2it} = \alpha + \sum_{j=1}^{p} \kappa_j LNEC_{it-j} + \sum_{j=1}^{p} \eta_j LNEG_{it-j} + \sum_{j=1}^{p} \zeta_j LNCO_{2it-j} + h_i + \zeta_{it} \tag{6-7}$$

其中，$i = 1, 2, \cdots, N$，$t = 1, 2, \cdots, T$。$(g_i, f_i, h_i)'$ 表示国家 i 的固定效应。$(\varepsilon_{it}, \upsilon_{it}, \zeta_{it})'$ 表示随机扰动项，服从零均值、同方差、且无序列相关，但是可能存在截面相依。ψ、μ、α 是常数项，ρ_j、τ_j、ϑ_j、θ_j、φ_j、γ_j、κ_j、η_j、ζ_j 等为系数。

由于存在个体固定效应和使用滞后因变量作为解释变量的情况，使用诸如最小二乘估计等难以获得一致的估计量，霍尔特兹－埃金等（Holtz-Eakin et al.，1988）提出借助于广义矩估计（Generalized Method of Moments, GMM）可以获得一致和渐近有效的估计量。

表 6-7 给出了 PVAR 模型的 GMM 估计结果。首先，观察经济增长的滞后期对当期的能源消耗、CO_2 排放量的影响，滞后一期的经济增长对当期的能源消耗、CO_2 排放量具有正向影响，滞后二期的经济增长使得当期的能源消耗、CO_2 排放量下降，这说明新兴经济体的经济增长对能源消耗、CO_2 排放量的变化有着较大的影响，当新兴经济体滞后一期的经济增长促进当期经济增长时，其也相应地增加了当期的能源消耗和 CO_2 排放量，当新兴经济体滞后第二期的经济增长对当期经济增长的影响为负时，也使得当期的能源消耗、CO_2 排放量下降；其次，观察能源消耗的滞后期对当期的经济增长、CO_2 排放的影响，发现能源消耗的滞后期对当期的经济增长、CO_2 排放量没有显著的影响，这说明新兴经济体的能源作为生产要素投入到生产中，在当期就被完全消耗而转化为当期的产出，并排放出 CO_2；再其次，观

察 CO_2 排放量的滞后期对当期的经济增长、CO_2 排放的影响，发现 CO_2 排放量的滞后期对当期能源消耗没有显著影响，滞后一期的 CO_2 排放量对当期的经济增长有负向影响，这进一步表明了 CO_2 排放量和能源消耗之间在同期发生相互作用，但是上一期 CO_2 排放量的增加可能会使得政府作出控制排放的政策，从而给当期的经济增长带来负冲击；最后，观察滞后的经济增长、能源消耗和 CO_2 排放量对其自身的当期影响，可以看到新兴经济体的经济增长、能源消耗和 CO_2 排放量的变化存在着一定的路径依赖。

表 6-7　　　　　　　面板 VAR 的 GMM 估计结果

模型	方程 1	方程 2	方程 3
	$LNEC$	$LNEG$	$LNCO_2$
$LNEC_{t-1}$	0.81 (0.00)***	0.02 (0.91)	0.06 (0.82)
$LNEC_{t-2}$	0.07 (0.35)	0.01 (0.89)	-0.07 (0.62)
$LNEG_{t-1}$	0.24 (0.00)***	1.37 (0.00)***	0.41 (0.00)***
$LNEG_{t-2}$	-0.22 (0.00)***	-0.51 (0.04)**	-0.39 (0.00)***
$LNCO_{2t-1}$	0.05 (0.21)	-0.001 (0.00)***	0.81 (0.00)***
$LNCO_{2t-2}$	-0.02 (0.62)	0.07 (0.25)	0.12 (0.12)

注：①*** 表示在 1% 的置信区间上显著，** 表示在 5% 的置信区间上显著，* 表示在 10% 的置信区间上显著；②表中括弧里是 P 值。

6.5.2　面板脉冲响应分析

脉冲响应反映了模型中随机扰动项的冲击对其他变量的冲击。从图 6-1 中可以看到：(1) 如果给能源消耗一个标准冲击，会使得新兴经济体能源消耗、经济增长和 CO_2 排放量有所增加，但是增加的趋势是先短暂的增强后开始逐渐向零衰减；(2) 如果给经济增长一个标准冲击，会使得新兴经济体能源消耗、经济增长和 CO_2 排放量先增加后减少，在增加的过程中也是先增强后衰减到零；(3) 如果给 CO_2 排放量一个标准冲击，会对能源消耗、经济增长和 CO_2 排放量产生一个正向的冲击，不过，能源消耗和经济增长的增加趋势是持续递增的，而 CO_2 排放量的增加趋势则出现衰减。

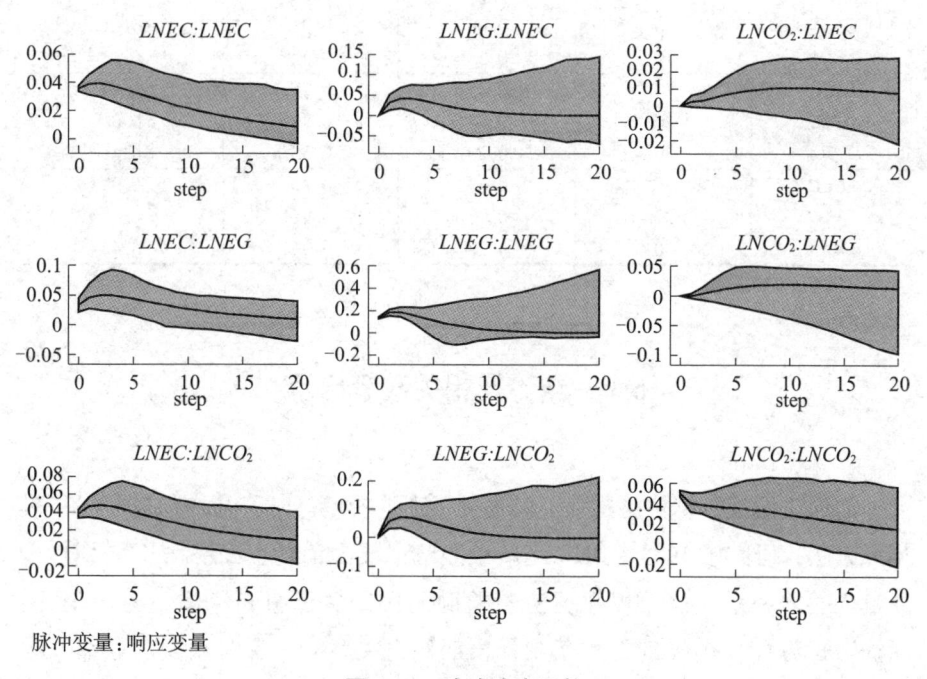

图 6-1 脉冲响应函数

6.5.3 方差分解

方差分解得出了系统中各变量的冲击对某一变量波动的贡献度。从表 6-8 中可以看到：（1）能源消耗、经济增长和 CO_2 排放量的变化主要受自身影响，且随着滞后期的增加，能源消耗受到自身的影响降低，经济增长和 CO_2 排放量对自身的影响几乎没有变化；（2）与能源消耗和经济增长相比，CO_2 排放量更多地受到非自身的影响，能源消耗、经济增长在第十期时对 CO_2 排放量变化的贡献为分别 35%、22%，且随着时间的推移，能源消耗对 CO_2 排放量变化的贡献减少，经济增长对 CO_2 排放量变化的贡献增加。

表 6-8　　　　　　　　　方差分解结果

模型	S	LNEC	LNEG	$LNCO_2$
LNEC	10	0.76	0.20	0.04
LNEG	10	0.09	0.91	0.01
$LNCO_2$	10	0.35	0.22	0.42
LNEC	20	0.65	0.28	0.07
LNEG	20	0.08	0.90	0.01
$LNCO_2$	20	0.29	0.30	0.41
LNEC	30	0.62	0.30	0.08
LNEG	30	0.08	0.91	0.02
$LNCO_2$	30	0.28	0.31	0.42

6.6　结论及相关政策启示

借助于面板数据协整检验、面板数据因果关系分析、面板数据 VAR 模型等方法，研究了 1984~2010 年新兴经济体能源消耗、经济增长与 CO_2 排放量之间的关系。从面板数据协整检验与因果关系分析来看，能源消耗、经济增长与 CO_2 排放量之间存在着长期稳定关系，三者在短期内存在互为因果的关系，经济增长可以使得系统偏离长期的均衡。从面板 VAR 模型的估计结果来看，当期能源消耗、经济增长和 CO_2 排放量的变化均受到其滞后期的影响，滞后一期的经济增长使得当期的能源消耗、CO_2 排放量增加，滞后二期的经济增长使得当期的能源消耗、CO_2 排放量下降，能源消耗的滞后期对当期经济增长、CO_2 排放量没有显著的影响，CO_2 排放量的滞后期对当期能源消耗没有显著影响，滞后一期的 CO_2 排放量制约着当期的经济增长。从脉冲响应的分析结果来看，给能源消耗一个标准冲击，会对能源消耗、经济增长和 CO_2 排放产生正向的影响；给经济增长一个标准冲击，使得能源消耗、经济增长和 CO_2 排放量的变化先增加后下降；给 CO_2 排放量一个标准冲击，使得能源消耗、经济增长和 CO_2 排放量有所增加。方差分解显示能源消耗、经济增长和 CO_2 排放量的波动主要来自自身的影响，但是相对而言，CO_2 排放量的波动也受到能源消耗和经济增长的较大冲击。

从欧美发达国家工业化的历史来看，高增长总是和高能耗、高排放相伴，这里的研究也显示新兴经济体正在进行的工业化进程也没有完全避开这一发展路径。尽管如此，当前新兴经济体发展面临的环境和欧美发达国家当年是完全不一样的，现代科学技术的进步和生产工艺的革新完全可以使得新兴经济体走上"低能耗、低排放、高增长"的发展之路。根据新兴经济体能源消耗、经济增长和 CO_2 排放量之间的关系，可以给新兴经济体走绿色发展之路提供两点启示。

第一，始终将经济增长作为第一要务。尽管从短期来看，经济增长和能源消耗会使得 CO_2 排放量的增加，但是从长期来看，通过经济增长可以调节能源消耗的均衡路径从而达到减少 CO_2 排放的目的，因此对于新兴经济体而言，将经济增长作为第一要务不仅是发展的现实需求，也是有效地减少 CO_2 排放的途径。正如环境库兹涅茨曲线所描述的那样，当经济发展到一定水平之后，诸如 CO_2 之类的污染物排放会出现下降，但是具体到这个拐点是多少，各个国家存在着一些不同，新兴经济体可以在倒"U"曲线上升阶段的某一时刻采取一定的政策干预，使得这个拐点提前到来。

第二，积极提高能源效率。从研究中可以发现经济增长使得能源消耗增加，而能源消耗的增加又使得 CO_2 排放量增加，因此，如果在减少 CO_2 排放量的同时又能保持经济增长，就必须提高单位能源消耗的效率，既通过技术进步或者产业结构调整，使得单位产出消耗的能源减少，从而实现"低能耗、低排放、高产出"的绿色发展之路。新兴经济体需要通过加快设备折旧，推进生产设备和工艺的更新，不断引进或者开发更加节能环保的生产技术，提高能源的利用效率。除此之外，新兴经济体还需要积极推进产业结构优化，保持轻工业、重工业和服务业的合理比重，可以降低单位 GDP 的能源投入，也就相应地降低了单位 GDP 的 CO_2 排放量，使得经济在较快增长的同时不至于使得 CO_2 排放量激增。

第七章

中国能源效率测度及其影响因素分析

7.1 问题的提出

能源的投入为中国经济的持续增长提供了巨大的动力，但是随着中国能源消耗的持续增加，一方面能源供给问题突出，中国的石油对外依存度已经超过了公认的50%这一"安全警戒线"，中国的能源环境已经从"比较安全"向"比较不安全"转变，另外一方面中国的能源效率比较低，通过将能源物理效率作为指标进行比较，中国比国际先进水平低10%左右，大致相当于欧洲1990年初的水平，日本1970年中期水平（王庆一，2005）。中国能源消耗量大且效率低导致了温室气体的大量排放，中国的二氧化碳排放量已经超过了美国，成为世界最大的二氧化碳排放国。因此，研究中国的能源效率及其影响因素成为一个研究的热点。

能源效率的测度一般有七大类指标，分别包括能源宏观效率、能源实物效率、能源物理效率、能源要素利用效率、能源要素配置效率、能源价值效率和能源经济效率，蒋金荷（2004）从能源物理效率、单位产值能耗、单位产品能耗等方面分析了我国能源效率的现状特征，并与先进的能源效率国家进行了对比，认为我国的能源效率与先进能源效率国家之间存在着较大的差距。史丹（2006）将能源消耗与产出的比作为测度能源效率的指标，以国内最高能源效率作为比较标准，分区域计算了中国的能源效率，能源效率高的省市主要集中在东南沿海地区，能源效率低的地区主要集中在煤炭资源比较丰富、以煤炭消费为主的内陆地区。利用数据包络分析方法来测度中国的能源效率也得到了大量的应用，一般将能源的消耗、资本存量和劳动力等要素作为投入，将国内生产总值作为产出，来计算能源效率，以 Malmquist 指数来衡量能源效率高低（李廉水，周勇；2006；王群伟，周德群；2008），魏楚、沈满洪（2007）在对传统能源效率的各种指标进行梳理的基础上，认为传统指标并没有刻画出"效率"的本质，认为采用数据包络分析技术能够反映内在技术效率的变化，是一个更优的评价指标，吴琦，武春友（2009）的研究也支持采用 DEA 方法可以有效应用于能源效率的评价，并较好地满足系统分析的要求。

另外一个重要的问题是哪些因素影响着中国能源效率的变化，以及如何影响。一些学者对此已经做了相关探讨。费希尔 – 范登（Fisher-Vanden，2003）认为市场化改革、对外开放对提高中国能源效率具有显著影响；魏楚、沈满洪（2007）采用 DEA 方法测度了中国各省市的能源效率，然后基于省际面板数据研究了产业结构、财政支出比重、进出口比重和所有制结构对能源效率的影响，他们的研究认为：第三产业在 GDP 中所占的比例每上升 1%，能源效率提高 0.44%；政府财政支出比重每增加 1%，能源效率会下降 0.46%；进出口所占的比重每上升 1%，能源效率将降低 0.18%；所有制结构对能源效率的影响不显著。董利（2008）以单位产值的能源消耗为指标测度了能源效率，并运用 1998~2004 年的面板数据考察了产业结构、对外开放、市场化程度、能源消费结构对能源效率的影响。除此之外，税收负担对能源效率也存在着一定的影响。

这些因素影响的机制是什么呢？第一，技术进步是否发生在节能方面，如果技术是往节能方向进步的，则这种技术进步会提高能源效率，但是有些技术虽然提高了生产率，但对能源效率没有影响，甚至还降低了能源效率；第二，产业结构中的第二产业部门份额的变化，一般而言，第二产业的能源消耗量高于第一产业和第三产业，如果第二产业在国民经济中的份额降低，能源效率有可能会提高，但是如果第二产业往能源密集型发现发展，虽然在国民经济中得份额降低了，但是能源消耗并没有相应地降低，甚至会增加，这必然会导致能源效率的降低；第三，能源结构中煤的使用与石油、天然气使用之间的关系，在现有的技术条件下，煤的使用效率一直都低于石油、天然气，如果在能源结构中，煤所占的份额较高，相应的能源效率会降低；第四，所有制中国有企业所占的比例，与外资企业、民营企业相比，国有企业，特别是国有垄断企业，在成本的约束上比较松，可能会导致能源消耗较多；第五，市场的国际化程度，对于发展中国家来说，一方面，发达国家的技术转移，可以降低能源消耗，但是另外一方面往往容易成为"污染避难所"，发达国家将能耗高、污染大的产业转移到发展中国家，无助于发展中国家提高能源效率；第六，国家对企业所征收的税收多少，即企业的税收负担高低，税收负担可以使得企业努力提高能源效率，抵消税收带来的预期收益的减少，但是也有可能使企业粗放式的使用能源，节省技术设备更新成本；第七，财政支出的比重的增加说明政府的消费和投资挤占了私人部门的消费和投资，尽管这在一定程度上扭曲了市场对资源的配置，但是政府的消费和投资对能源效率并没有什么直接的影响，因为政府并没有能力分辨它们消费的产品是能耗低还是能耗高的企业生产的产品，政府的投资也只有变成国有企业的资产，和国有企业的管理制度相联系，才对能源效率产生影响。

与已有的一些研究相比，本书采用 DEA-Tobit 两步法来研究中国的能源效率及其影响因素，可以很好地弥补其存在的不足。首先，采用 DEA 中的 malmquist 指数作为被解释变量，然后用面板数据进行估计，使用面板数据扩大了样本空间，提高了估计的有效性，但是由于 malmquist 指数是一个审查数据，即最大值为 1，这就不太适合采用一般的面板数据模型进行估计，除非采用 Tobit 面板数据模型；其次，运用单位产值能源消耗量作为被解释变量，然后采用面板数据模型进行估计，尽管避免了受限因变量带来的估计问题，但是单位产值能源效率并不能很好的刻画"效率"。基于此，首先，本书利用 DEA 中的 CCR 模型和 BCC 模型测度了中国能源效率变化；其次，采用 Tobit 模型对影响能源效率的一些因素进行了分析，认为利用 CCR 模型计算的中国能源效率作为被解释变量时，能源结构、所有制结构、产业结构、市场开放度、技术进步、税收负担等因素对能源效率有着显著的影响，但是在使用 BCC 模型计算的中国能源效率作为被解释变量时，只有技术进步和税收负担对能源效率有着显著影响；最后，在前面分析的基础上，给出了相关政策建议。

7.2 DEA-Tobit 两步法

DEA-Tobit 两步法已经成为研究相关投入效率及其影响因素的标准研究框架，譬如财政支出效率（徐斌，2011；陈仲常、张峥，2011），耕地利用效率，工业用地利用效率，能源效率（胡根华、秦嗣毅，2012）以及某些行业或者企业的投入效率等等。DEA—Tobit 两步法的第一步是利用 DEA 方法测度某种投入的效率，第二步是利用 DEA 测度的结果作为 Tobit 模型的被解释变量，运用 Tobit 模型进行估计。

7.2.1 DEA 模型

7.2.1.1 CCR 模型

对于权系数 u 和 v，决策单元 j（即 DMU_j，$1 \leqslant j \leqslant n$）的效率评价指数：

$$h_j = \frac{u^T Y_j}{v^T X_j}(j = 1, \cdots, n) \tag{7-1}$$

总是可以选取合适的权系数 u 和 v，使得：

$$h_j \leqslant 1(j = 1, \cdots, n)$$

效率评价指数 h_j 的表示在权系数 u、v 之下，产出为 $u^T Y$，投入为 $v^T X_j$ 时的产出与投入之比。

对于决策单元 j_0 的效率评价问题为：以 DMU_{j_0} 的效率评价指数 $h_{j_0} = \frac{u^T Y_{j_0}}{v^T X_{j_0}}$ 为目标，以所有的决策单元（$j=1, \cdots, n$）的效率指数（包括 DMU_{j_0}） $h_j = \frac{u^T Y_j}{v^T X_j}$ （$j=1, \cdots, n$）为约束，构成如下规划问题：

$$\begin{cases} \max V_P^I = \frac{u^T Y_{j_0}}{v^T X_{j_0}} \\ \frac{u^T Y_j}{v^T X_j} \leqslant 1(j = 1, \cdots, n) \\ u \geqslant 0, v \geqslant 0 \end{cases} \tag{7-2}$$

7.2.1.2 BCC 模型

对于权系数 ω 和 u,对于决策单元 j_0 的效率评价问题为:以 DMU_{j_0} 的效率评价指数 $h_{j_0} = u^T Y_{j_0} - u_{j_0}$ 为目标,以所有的决策单元 ($j = 1, \cdots, n$) 的投入产出差 $\omega^T X_j - u^T Y_j \geq -u_{j_0}$ 和 $\omega^T X_{j_0} = 1$ 为制约,构成如下线性规划模型:

$$\begin{cases} \max(u^T Y_{j_0} - u_{j_0}) \\ \omega^T X_j - u^T Y_j + u_{j_0} \geq 0 (j = 1, \cdots, n) \\ \omega^T X_{j_0} = 1 \\ \omega \geq 0, u \geq 0, u_{j_0} \geq 0 \end{cases} \quad (7-3)$$

7.2.2 Tobit 模型

Tobit 模型又称审查正态回归模型(Censored normal regression model),可以用来分析受限或者截断因变量的模型构建问题。在 DEA-Tobit 两步法中采用第一类 Tobit 模型。该模型为:

$$y_i^* = x_i'\beta + u_i (i = 1, 2, \cdots, n) \quad (7-4)$$

$$y_i = y_i^*, \text{如果 } y_i^* < y_0 \quad (7-5)$$

$$y_i = y_0, \text{如果 } y_i^* \geq y_0 \quad (7-6)$$

其中,$u_i \sim N(0, \sigma^2)$,y_i^* 也潜变量,y_i 为观察值,y_0 为可观察值的边界值,在 DEA-Tobit 两步法中,$y_0 = 1$。

由于 Tobit 模型为受限离散变量模型,所以其参数的估计一般采用极大似然估计法(MLE),这里采用的是截断数据,所以其似然函数为:

$$L = \prod_i \Phi\left(\frac{x_i'\beta}{\sigma}\right) \sigma^{-1} \phi\left[\frac{(y_i - x_i'\beta)}{\sigma}\right] \quad (7-7)$$

式(7-7)中 Φ 和 ϕ 分别为标准正态的分布函数和密度函数,对其两边求自然对数,并分别对 β 和 σ 求偏导数,从而估计出 $\hat{\beta}$ 和 $\hat{\sigma}$。

7.3 变量与数据说明

7.3.1 DEA 模型中的变量说明

资本存量 K_t：按照戈德史密斯（Goldsmith，1951）的永续盘存法来计算中国每年的资本存量，即 $K_t = K_{t-1}(1-\delta) + I_t$。其中，$K_t$ 表示第 t 年的资本存量，K_{t-1} 表示第 $t-1$ 年的资本存量，I_t 表示第 t 年的投资，δ 为表示折旧。这里采用哈尔、琼斯和杨（Hall, Jones & Young; 1999）的假定，令 $\delta = 6\%$，同时以中国每年的固定资产形成总额作为当年的投资，单位为亿元。

劳动投入 L_t：中国每年的就业人数作为劳动投入，单位为万人。

能源投入 E_t：采用中国每年的一次能源消费量，单位为万吨标准煤。

总产出 Y_t：中国每年的国内生产总值，单位为亿元。

7.3.2 Tobit 模型中的变量

技术进步 TP_t：对技术进步的测度有多种测度方法，其中常见的有工具变量法，根据索洛剩余计算的全要素生产率，数据包络分析等等，这里采用数据包络分析法中 malmquist 指数法来表示。

产业结构 IS_t：产业结构的选取指标存在着不同的差异，很多学者采用第二产业或者第三产业的总产值所占 GDP 的比例作为衡量产业结构变化的指标，按照袁晓玲、张宝山、杨万平（2009）的方法，将第二产业的总产值作为产业结构的指标。

所有制结构 PS_t：所有制结构的衡量一般采用国有企业工业总产值占工业总产值的比重来计算，本文也使用同样的方法。

能源结构 ES_t：由于中国的能源消费中主要为原煤，所以将原煤消费总量占一次能源消费总量的比例作为能源消费结构的指标。

市场开放度 MO_t：采用进出口总额占 GDP 的比例来衡量。

税收负担 TB_t：税收负担采用一般财政预算收入占 GDP 的比例来计算。

7.3.3 数据来源

数据来自《新中国 60 年统计资料汇编》和《中国统计年鉴》(2011) 整理计算而成。由于统计数据的口径问题，这里的样本空间为 1980~2008 年。

7.4 能源效率的测度结果

以每年的一次性能源消费量，资本存量和就业人数作为投入，将每年的 GDP 作为产出，运用投入方向的 CCR 模型和 BCC 模型计算中国能源效率变化情况。图 7-1 中的曲线描述了模型中 h_{j_0} 值的变化，它将 1980~2008 年能源效率最高的年份作为前沿面，其余的年份与之比较，形成一个得分。从 CCR 模型计算的能源效率得分中可以看到，1990 年之后中国的能源效率

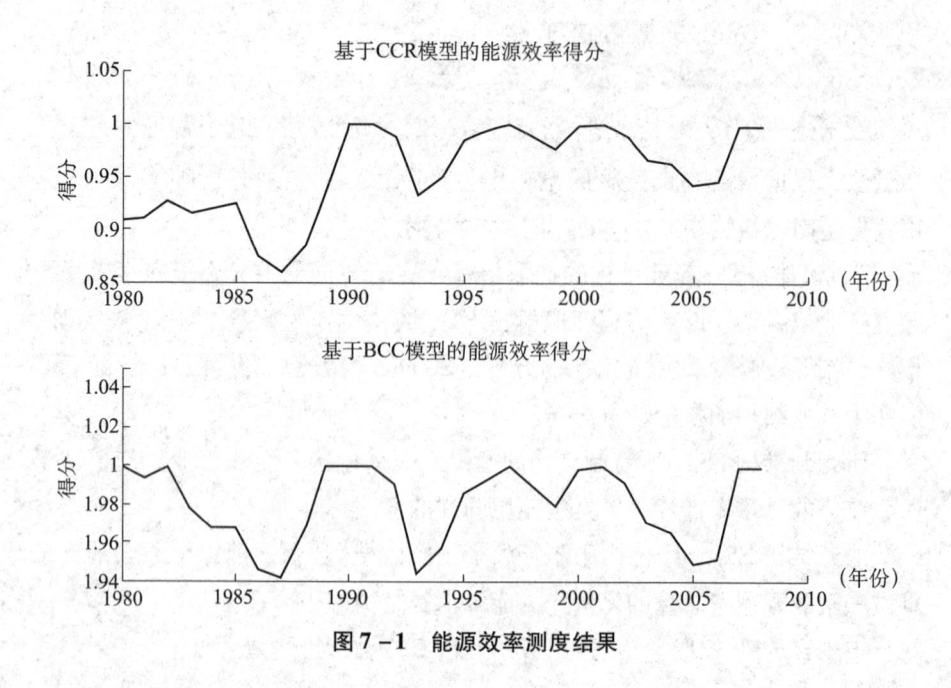

图 7-1 能源效率测度结果

要高于 1990 年之前，随后维持在一个相对的高效率状态一直到 2001 年，出现了持续的下降，但在 2006 年之后能源效率又开始上升。从 BCC 模型计算的能源效率得分中可以发现，中国能源效率在 1980~1987 年和 2001~2005 年出现了持续的下降，在 1988~2000 年并没有出现持续能源效率的下跌。

为了进一步清楚的分析 1980~2008 年间中国能源效率的变化特征，对能源效率得分进行了分组，并计算了每组的基本统计量。在表 7-1 中，1998~2003 年中国能源效率的均值最高，1980~1985 年的均值最低，1986~1991 年间波动最大，1980~1985 年间的波动最小。在表 7-2 中，可以发现 1998~2003 年中国能源效率的均值最高，且波动最小，2004~2008 年的均值最低，1986~1991 年的波动最大。

表 7-1　基于 CCR 模型能源效率得分的基本统计信息

能源效率	1980~1985 年	1986~1991 年	1992~1997 年	1998~2003 年	2004~2008 年
均值	0.918	0.925	0.975	0.987	0.970
方差	0.007	0.063	0.027	0.013	0.028
极小值	0.909	0.860	0.932	0.967	0.942
极大值	0.927	1	1	1	1

表 7-2　基于 BCC 模型能源效率得分的基本统计信息

能源资源	1980~1985 年	1986~1991 年	1992~1997 年	1998~2003 年	2004~2008 年
均值	0.984	0.975	0.979	0.988	0.973
方差	0.015	0.028	0.023	0.011	0.025
极小值	0.968	0.942	0.943	0.971	0.949
极大值	1	1	1	1	1

通过对基于 CCR 模型和 BCC 模型能源效率得分分析，可以发现 1990 年之后，中国能源效率出现一个相对持续较高的水平，直到 2001 年之后。在 1990 年之后，我国的经济环境开始出现了几乎突变的过程，譬如市场的开放度不断提高，中国经济和世界经济的接轨出现加速，非公有制经济蓬勃兴起，产业结构、能源结构等方面也开始快速变化，这些经济环境的变化可能和这段时间中国能源效率维持在相对高的水平相关。

7.5 Tobit 模型估计

除了能源结构、所有制结构、产业结构、市场开放度、税收负担和技术进步等因素可能会影响中国能源效率的变化之外，还需要考虑规模效应问题，因此，分别利用 CCR 模型和 BCC 模型计算的能源效率得分作为因变量。

表 7-3 中的 Tobit 模型以 CCR 模型计算的能源效率得分为因变量，能源结构、所有制结构、产业结构等等因素作为自变量。通过对模型估计出的参数和似然率（Likelihood Ratio）的显著性比较，得出了四个模型。模型（Ⅰ）表示市场开放度、税收负担和技术进步对中国能源效率的变化有着显著的影响，贸易总额占 GDP 的比例每增一个单位，能源效率下降 0.174，而税收负担和技术进步每增加一个单位，能源效率分别下降 0.731 和 0.239；模型（Ⅱ）表示能源结构、所有制结构、税收负担和产业结构的变化对中国的能源效率影响在 5% 的置信区间上显著，它们每增加一个单位，都导致能源效率下降，下降的幅度分别为 0.519、0.231、0.599 和 1.294；从模型（Ⅲ）和模型（Ⅳ）可以看到，能源结构、市场开放度、所有制结构、技术进步和产业结构对中国能源效率都有着显著影响，它们对能源效率有着负的影响，其中以产业结构的变化影响最大。

表 7-4 中的 Tobit 模型的因变量为 BCC 模型计算的能源效率得分，同样也是以能源结构、所有制结构、产业结构等等因素作为自变量。按照 Tobit 模型估计（Ⅰ）中的方法选择模型。模型（Ⅰ）和模型（Ⅱ）中表明，技术进步和税收负担对中国能源效率的变化有着负的显著影响，技术进步和税收负担每增加一个单位，能源效率下降 0.231 和 0.249。模型（Ⅲ）、模型（Ⅳ）、模型（Ⅴ）和模型（Ⅵ）中所选择的自变量和表 5.1 中的四个模型所对应的自变量是一致的，但是其拟合效果与表 7-3 中的四个模型相比并不理想。

表7-3　　　　　　　　　Tobit 模型估计（Ⅰ）

项目	模型Ⅰ	模型Ⅱ	模型Ⅲ	模型Ⅳ
能源结构		-0.519 (-2.41)**	-0.697 (-2.65)**	-0.525 (-1.97)*
市场开放度	-0.174 (4.03)***		-0.221 (-2.15)**	-0.202 (-2.04)*
所有制结构		-0.231 (-3.92)***	-0.414 (-3.81)***	-0.425 (-4.03)***
税收负担	-0.731 (-3.45)***	-0.599 (-3.08)***		
技术进步	-0.239 (-2.49)**			-0.176 (-1.80)*
产业结构		-1.294 (-2.87)***	-1.028 (-2.14)**	-0.850 (-1.81)*
常数	1.26 (11.55)***	2.12 (6.74)***	2.21 (5.93)***	2.20 (6.17)***
LR	18.00	23.56	20.04	23.25
Pseudo R^2	-0.28	-0.37	-0.32	-0.37

表7-4　　　　　　　　　Tobit 模型估计（Ⅱ）

项目	模型Ⅰ	模型Ⅱ	模型Ⅲ	模型Ⅳ	模型Ⅴ	模型Ⅵ
技术进步	-0.227 (-3.70)***	-0.231 (-4.18)***			-0.237 (-4.23)***	-0.231 (-3.61)***
税收负担		-0.249 (-2.20)**	-0.267 (-1.80)*		-0.258 (-2.27)**	
能源结构			-0.231 (-1.40)	-0.363 (-2.03)*		-0.122 (-0.79)
开放程度				-0.147 (-2.13)**	0.013 (0.54)	-0.118 (-2.10)**
所有制结构			-0.021 (-0.46)	-0.142 (-1.92)*		-0.157 (-2.57)***
产业结构			-0.560 (-1.58)	-0.435 (-1.30)		-0.266 (-0.95)
常数	1.23 (18.37)***	1.27 (19.82)***	1.45 (5.98)***	1.57 (6.13)***	1.27 (19.94)***	1.562 (7.56)***
LR	12.60	16.95	5.01	6.32	17.24	19.17
Pseudo R^2	-0.155	-0.208	-0.062	-0.078	-0.212	-0.236

通过比较 Tobit 模型估计结果（Ⅰ）和（Ⅱ），可以发现：(1) 在规模

效应不变的情况下，能源结构、所有制结构、产业结构、市场开放程度、税收负担和技术进步对中国能源效率的变化有着显著的影响，而在规模效应可变的条件下，仅有技术进步和税收负担对中国能源效率的变化影响显著。(2) 在这些影响因素中，能源结构中原煤使用比例的提高、所有制结构中国有企业比例的增加、产业结构中第二产业比重和税收比重的增加，都降低了能源效率，同时，贸易总额的增加和技术进步也会降低能源效率，这很可能是中国的出口和技术进步并不是以降低能源消耗为目标的。

7.6　结论及其相关政策启示

利用 DEA-Tobit 两步法的分析框架，在测度 1980～2008 年中国能源效率的基础上，分析了能源结构、所有制结构、产业结构、市场开放度、税收负担和技术进步等因素对中国能源效率变化的影响。在 1991 年之后，中国的能源效率在相当长的时间内维持在一个相对高的水平，直到 2001 年之后出现了一个较长时间的下降。在规模效应不变的条件下，能源结构、所有制结构、产业结构、市场开放程度、税收负担和技术进步对中国能源效率的变化影响具有负效应，而在规模效应可变的条件下，仅有技术进步和税收负担对中国能源效率的变化有着显著影响，且符号为负。从结论中可以得到提高中国能源效率的一些政策启示。

(1) 优化经济结构，实现经济可持续发展。进一步深化市场体制改革，鼓励市场竞争，特别对非公有制企业开放部分垄断性行业。继续推进产业结构调整，提高第三产业对经济增长的贡献，针对当前中国缺乏中高端服务业，且被全球价值链定位在中低端制造业的这一现状，应当围绕制造业大力发展生产性服务业。千方百计地增加居民收入，完善社会保障制度，使得居民的消费能力得到一定程度的提升，改变中国经济长期依赖国际市场的局面。努力促进能源消耗的多样化，降低原煤在能源消费中的比例，提高天然气、风能、太阳能等能源在消费中的比例。

(2) 引导技术进步的方向，发展绿色生产技术。技术进步并不一定提高能源效率，关键在于技术进步是否以降低能耗为目的。在中国过去的技术进步中，更多的是强调生产效率的提高，并没有将降低能源消耗作为优先目标考虑。因此，需要通过补贴、奖励和税收抵扣等手段引导企业的技术进步往降低能耗的方向前进，让新的技术、新的工艺和新的设备不仅仅可以提高生产效率，而且还可以提高能源效率，实现绿色制造，绿色发展。

（3）积极实施结构性减税，支持企业实施节能减排改造。中国企业的税收负担是否过重这一问题难以确定，但是积极实施结构性减税政策，不仅是当前刺激经济的需要，也是提高能源效率的需要。中国很多制造业企业的利润率由于激烈的市场竞争而变得很微薄，在没有减税的政策支持下，它们是否有动力来通过更新工艺和设备来提高能源效率主要取决于能源节约带来的收益和更新工艺、设备的成本之间的比较，以及企业是否有足够的未来利润来支持更新工艺、设备带来的融资成本。如果实施结构性减税，实际上就相当于提高了企业的利润率，使得企业有更多的财力来考虑更新工艺、设备来提高能源效率的问题，特别是针对提高能源效率的新工艺、新设备的投资实现税收抵扣，可以极大地刺激企业进行节能减排改造。

第八章

中国全球能源战略与能源合作研究

随着中国经济的快速发展，中国对能源的需求也日益激增。尽管中国积极努力在国内挖掘能源供给潜力，发展新能源技术，但是整体来说，中国本国的能源供给仍然不能满足国内经济快速发展和人民生活水平日益提高的需要，需要和世界其他国家展开能源合作。

8.1 全球能源的发展形势

能源作为一种生产要素，在经济发展中扮演着重要的角色，但是由于经济发展速度、技术进步、能源地理分布的不均衡和地区安全等因素的影响，使得能源的供需结构不断地发生变化，当前的全球能源形势可以概括为如下几点：

第一，化石能源在当前以及今后相当长时间内仍然占据着世界能源结构的主导地位，是人类经济发展和社会进步的基础。

根据《世界能源统计年鉴2017》的数据显示，2016年全世界第一次能源消费总量合计为132.76亿吨，其中石油、天然气、煤等化石能源占能源总消耗的85.4%，大部分电力也是通过化石能源的燃烧产生的，以太阳能、风力、水力等代表的清洁能源仅占14.6%，且根据地区的不同，清洁能源所占比例也存在一定的差别，中东地区的清洁能源占比非常低，中南美洲清洁能源占比最高。与清洁能源相比，化石能源价格相对低廉，开发利用时间长、技术成熟度高，基本渗入到生产生活的每一个角落。20世纪70年代爆发的两次石油危机使得发达国家努力摆脱对石油的过度依赖，着重于清洁能源技术和节能技术的研发，但是时至今日，石油和天然气仍然是发达国家最主要的能源，由于在道路运输、航空和石化产品中石油的替代品很少，市场对石油的需求将持续上升更长的时间，国际能源署（IEA）在其发布的《2040年世界能源展望》中指出，截至2040年，全球石油需求将在2015年的基础上增长12%，达到1.035亿桶/天。

从经济发展史来看，能源消费量和GDP的增长成正比例关系，当经济处于中等收入阶段，人均能源消费量增长很快，当经济进入高收入发展阶段，人均能源需求开始放缓。从世界各国的发展情况来看，中国在未来十年的能源消费仍处于快速增长期，继续保持世界能源消费第一的位置，但是如果印度继续保持当前的经济发展势头，印度能源消费的增长速度将会超过中国，成为世界能源消费增长的主要拉动力。由于中国和印度都属于石油和天然气储量相对贫乏的国家，中国和印度将会成为未来世界能源进口的主要国家。

第二，化石能源面临资源枯竭和遏制温室气体排放依然难以达成一致。

世界能源不仅以化石能源为主，而且消费量不断增加，使得对化石能源的需求不断扩大，而与此同时，由于化石能源属于不可再生资源，这就使得化石能源存在枯竭的可能。根据2004年BP《世界能源统计年鉴》的测算，世界石油总储量为1.15亿桶，以2004年的开采速度计算，可供生产41年。中东作为世界石油最主要来源地区，其中一些巨无霸油田都是20世纪六七十年代开始开采，现在已经开始进入中老年，已显出衰竭的迹象，世界其他产油国的油田也出现类似的现象。与此同时，新的大型油田却越来越难以发现，只能将勘探的目标对准一些自然环境比较恶劣的地区，诸如西伯利亚永久冻土带和深海大陆架。尽管近几年，由于全球经济低迷，石油价格出现了新的历史新低，石油供给出现了过剩的局面，但是这种情况是由于石油短期供需关系的变化导致的，并不意味着石油储量的激增，从长远来看，化石能源的不可再生就意味着其面临枯竭的危机，除非人类的能源使用结构不再依赖化石能源。

人类通过消费煤炭和石油等化石能源提高了生产生活的便利性，但是这些化石能源的使用带来了全球性的空气污染问题，主要表现为酸雨、臭氧层破坏和温室气体排放。酸雨对人体健康、生态系统和建筑设施等产生直接和潜在的危害，历史上著名的酸雨事件包括：比利时马斯河谷烟雾酸雨事件、美国多诺拉烟雾酸雨事件、伦敦烟雾酸雨事件、北美死湖酸雨事件、洛杉矶烟雾事件和日本四日市烟雾事件，当然，酸雨事件也并不仅仅发生在发达国家，随着一些发展中国家对化石能源使用的增加，酸雨也给这些国家带来了一定的损失。温室气体的排放会导致全球变暖，全球变暖会给导致海平面上升，降水重新分布，破坏生物链和食物链，并由此可能会诱发人类为了争夺生存权利的战争。正是意识到全球气候变暖可能带来的潜在威胁，联合国呼吁各国共同应对全球气候变暖，但是由于各国都有自己的利益，使得气候谈判举步维艰。

第三，世界石油地缘政治格局出现多元化态势，世界开始进入"大能源"时代。

按照石油分布和全球生产的地理分工，到 20 世纪末，基本形成了以西非经中东、里海、中亚、西伯利亚到远东的石油储备与生产区域，以北美、西欧和东亚为主的石油消费区，生产和消费的明显分离使得石油的供需关系存在严重的错位和失衡，一方面以美国为首的石油消费国家希望可以获得稳定且廉价的石油供应，另外一方面以沙特为首的欧佩克石油输出国组织希望通过控制石油产量来维持石油价格，以提高石油产出的收益，这种"强强对抗"成为 20 世纪 70 年代到 20 世纪末的石油地缘政治主旋律，爆发于 1973 年、1979 年和 1990 年的三次石油危机就是这种"强强对抗"的集中体现。世界石油地缘政治格局的调整和石油地质大发现密切相关，中东油田、北海油田、墨西哥湾油田的发现等，都深刻地影响了石油地缘政治格局。进入 21 世纪后，随着页岩气的开采技术和新能源技术的进步，世界石油地缘政治开始出现"多元化"的趋势，逐步进入"大能源"时代。

世界石油地缘政治"多元化"主要体现在如下三个方面：一是石油需求的多元化，随着新兴经济体经济的快速发展，这些国家石油消费量出现了赶超发达国家的趋势，由此导致发达国家长期保持对世界石油需求市场的主导权被削弱；二是石油供给的多元化，尽管欧佩克在世界石油市场中仍然具有重要的影响力，但是其对国际油价的控制力在逐步下降，除了欧佩克成员内部难以就限制产量达成一致外,包括俄罗斯在内的非欧佩克成员国产油的能力不断提升;三是石油资本的多元化,在过去相当长时间内,世界石油产业几乎被西方几大石油公司所垄断,但是近些年来,一些发展中国家的石油公司在国家的支持下开始在全球范围内争取石油开发、生产和销售的份额,各产油国通过招商引资来快速提高效益,各石油公司通过联合开发来规避海外投资的风险。

近十年来,致密油气、页岩油气、煤层气等非常规油气的开发规模不断扩大,太阳能、风能等应用成本不断降低,尤其最近可燃冰开采技术的出现,意味着煤炭和常规油气在能源领域的不可替代性减弱,人类开始走向"大能源"时代。在"大能源"时代,构造石油地缘政治格局的权力被重塑,从"能源供给权"与"能源需求权"的相互博弈转变为多个权力的相互博弈,这些权力除了"能源供给权""能源需求权"外,还有"能源技术权""能源金融权"和"能源碳权"。

能源权力的多元化意味着基于传统供需基础上的能源地缘政治格局将会逐步解体,更多的因素将会左右着能源地缘政治格局的变化。从当前世界不同地区或者经济体所拥有的不同能源权力优势来看,由于能源开发利用技术的进步和能源供给的多元化,"能源供应权"在左右世界能源地缘政治格局中的力量将会下降,难以继续维持在世界能源权力结构的金字塔地位。随着中国和印度等新兴经济体经济的持续发展,"能源需求权"由发达工业国家主导的局面将会发生变化,中印等新兴经济体在世界能源地缘政治中的地位将会提升。"能源技术权""能源金融权""能源碳权"在左右世界能源地缘政治中的作用将会明显提升,但是发达国家把控着这些权力的优势,譬如德国在"能源技术权"上具有重要影响力,美国在"能源金融权"上对能源价格拥有更多话语权,欧盟则在"能源碳权"上具备相对权力。

尽管如此,左右能源地缘政治格局的国家或者地区仍然是有限的。国家权力是由各种实力构成的。查尔斯·金德尔伯格(Charles P. Kindleberge)从政治和经济相互关系的角度来分析权力,他认为权力就是为达到特定目标而具备的力量,以及有效使用这种力量的能力。新现实主义的解释是:一个行为体强大到这样的程度,以至于它对其他行为体的影响大于后者对它的影响。由此，能源权力是一种基于一国能源实力所产生的能够实现国家的其他利益以及影响他国的能力。只有当国家的能源实力增强到一定程度时，这个国家才具有能够影响他国的能源权力，才具备其全球能源战略的实施能力。否则，根本不具备设定全球能源战略的资格。因此，世界上真正具有全球能源战略的国家并不多，仅限一些发达国家以及诸如中国等少数发展中国家。

第四，能源安全与发展战略备受世界各国重视。

在当前的生产技术条件下，能源扮演着至关重要的作用，能源供给情况在很大程度上决定了经济能否稳定持续运行，人民生活能否正常进行，而与此同时，由于能源的供给受到多种因素的影响，使得能源问题已经上升为一个涉及经济社会发展和国家安全的重大战略问题，因此，几乎所有主要国家都制定了国家能源安全与发展战略。

世界主要国家的能源安全与发展战略主要包括两大部分：一是保障石油、天然气等传统化石能源的生产、供给和运输。无论是发达国家还是发展中国家在保障能源的供给的策略上都是采取"避免将一个鸡蛋放入同一篮子"的策略，除了保持和欧佩克国家的石油贸易关系外，还积极开辟诸如西非、中亚、俄罗斯等地区和国家的新油源，并积极实施原油的战略储备。在运输安全上，一方面多个国家联合打击海盗，努力维护区域稳定，保证海上运输的安全；另一方面建设长距离输油管道，开辟能源运输新通道。二是支持能源开发利用技术的发展和新能源的使用。能源工业的技术含量不断提高，更多的新技术被运用到能源勘探、开发、加工、转换、输送、利用的各个环节，采煤技术的自动化和巨型化使得开采效率极大提高，新技术与新工艺加快了深海油田的开发。新的节能环保技术使得化石能源的使用效率提高，清洁能源技术广泛推广，多国推出清洁煤计划。太阳能、风能、地热能、海洋能、生物质能等可再生能源的使用快速增加，尤其是世界主要技术大国都在大力开发燃料电池技术，新能源电动汽车已经成为一个新的市场热点。由于核电站的安全问题，一些国家禁止了对核能的民用开发，但是随着核电技术的进步，核电站的安全性和核废料的处理问题都得到了极大的改善，核能的开发利用得到了新的重视，核能进入了新的发展期。

8.2 中国全球能源战略的发展阶段

从1949年新中国成立以来，中国的全球能源战略经历了"萌芽期""成长期""发展期"和"成熟期"等四个发展阶段。在此期间，中国对外能源合作也经历了四个时期：（1）从高度依赖苏联的石油进口到实现自给自足，并有剩余石油出口，成为石油净出口国；（2）通过"引进来"实现石油向净进口转变；（3）利用"走出去"战略，在全球范围开展能源建设合作，并在部分国家或区域的能源合作中获得主导权；（4）"一带一路"建设的开启，全面确定了中国全球能源战略。

新中国成立初期，一方面由于旧中国工业基础薄弱，石油勘探、开采等技术落后；另一方面则是西方对中国在经济和技术上进行封锁，为了满足新中国建设和战备的需要，中国只能和苏联等社会主义国家合作，中国从苏联进口石油和技术设备，不过，中国与苏联的这种合作受制于双方外交关系的影响，双方关系好时，中苏能源合作正常进行，但是一旦中苏关系恶化，中苏能源合作就举步维艰，于是，到了20世纪50年代后期，中苏在意识形态方面形成了很大的分歧，中国不得不强化石油的自给自足能力，先后发现了克拉玛依、大庆等大型油田，中国也从石油净进口国变成了石油净出口国。

1978~1992年，随着中国市场化改革的推进，中国经济开始腾飞，国内一方面对石油的需求开始增加，另外一方面为了筹集建设资金，引进技术和设备，中国需要出口能源。要解决这一问题，就必须扩大国内能源产量，因此，这个时候中国实施能源出口换资金、技术和设备等以"引进来"为核心的能源合作策略，其中海上石油勘探与技术合作成为新的领域。合作的对象也不仅仅局限于苏联以及其他社会主义国家，合作对象多元化。同时，合作的内容也超越了油气的范围。不过，中国对外能源合作仍然作为外交政策的一部分，合作仅仅局限于国家间的双边行为。

从1993年开始，中国能源贸易发生了转折性变化，成品油的进口开始超过出口，随后的1996年，原油的进口也开始超过出口，标志着中国开始进入能源净进口时代。在这种情况下，党中央提出了要"充分利用国内外两种资源、两个市场"，能源企业开始实施"走出去"战略，积极开展多种形式的国际能源合作。在能源外交上，中国在深化原有双边能源合作的基础上，积极开展多边合作、区域合作以及和相关国际组织合作。为了得到油气资源的权益，开设了多个油气国际合作区，并建立了初步的对外能源贸易体系。

从改革开放后的"引进来"到 20 世纪 90 年代初的"走出去"，这段时间是中国全球能源战略的"发展期"。其主要特点是根据国内经济发展的实际需要，在国家的主导下，综合运用政治、经济等多种手段，鼓励能源企业及其他行为主体参与，保障国家能源安全也逐步成为外交的重要目标，能源合作走向全球化。

2008 年金融危机以及随后爆发的欧洲债务危机，世界经济形势急转直下，全球能源需求萎缩，再加上新能源技术的推广和页岩气的大规模使用，使得石油和天然气价格不断下降，能源消费国在国际能源市场的影响力不断扩大。中国作为世界经济发展中为数不多的亮点，成为支持全球能源需求的重要力量，中国在对外能源合作中主动权不断提升，中国的全球能源战略也在走向成熟。

在金融危机的冲击下，中国"产能过剩"问题逐步凸显出来，为了化解过剩产能和分享中国发展的成果，习近平总书记在 2013 年 9 月高瞻远瞩地提出了"一带一路"的倡议，强调与沿线国家政策沟通、设施联通、贸易畅通、资金融通、民心相通，是我国在新时代参与国际治理的重要举措，其成败事关国家昌盛、民族复兴。从"一带一路"国家的资源禀赋和地理战略位置来看，能源合作具有十分重要的地位，一方面"一带一路"沿线的中东国家、北非国家和中亚国家具有丰富的石油储备，中国不仅每年从这些国家进口大量的石油，而且还在这些国家大量投资能源开发，另一方面"一带一路"中的"海上丝绸之路"是中国进口石油的海上大通道，"丝绸之路经济带"是中国从中亚进口石油与天然气管道的陆上路径，这两条通道的安全在很大程度上影响着中国能源的安全。中国对外能源合作除了维护本国或者地区的能源安全外，还联系着国家或地区的整体利益，对外能源合作也超出了单纯的能源贸易，而是更加关注经济与环境的协调，中国的能源战略也从对外政策中分离出来，成为独立的国际发展战略。

　　中国全球能源战略的变化背后反映了中国能源实力的不断提升。一个国家的实力分为硬实力和软实力，其中硬实力是基础，属于支配性实力，是构成一国的经济力量、军事力量和科技力量等的物质资源。能源实力是构成国家硬实力的重要组成部分。能源实力主要由以下五个方面构成：一是能源的储备水平，包括可待开采的存储量以及战略、商业储备量。中国积极加强勘探，在中西部地区和南海等发现了大量油气资源，同时，还积极推动能源"走出去"战略，扩大对海外油田的投资，此外，中国还从2004年开始实施国家原油储备战略。二是能源供应能力，包括能源的开采利用量和进出口量，以及运输能源的铁路、管道、船舶、港口和码头等基础设施和运输工具。中国除了保持国内石油稳产的基础上，积极促进石油进口国多元化，不仅从欧佩克国家进口石油，还从苏丹、俄罗斯等国家进口石油；中国具备世界先进的油轮和天然气运输船的建造能力，世界一流的港口基础设施，除了这些硬件条件，中国还大力参与维护海上运输线安全，修建联通中欧、中国—东南亚、中国—南亚的铁路以及其他相关输油输气管道。三是能源技术的研发能力与能源设备的生产能力，主要包括对传统化石能源的勘探、开采、冶炼等技术开发能力、对新能源利用的研发能力，以及围绕能源开发利用的各种设备制造水平。中国已经建成完备的石油勘探、开采、冶炼等工业体系，部分技术居于世界先进水平，中国的太阳能、核能、风能的利用开发技术也处于世界领先水平。四是在国际能源金融中的地位。随着中国经济实力的增长，人民币在国际能源金融中的参与度也在不断提高，中国积极推进与委内瑞拉、伊朗、俄罗斯等产油国实现人民币在石油贸易中的结算。五是参与国际能源区域合作并提供国际能源秩序治理的能力。截至目前，中国在全球33个国家执行着100多个国际油气合作项目，建成了5大国际油气合作区，主要包括以苏丹项目为主的非洲地区，以阿曼、叙利亚项目为主的中东地区，以哈萨克斯坦项目为主的中亚—俄罗斯地区，以委内瑞拉、厄瓜多尔项目为主的美洲地区以及以印度尼西亚项目为主的亚太地区，此外，中国在"一带一路"建设框架下提出了新的能源国际合作构想，为国际能源秩序的重构贡献中国智慧。

8.3 中国全球能源战略的战略框架

中国的全球能源战略不仅仅是要满足我国能源需求，保证我国能源供给的安全，而且要对接"一带一路"建设，为落实"一带一路"建设提供支撑。战略目标是战略的核心，因此，这里从中国全球能源战略的目标开始讨论。

从历史的发展过程中来看，在"能源供给权"与"能源需求权"的博弈中，把握"能源需求权"的一方往往更容易将市场权力转化为国家权力，譬如，木材时代的荷兰、西班牙，煤炭时代的英国和石油时代的美国。中国已经取代了美国成为世界能源消费量第一的国家，但是中国距离美国在全球资源和制度安排上的控制权和话语权还相差甚远，中国需要从追求单纯的能源实力，向追求能源实力与能源权力并重，将能源实力转变为能源权力，提升参与或者改变国际能源经济秩序的治理能力，这是今后相当长一段时间内，中国全球能源战略的目标应该是继续的提升能源权力。围绕这一目标设立明确的战略框架，由"战略使命""总体思路""战略实施""战略布局"四部分组成。

中国全球能源战略的战略使命是要大力推进国际能源合作，促进新能源的全球推广与应用，参与打造公平合理的国际能源经济新秩序。中国不仅是世界上最大的能源消费市场，且仍然保持着巨大的增长潜力；除了"战略买家"的优势外，中国在能源勘探与冶炼、能源设备制造、新能源等领域具备一定的技术优势。中国位于太平洋西岸、欧亚大陆的东端，拥有多条潜在的欧亚战略通道，可以通过建立相互信任的能源合作关系，来优化中国的地缘政治格局。与欧美发达国家相比，中国在能源的利用效率上还存在较大差距，环境污染问题突出，中国需要和欧美发达国家在能源的清洁利用、循环利用等领域开展合作。为了应对温室气体的排放，减少化石能源的使用，中国在新能源领域的技术积累可以为世界提供帮助。此外，当前的国际能源经济秩序基本上由发达国家把持，中国要成为一个负责任的大国，理应参与国际能源经济新秩序的治理。

为实现中国全球能源战略的使命，中国全球能源战略的总体思路为：围绕中国经济转型升级，顺应新时代国民经济发展对能源的需求，结合"一带一路"倡议的伟大构想全面落实国家能源战略。以维护国家能源安全为核心，保证经济社会可持续发展对能源的需求，通过对外能源合作拓展国家外交空间，促进全球能源安全。统筹兼顾，坚持"两手抓，两手都要硬"，充分利用好国内外市场资源，大力发展传统能源和新能源，确保能源发展与生态安全。运用多种国际外交资源，形成由国家主导、国有大型能源企业牵头、多方共同参与对外能源合作模式，营造有利于国际能源合作的环境。

长期以来，中国作为一个处于经济上追赶的发展中国家，以适应发达国家构建的包括能源秩序在内的各种世界经济秩序，中国不具备提供国际公共产品的实力，但是随着我国硬实力的逐步增长，中国开始参与提供国际公共产品。对于国际能源秩序而言，中国需要提供的国际公共产品要保证世界能源市场的平稳，保障能源运输的安全。中国可以和相关能源出口国商谈能源贸易中的人民币结算，不仅可以加快推进人民币国际化，也可以减少单一美元结算带来的风险。中国还需要积极参加维护区域和平，尤其是一些油气产区和输油管道过境地区。通过提供能源治理的国际公共产品，不仅可以展现中国作为联合国五个常任理事国负责任的态度，也有助于从能源大国转向能源强国。

中国全球能源战略的布局要围绕两个方向：一是传统能源的战略布局，主要强化和"一带一路"国家的能源合作。继续保持和深化同非洲、中东以及东南亚产油国的合作，保证海上石油运输线的安全；加强和中亚国家的合作，打通里海到新疆的输油管道；扩大和俄罗斯在能源领域的合作，加快中俄输油管道的建设。二是新能源的布局，主要是以和主要发达国家合作为主。积极开展和发达国家在新能源领域的技术合作，提高新能源的开发利用水平；充分发挥我国在太阳能、风能、核能等领域的产品制造和工程施工能力，对发达国家进行产品和工程输出。

8.4　中国与主要能源国家的能源合作

8.4.1　中俄能源合作

8.4.1.1　中俄能源合作的现状

根据中国海关数据统计，2016 年中国累计进口原油 3.81 亿吨，同比上涨 13.58%，其中从俄罗斯进口 0.52 亿吨，占中国进口石油总量的 13.75%，同比增长 23.44%，俄罗斯是中国第一大石油进口来源国。形成这个局面的原因主要有如下几个方面：一是在 2008 年金融危机冲击下，世界经济开始进入低迷状态，尽管各国努力采取各种政策来促进经济复苏，但是受到其他种种不利因素的影响，给经济复苏带来了巨大的压力，全球市场对石油等化石能源的需求出现下降，而与此同时，中国经济转型升级取得了明显的成果，对石油的需求快速增加；二是由于乌克兰危机和叙利亚危机，西方国家加强对俄罗斯的制裁，俄罗斯需要通过石油出口来维持经济，所以俄罗斯加大了对中国的能源出口；三是中国为了能源安全而实施石油进口"多元化"战略，中国也倾向于增加从俄罗斯进口石油，以保障国内能源供给的持续性。尽管如此，中俄石油贸易的规模距离双方的预期还有很大的差距。目前，中俄石油贸易合作方式还显得相对简单，以石油现货交易为主。在石油勘探、石油开发、石油提炼等环节，中国企业参与得较少，即两国在能源领域的合作仍然很浅。事实上，如果中俄两国推进合作方式的多元化，深化能源产业链条的合作，可以使得中俄两国实现"双赢"。对中国来说，可以扩大能源进口渠道，增强能源供给的安全性；对于俄罗斯而言，深化和中国在能源领域的合作可以减轻欧美国家制裁的压力，促进远东地区和西伯利亚地区的开发。

进入 21 世纪以来，中国努力改变以煤为主的能源结构，增加天然气的消费。2016 年中国天然气消费量超过 2058 亿立方米，同比增长 6.6%，其中天然气进口量为 721 亿立方米，同比增长 17.4%，中国的天然气消费量位于美国和俄罗斯之后,是全球第三大天然气消费市场。《中国能源展望2030》表示,2020年国内天然气消费量为2900亿立方米,2030年达到4800亿立方米,2020年到2030年间平均增长5.2%。中俄天然气贸易不断扩大,相继签署了多个供气合同,其中,西伯利亚力量项目(又被称为中俄东线管道)是一条年供气量可以达到380亿立方米的输气管道项目,原计划在2020年完成,预计2025年实现满负荷输气;阿尔泰项目(又被称为中俄西线管道)是一条年供气量可以达到300亿立方米的输气管道项目。中俄这两大天然气项目的供气规模非常巨大,其不仅会影响到中俄两国市场的天然气供给结构,也会深刻地影响到全球天然气市场的供给格局。

继2013年之后,2016年俄罗斯天然气生产实现了首次增长,达到6370亿立方米(含伴生气),天然气出口同比增长100亿立方米,达到2023亿立方米,占全球天然气出口总量的18.9%,是全球最大的天然气出口国。其中,出口到欧盟的天然气数量为1700亿立方米,占到欧盟天然气消费量三分之一。欧盟觉得对俄罗斯天然气进口依赖太大,容易被俄罗斯作为干预欧盟政治的工具,所以欧盟一直努力寻求天然气来源的多元化。随着LNG市场的发展和挪威天然气供给的增加,欧盟部分国家对俄罗斯天然气的依赖有逐步减少的趋势。俄罗斯由于北约东扩和乌克兰危机,和欧盟国家的经济关系与外交关系都处于紧张状态,俄罗斯需要在世界市场上寻找新的天然气买家。中俄两国一衣带水,在经济上存在较大的互补性,在政治上互信程度也不断提高,中国自然就成为俄罗斯天然气的新买家。预计,在中俄东线管道、西线管道建设完成后,再加上已经谈妥的亚马尔气田LNG项目,俄罗斯每年向中国出口的天然气数量将达到800亿立方米。

8.4.1.2 中俄能源贸易面临的现实难题

早在1996年,中俄就开始进行能源合作,但是时至今日,整个中俄能源合作充满了一波三折,譬如中俄原油管道和中俄东线供气项目从启动到签署协议再到建成投产,前前后后延续了十几年。制约中俄能源合作的因素很多,概括起来说,主要有如下几个方面。

(1)中俄在能源定价上存在较大分歧

针对中俄能源合作,时任中方主席、国务院副总理王岐山在2008年3

月召开的中俄能源谈判代表第一次会晤上提出中俄能源合作要坚持三个原则：一是全面长期合作的原则，包括油气、核能、电力等方面和金融领域；二是市场原则，按照国际通行做法推进合作；三是互利共赢原则，充分照顾彼此关切的问题。中俄能源合作项目，无论是涉及原油、天然气还是电力，都存在一个定价的问题。对于原油来说，国际上存在三大公认的定价机制，分别是美国纽约WTI、英国伦敦布伦特、中东迪拜三大基准油价，中国原油贸易可以参考这三大国际原油定价机制，原油领域的价格分歧更多的是在原油产业链上的其他领域。与原油存在三大国际定价机制不一样的是，天然气贸易截至目前并没有形成全球性的统一价格中心，国际上管道输送天然气一般有两种定价模式，一种是与原油挂钩，以原油价格为基准再加上热值、交货地点等系数来确定，如俄罗斯对欧洲出口天然气就主要采用这种方式；另一种是按体积、热值计价，比如中国从中亚地区进口的天然气就采用这种方式。在中俄天然气贸易谈判中，俄罗斯一直要求中国按照对欧出口方式计价，也就是与油价挂钩的模式。市场上天然气价相比油价低很多，将天然气价与油价挂钩联动，就会导致气价较高，俄罗斯获益较多，中国自然不愿答应，要求参照中亚进口气模式来计价，因此，俄罗斯通过管道向中国输入天然气的谈判历时十几年，最后在双方都有所让步的情况下，达成了最终解决。2014年5月21日，中国石油天然气集团公司与俄罗斯天然气工业股份公司签署了关于沿东线向中国供应天然气的合同，年均供气量380亿立方米，总额超过4000亿美元，这是截至目前中俄能源领域合作金额最大的一笔合同。不过，从一些披露的谈判信息来判断，中俄管输天然气还是采取的与油价挂钩联动的定价模式，有可能会推高中国的国内天然气价格。

近些年，在国家"走出去"战略的支持和鼓励下，中国能源企业积极深化与俄罗斯的能源合作，试图扩大在俄罗斯上游资源开发领域的合作规模。在2013年10月，中国石油天然气集团公司与俄罗斯石油公司签署了谅解备忘录，旨在扩大俄罗斯东西伯利亚上游项目的合作，俄罗斯石油公司对外公布的声明称，中俄双方企业有意成立一家合资公司联合开发中鲍油田（Sredne-botuobinsk），在新的合资公司中，俄罗斯石油公司持股51%，中国石油天然气集团公司持股49%，但最终双方未就资产收购价格达成一致。2015年11月，俄罗斯石油公司以7.5亿美元价格将上述油田20%的股份转让给英国BP公司。2016年3月，俄罗斯石油公司又将该油田29.9%的股权出售给印度石油公司财团。尽管俄罗斯副总理德沃尔科维奇曾经提到，根据俄罗斯法律，国外投资者进入战略资产的比例是受到控制的，但是俄罗斯愿意让中国投资者购买俄罗斯战略油气田超过50%的股份。然而，在具体企业之间的商务谈判中，会遇到多个操作层面的问题，使得合作机会成本极大提高，结果是在中俄双方高层推动下，达成了多个合作意向，签署了大量不具有法律约束力的备忘录和框架协议，而最终签署合同、付诸实施的项目很少。

（2）中俄双方的政治互信程度仍需提高

在中俄双边政治方面，由于双方都面临美国的战略遏制，在很多国际问题上有着广泛的共识，可以说当前的中俄关系处于历史最好的时期，双方领导人互访频繁，沟通渠道畅通，经济、军事、人文交流活跃，中俄两国之间没有深层次或者悬而未决的重大问题，但是中俄两国作为体量巨大的大国，且存在一系列历史上的问题，中俄在地缘政治上存在着一定的冲突和摩擦，这就使得在中俄部分民众、政府官员和企业管理人员彼此间缺乏足够的互信，双方都怀有一定的猜疑和戒备心理，这就增加了中俄双方在能源合作谈判和项目执行中的难度。

中方认为部分俄方人员缺乏契约精神，容易"多变"，且俄罗斯腐败较为严重，中方在俄罗斯投资的财产安全难以保证，俄方则认为中方不肯妥协，谈判强硬。中俄双方互信的不足严重干扰了包括能源合作在内的经济合作，使得双边的经济合作规模远低于预期，双方的投资规模较小，在产业链的合作也难以开展。中俄的这种互信不足会通过媒体放大出来，使得中俄双方合作的压力加大。中俄两国签署能源合作合同后，双方媒体以及部分专家都质疑合同价格的合理性。譬如，2014年下半年，国际油价明显下跌，一些俄罗斯媒体认为，中俄签署的东线天然气合同定价机制不合理，俄罗斯天然气工业股份公司在未来难以收回油气开发和管道建设成本，项目存在亏损，而中方一些评论则认为，中俄东线天然气合同定价机制随着2014年下半年以来国际油价的下跌，俄罗斯有媒体对中俄企业间2014年5月签署的东线天然气合同价格提出质疑，认为俄罗斯天然气工业股份公司在未来无法收回气田开发和管道建设的成本，会遭受亏损；而中国有不少民众则认为，东线天然气合同定价机制不利于中国，推高了中国进口天然气的价格。此外，部分中国民众还对 2013 年 6 月中俄签署的长期原油贸易合同的价格进行质疑，认为中方支付的原油价格是固定价格，并不随着国际油价的变化而变化。基于此，2014 年 12 月中国外交部对此进行了澄清，表示根据中俄签署的相关合作协议，中俄原油贸易价格的定价机制是和国际油价挂钩的，并随着国际油价的变化而浮动，对中俄双方而言，是互利共赢的合作。中俄两国对能源合作互有内在的需求，能源合作应该基于互利共赢的原则，但是在实际的合作中，参与能源合作的基本上都是双方的国有企业，在谈判的过程中容易受到政治因素的干扰，谈判达成的价格往往也会偏离市场竞争价格。

（3）中俄双方存在政策沟通不够，缺乏了解

在合作之前，计划进行合作的双方需要对彼此关切的政策、市场环境等有所了解，才能够有效地推进后续的合作。具体到能源领域，中俄双方政府和企业应该加强沟通，了解对方的能源发展规划、能源发展政策、法律法规、税收、市场发展现状和趋势等方面内容。

中国作为政府引导下的市场经济，政府发展规划和产业政策对经济有着巨大的影响，俄罗斯能源主管部门尚没有吃透中国的政府发展规划，对中国各种产业政策也缺乏足够的了解。中国企业对俄罗斯的了解往往还停留在从传统媒体或者互联网上的介绍，对俄罗斯实际的发展情况缺乏充分的调研。中俄双方在这些信息上的缺失，会影响到能源投资的决策和合作时机的把握。中俄管道油气的谈判之所以历时十多年，除了价格分歧外，一个重要的原因是俄罗斯对中国市场的潜力缺乏足够的信心，担心中国市场的需求规模不足以弥补成本。事实上，尽管中国经济结束了两位数的快速增长，进入了"新常态"，但是根据相关预测，中国经济在未来数年仍然可以维持 6.5% ~ 7% 的增长速度，最为重要的是，中国将逐步进入人均收入 1 万美元大关，根据发达国家的发展经验，中国将会迎来能源消费的巨大增长。此外，中国的能源结构中以煤炭为主，为了减少温室气体的排放，控制雾霾的形成，中国逐步推进以天然气代替煤炭，可以说，中国的天然气市场将会得到巨大的发展。由此可见，未来中俄能源合作仍然有着巨大

的空间，尤其是天然气的合作上。对于中俄双方政府而言，正如2015年11月16日中俄能源合作委员会第12次会议提出的"要以'丝绸之路经济带'建设和欧亚经济联盟建设对接为契机，推进能源合作对接，做好能源合作长期规划，实现双方能源合作可持续发展"，加强政策沟通、谋划中俄能源合作的中长期规划。

(4) 中俄双方需要加强和完善与能源合作相关的基础设施

俄罗斯拥有丰富的能源资源储备，中国具有潜力巨大的能源消费市场，中俄能源合作有着广阔的前景。不过，双方各自境内的能源基础设施制约着能源合作的扩大。俄罗斯境内的西西伯利亚传统油气产区生产成本不断提升，远东和东西伯利亚、北极、深水大陆架将成为产量接替的主要产区，但是这些地方自然条件恶劣，基础设施严重不足。要开发新的油气田，需要建设包括油气开采设施、输送管道等基础设施，才能保证对中国大规模能源出口的稳定性。尽管中国在能源基础设施建设方面已经取得了长足的发展，但是要满足人们对能源消费持续增加的需要，中国还需要加强输油和输气管道的建设。因此，为实施项目合作，中俄双方均需要配套建设新的能源基础设施。

8.4.1.3 中俄能源合作的主要项目

(1) 每年1500万吨原油增供

2009年，在中俄能源谈判代表会晤的推动下，能源合作取得重大进展。2009年2月17日，中俄双方企业签署了一揽子原油管道建设和运营合同、长期原油贸易协议以及250亿美元融资贷款合同，即从2011年1月1日起，在未来20年内俄罗斯每年通过建成的中俄原油管道向中国供应1500万吨原油，成为中俄能源合作史上的里程碑事件。在中俄原油管道建成和成功运营两年多后，2013年6月，中国石油天然气集团公司又与俄罗斯石油公司签署了《预付款条件下原油增供合同》。根据合同，俄方将在现有中俄原油管道每年1500万吨输油量的基础上逐年向中国增供原油，到2018年达到每年3000万吨（即每年再增加1500万吨），增供合同期为25年（可延长5年）；同时，自2014年开始，通过中哈原油管道向中国每年增供原油700万吨，合同期为5年（可延长5年）。为实现俄罗斯向中国增供原油，需要建设中俄原油管道复线,复线中国境内段建设的相关工作已经启动,目前工程初步设计已获批复。该复线线路与已建漠河—大庆管道并行铺设,途经黑龙江省和内蒙古自治区,全长941.8公里,计划2017年10月建成。通过管道每年增供1500万吨原油,意味着中国在东北方向每年可以长期稳定地获得3000万吨俄罗斯原油,约占中国全年进口原油总量9%。对俄罗斯而言,管道出口有助于俄罗斯为本国远东地区的石油资源落实稳定可靠的市场。从2016年原油进口数量看,俄罗斯已经成为中国原油进口第一大来源国,超过了沙特阿拉伯。

(2) 中俄东线天然气合作

中俄天然气合作启动较早,1992年2月,时任国务院总理朱镕基访俄期间,双方企业签署了对从俄罗斯伊尔库茨克州科维克金气田到中国的输气管道进行经济技术论证的合作协议。此后,两国政府和企业签署了一系列关于天然气合作的文件,但是,由于俄罗斯国内能源政策的频繁调整和中国利用天然气政策不够明晰等原因,双方未能签署供气合同和管道建设协议。历经多年商务谈判后,最终在2014年5月上海"亚信"会议期间,中国石油天然气集团公司与俄罗斯天然气工业股份公司签署了中俄东线天然气购销合同,自此,中俄能源合作迈上新台阶。根据合同规定,自2018年起,俄罗斯将通过中俄东线天然气管道向中国供气,输气量逐年增加,最终达到每年380亿立方米,累计供气30年。中俄双方在天然气领域的谈判跌宕起伏,核心难点是在天然气价格问题上难以达成一致,双方均错失过一些有利时机。最终能够签署供气合同是源于中俄双方处境的改变以及双方均有达成协议的共同愿望。对中国而言,由于天然气需求不断加大,在能源结构调整、大力发展清洁能源和低碳减排背景下需要加大天然气的引进力度。2000年至今,中国天然气消费量年均增长13.9%,天然气占一次能源消费总量的比重升至6.3%,2014年天然气消费总量达1830亿立方米,成为美国和俄罗斯之后全球第三大天然气消费国。在价格有竞争力的情况下,从东北方向引进俄罗斯天然气可满足中国东北、华北和华东地区日益增长的天然气需求。俄罗斯方面,扩大对亚太地区能源出口是推进能源出口多元化的重要组成部分。在欧洲推行能源进口多元化、降低对俄罗斯能源依赖程度以及欧美对俄能源制裁的背景下,俄罗斯开拓亚太市场,尤其是中国天然气市场的愿望更加迫切。在双方意愿契合、价格谈判互有让步的情况下，中俄东线天然气购销合同得以顺利签署。2014年9月，俄罗斯启动"西伯利亚力量"管道（中俄东线天然气管道俄境内段）建设和恰扬金油气田开发；2015年6月底中方启动自中俄边境交气点黑河市经东北到华北、华东地区的天然气管道建设，预计将于2018年年底建成。可以说，2014年5月签署的中俄东线天然气购销合同是影响东北亚地区乃至世界天然气市场的重要成果，也是加深中俄政治关系、夯实两国全面战略协作伙伴关系基石的重要地缘政治经济事件。

（3）北极亚马尔液化天然气项目

2013年9月，中国石油天然气集团公司与俄罗斯诺瓦泰克公司签署了关于收购亚马尔液化天然气项目20%股份的协议（法国道达尔公司拥有20%股份），2014年1月双方完成股权交割。亚马尔液化天然气项目位于俄罗斯亚马尔—涅涅茨自治区的南坦别伊气田，投资规模超过270亿美元，计划兴建三条液化天然气生产线，每条生产线年产能为550万吨，是集气田开发、液化天然气贸易、项目融资和工程建设为一体的上下游一体化合作项目。成为项目股东后，中国石油企业将有机会参与俄罗斯北极地区的油气资源勘探开发。

2016年4月，中国丝路基金完成对诺瓦泰克公司亚马尔液化天然气项目9.9%的股份收购，成为该项目第四大股东。自此，亚马尔液化天然气项目的股权结构为：俄罗斯诺瓦泰克公司持有50.1%的股份，继续占据绝对控股地位；"中石油"和道达尔各持有20%；丝路基金持有9.9%，中国公司持股比例接近1/3。此外，中国的金融机构还将为项目建设提供一定数额的融资支持。俄罗斯亚马尔液化天然气田地处北极极寒地带，气田开发和液化天然气工厂建设施工难度大。为减少建设成本并节省时间，项目的多数地面工程采用模块化生产工艺，即在项目以外地区生产各种模块，然后将模块整体运输至项目现场进行安装。在设备制造方面，中国石油海洋工程有限公司、海洋石油工程股份有限公司、博迈科海洋工程股份有限公司、蓬莱巨涛海洋工程重工有限公司和江苏南通太平洋海洋工程公司等公司参与了该项目模块的建造工作；中国广州广船国际参与了该项目甲板运输船的建造；2016年2月，中国宏华钻机设备制造公司生产的国产第一台极光号极地钻机在亚马尔安装完成，该钻机能够在零下55度低温和12级以上强风的环境下工作。可以说，中国资本和中国制造将为亚马尔液化天然气项目的顺利按期建成提供有力保障。

（4）下游炼化领域合作

2013年8月，中国石油化工集团公司所属化工销售（香港）公司与俄罗斯最大的天然气加工及石化产品公司西布尔集团签署了关于收购后者克拉斯诺亚尔斯克市丁腈橡胶厂部分股份的协议。克拉斯诺亚尔斯克市丁腈橡胶厂产能为每年4.25万吨，是俄罗斯最大的合成橡胶企业，市场份额高达78%。2015年9月，"中石化"再次与西布尔集团签订战略投资协议，根据协议约定，"中石化"将购买西布尔集团股份，成为其战略投资者。协议的签署将"进一步深化中俄两国战略协作伙伴关系"，是落实中国"一带一路"倡议的积极尝试。2015年12月17日，该笔股份收购顺利完成第一笔10%股份转让的交割，第二笔10%的股份收购将在之后3年内完成，即"中石化"最终将获得西布尔集团20%的股份。此外，"中石化"还宣布将与西布尔集团探讨扩大合作的可能性，将参与俄罗斯远东地区阿穆尔天然气化工厂建设项目。除"中石化"在俄罗斯下游领域取得的合作成果外，俄罗斯石油公司与中国石油天然气集团公司在中国合资的东方石化天津炼厂项目也在推进实施中，双方商定将在天津建设每年1600万吨的炼油化工一体化项目。中俄下游合作取得的进展表明双方在油气领域的合作已涉及上、中、下游各个业务链，利益关系更加紧密。

近些年来，中俄能源合作项目取得了不少实质性的进展，概括起来说，中俄能源合作呈现出如下特征：第一，中国为了保证能源供给的安全，始终坚持能源进口来源地的多元化，俄罗斯为了降低能源出口市场的依赖，也在积极寻找新的出口市场，中俄能源合作是双方能源战略实施的必然结果。第二，政治推力是驱动中俄能源合作的重要力量。中俄是在世界地缘政治经济格局中占有重要地位的大国，双方致力于发展全面战略协作伙伴关系，能源合作作为中俄经济合作的重要方面，得到两国元首和政府的高度重视，两国企业所达成的能源合作项目中多数是两国领导人所确定的方向和项目。第三，中俄能源的互补性不断增强。一方面，中国不仅对石油和天然气的需求不断增加，而且需要建立的新的能源输送管道。另一方面，石油天然气出口是俄罗斯经济的重要支柱，尤其在遭受欧美发达国家制裁的情况下，俄罗斯急迫的需要寻找石油天然气的新买家。第四，中俄能源合作的水平不断提升。通常两个国家的能源合作包括多个方面，包括贸易、投资、信息与技术交流、人才流动等等。其中，贸易是能源合作中相对简单的合作，中俄双方不仅签署了长期的石油天然气供应合同，中俄企业在能源领域的投资项目也日益增多。而且，可以使用人民币进行结算，改变了国际石油天然气交易中一直使用美元结算的状况。第五，更多的企业主体参与到中俄能源合作之中。在中俄能源合作的相当长时间内，合作的主体基本是双方的国有企业，随着中俄两国能源市场的开放和双方互补性的增强，其他所有制的企业也积极参与到中俄能源合作中，如中国的科瑞集团、杰瑞集团、天狼星集团，俄罗斯的诺瓦泰克公司、卢克石油公司等已经成为两国能源合作中的代表性企业。第六，能源合作的领域不断增加。苏联解体之后，石油天然气出口便成了俄罗斯主要的财政收入来源，支撑着俄罗斯经济社会的正常运转。石油产业涵盖油气勘探与开发、炼油与化工、工程建设、工程技术、装备制造等多个产业链，但是苏联的解体，使得俄罗斯在装备工业和工程技术上严重衰退，俄罗斯的油气开采、地面工程建设和油气设备等方面需要进口。中国则经过改革开放之后近四十年的发展，在工程装备、工程技术服务与施工等领域取得了长足的进步，甚至部分技术处于世界领先水平。由于美欧制裁导致俄罗斯能源行业资金、先进技术和先进装备来源受限，这就为中国的工程建设、工程技术服务队伍和装备制造企业进入俄罗斯市场提供了良好机遇。

8.4.1.4 深化中俄能源合作的对策

2013 年，乌克兰危机之后，以美国为首的发达国家对俄罗斯发起了严厉的制裁，而这个时候恰好中俄能源合作突飞猛进的时候，很多俄罗斯能源企业更加关注中国的能源市场，因此，是否可以认为中俄能源合作是俄罗斯遭受美国制裁后被迫进行的"战略东移"呢？

俄罗斯总理梅德韦杰夫所言，俄罗斯并未"转向东方"，而是"既面向西方，又面向东方"，过去俄罗斯能源出口的主要市场是欧洲，出口市场单一化，现在俄罗斯扩大与包括中国在内的亚太地区国家进行能源合作，主要出于四个方面的原因：一是减少对欧洲市场的依赖，实现能源出口的多元化；二是促进远东地区的开发，俄罗斯远东地区经济发展落后，人口稀少，发展经济难度很大，通过建设能源基地和管道等基础设施，促进远东地区的发展；三是油价的下跌与俄罗斯财政高度依赖能源出口的双重作用促使俄罗斯不得不努力扩大能源出口，能源是其国民经济发展支柱，每年超过50%的财政预算收入来自石油天然气行业，扩大能源出口可以维持财政支出；四是借助于扩大和亚太地区的能源合作，可以维持和强化俄罗斯在亚太地区的政治影响力。对中国来说，加强和俄罗斯的能源合作，不仅可以满足国内日益增长的能源需要，保障能源安全，而且可以促进国内能源装备、工程技术的出口，甚至可以促进人民币的国际化进程，因此中俄能源合作，符合双方的共同利益。针对当前中俄能源合作中存在的问题，可以从以下几个方面加以着手改进。

第一，中俄双方要本着求真务实、互惠互利的原则，充分了解和尊重双方的诉求，着眼未来，开拓中俄能源合作的新局面。

中国是俄罗斯远东、东西伯利亚能源出口的理想市场以及该地区能源开发的最为合适的合作伙伴之一。产于俄罗斯远东、东西伯利亚的石油和天然气可以直接通过铁路或者管道输送到中国来，不仅运输成本低，而且可以实现不受干扰的持续供应。中国是世界第一大工业制造业国家，经济总量位于世界第二，对能源的需求日益增加，市场潜力巨大。中国可以为俄罗斯远东、东西伯利亚地区的石油和天然气开采提供资金、设备和工程技术支持。此外，中俄双方构建的全面战略伙伴关系也比较稳定。尽管如此，中俄能源合作中，俄罗斯不仅仅希望将石油和天然气卖出个好价格，而且还希望可以借助于能源的战略属性，来增强对亚太地区的政治影响力。中俄天然气谈判之所以持续了十多年，主要存在两个方面的原因：一是被广泛提及的价格问题，俄罗斯希望出售给中国的天然气参照欧洲的价格，但是当时中国经济发展水平仍然较低，市场对天然气的价格承受能力较差，直到2012年底，中俄转向东线天然气项目谈判，由于东线到达中国主要天然气消费市场——华东、华南地区的距离近，且该地区市场承受能力相对较强，双方终于在2014年5月就天然气价格达成一致并签署购销合同；二是俄罗斯还希望借助于能源的出口能够扩大其在亚太地区的影响力，一国如果对某一国能源进口产生依赖，其经济和政治行为往往会受到另一方的钳制，在一些国际问题上不得不妥协，东亚地区是全球石油和天然气的主要销售市场，也是俄罗斯和美国进行地缘政治角力的重要场所，譬如，俄罗斯如果建立通往亚太地区的油气管道，它不仅可以增加在朝鲜问题上的影响力，还可以牵制日本和韩国，因此，俄罗斯在是建立直通中国的输气管道还是将通往中国的输气管道作为油气输往东亚的分支问题上一直难以确定。俄罗斯需要认真考虑到中国市场的实际情况，一方面要意识到中国的人均GDP仍然低于世界平均水平，更加低于欧洲的水平，出口中国的天然气价格不适合参照欧洲的价格，另外一方面也要看到中国天然气市场的成长性，中国已经成为为世界第三大天然气消费国，而且增长速度很快，市场前景非常看好。此外，中国也在积极推进能源市场的自由化，中国国内能源价格的最终形成将会由市场来决定。在这种情况下，俄罗斯需要更多地考虑在中国能源市场的竞争力问题。

第二，扩大中俄双方交流渠道，增强互信，不断提高双方能源合作的水平。

尽管中俄边境划界后，中俄之间从国际法上来讲不存在领土争夺，但是中俄历史上的问题不可能不对当前的中俄能源合作产生影响。俄罗斯在历史上多次通过不平等条约侵占了中国150多万平方公里的土地，并在中国领土上发动了日俄战争，中国民间对此一直难以释怀。中华人民共和国成立后，从中苏友好到中苏关系破裂，使得苏联在中国人民心中的印象大打折扣。近些年来，俄罗斯还出现了一些排华现象，更加加剧了中国投资者对俄罗斯的不信任。对于俄罗斯来说，其远东地区人口稀少，经济发展滞后，非常担心因中国人的大量涌入而可能出现地区分裂现象，所以对与中国的合作持有非常保守的态度。尽管中俄能源合作已经签署和落实了不少大项目，合作的层次也在不断提升，参与的主体也在增加，但是与中俄能源合作的空间相比，双方除了能源贸易之外的合作规模还比较小，参与的主体也比较少。中俄双方首先要加强双方全面伙伴关系建设，扩大中俄民间层面的交流规模，增强了解与互信；其次，中俄双方要在适当情况下积极扩大能源行业的对外开放，放开部分能源投资领域的限制；最后，坚持以大项目合作为抓手，推进全产业链能源合作，譬如，实现上下游一体化合作的原则,即中国石油公司参与俄罗斯境内的上游勘探开发,俄罗斯石油公司参与中国境内的下游炼厂和成品油销售市场,资源与市场的一体化合作是增强合作透明度的有效方式。

第三,提高中俄能源装备领域的合作水平。

在苏联时期,俄罗斯在装备工业领域有着较高的水平,但是随着苏联的解体,俄罗斯装备工业也出现了衰落。当前俄罗斯油气行业在技术和设备方面存在较高的对外依存度,根据相关统计,俄罗斯几乎全部的油气开发软件、大部分的涡轮机和锅炉、超过一半的压缩机,以及部分管材均依赖进口。其中需要指出的是,俄罗斯很多油气田位于高寒地区或者深水区域,对油气装备存在更高的技术标准要求。出于扩大制裁俄罗斯的目的,美国在2014年9月禁止本国企业向俄罗斯五家能源企业提供石油设备和服务,限制本国企业向俄罗斯提供深水及北极石油勘探开发以及页岩油大型项目相关技术。针对这种情况,俄罗斯一方面提出了进口替代战略,另一方面试图寻求与中国的合作。与实施进口替代需要花费大量时间和投资外,与中国在能源装备领域进行合作是俄罗斯当前最有效的选择,中国部分能源装备在技术上不亚于欧美企业,而且在价格上普遍要更加便宜。基于此,俄罗斯应该积极调整其能源行业标准,实现向国际标准接轨。俄罗斯可以鼓励中国企业在俄罗斯设立独资或者合资能源装备企业。此外,双方还可以在高寒、深水、页岩油油气开采领域进行联合技术攻关。

第四,疏通中俄双方能源主管部门的沟通渠道。

政府驱动是中俄能源合作不断扩大的重要动力之一。为了更好地落实双方领导人深化双边能源合作的战略构想,2008年3月,双方成立了副总理级能源谈判代表对话机制,该机制在2013年2月更名为中俄能源合作委员会,这一变化不仅反映了中俄两国对能源合作的重视,而且还反映了双边合作不断深化,需要协调处理的问题日益频繁,因此,需要进一步完善和强化中俄能源合作委员会建设,充分发挥能源主管部门作为中俄能源合作委员会秘书处的作用,就双方能源行业合作中遇到的具体问题及时沟通,通过定期或不定期交流,增进双方主管部门的互信,切实解决困扰双方合作的问题。

第五，积极推进双方在能源国际经济秩序治理中的合作。

当今能源国际能源经济秩序主要以美国为首的发达国家所主导，主要通过控制定价权和结算体系来实现。发达国家拥有发达的金融市场，围绕能源的交易设计了多种金融产品，并逐步形成了原油基准价格，同时，在国际原油交易中，一般都是以美元为结算货币，"石油美元"支撑着美元的霸权地位。当前的这种国际能源经济秩序不利于广大新兴消费市场国家和原油出产国，中国作为世界上最大的原油消费国，俄罗斯作为世界上主要的能源出口国，双方理应相互合作，为建设更加公平、合理的国际能源经济秩序而努力。当前，俄罗斯可以支持中国上海国际能源交易中心建设，力争形成第四大原油基准价格，双方还可以积极推进人民币在双边能源贸易中的结算。

8.4.2 中非能源合作

8.4.2.1 中非能源合作的基础

非洲地区化石能源储备比较丰富，根据 BP 数据，2014 年非洲已经探明的石油储量为 171 亿吨，其中，非洲石油储量主要集中在三个国家，分别是阿尔及利亚、利比亚、尼日利亚，其中利比亚和尼日利亚都是世界已探明石油储量前十名的国家。非洲大多数油田位于中西非沿海和大西洋，距离非洲内陆较远，不仅方便开采和运输，而且可以避免受到是非争端的影响。此外，非洲石油品质较高，含硫量低，便于提炼加工，生产出高品质燃油。近些年来，随着非洲局势转向稳定，非洲地区新的石油项目陆续投产，成为当地经济发展的重要支柱。

投资非洲油田已经成为世界各大石油公司的重要选择，跨国石油公司近几年对西非的石油天然气行业的投资都超过百亿美元。主要原因有二：一是非洲各国政府对于外资投资本国能源行业的限制较少，各国政府对能源行业基本上持开放态度，为外商在非洲地区的投资提供了政策许可；二是非洲石油投资回报率比较高，非洲平均采油成本大约在 3.73 美元/桶，且西非地区的石油钻井成功率达超过世界平均水平 25%，达到了 35%。除了化石能源之外，非洲可再生能源具有品种齐全、蕴藏量巨大和易于开发的特点，吸引了不少外国企业的投资，非洲有望成为新能源时代的"中东"。非洲太阳能资源丰富且可用度高，80%的地表每年每平方米接收2000千瓦时左右的太阳能。东非大裂谷地区蕴藏着丰富的地热能，大约有1万兆瓦。非洲拥有全球最大的风能资源，占全世界风力发电能力的20%。非洲水能资源丰富，全部开发后可装机4000万千瓦时，最为关键的是，非洲新能源发电的成本要低于化石能源，非洲柴油发电成本约为每千瓦时0.6~0.7美元，而风力发电成本则为0.1~0.15美元，太阳能为0.15~0.25美元，

虽然非洲能源资源丰富，但是受制于经济和技术的原因，非洲能源利用率比较低。譬如，非洲大陆的电力主要采用化石能源发电，但是发电量的供给长期满足不了电力的需求，在西非，超过一半的人口难以使用上电，西非也因此成为全球电力普及率最低的国家。电力的缺失严重制约着非洲经济的发展和人民生活水平的提高。根据非洲开发银行的数据，撒哈拉以南非洲地区全部发电总量仅相当于西班牙的发电量，并且各国之间存在很大的差异，预计在未来的15年，非洲还需要250吉瓦电才能够满足非洲经济发展和人口增长的需求。此外，随着新能源技术的发展，非洲可再生能源的开发还处于刚刚起步阶段。非洲的太阳能、风能、水能和核能的开发程度都非常低，其中太阳能光伏装机总容量占世界太阳能光伏装机总量的比例可以忽略不计，水资源的开发率不到10%，风能仅开发了0.3%，大约还有4000吉瓦的开发潜力。

中国和非洲国家长期维持着良好的关系，中非经贸合作规模和层次不断扩大，能源合作是中非经贸合作的重要内容。早在1995年，中国与苏丹就签署了第一份正式的石油合作协议，中国企业开始了对苏丹石油业进行了大规模投资，成为中国迄今为止在海外最大的石油投资，而且是覆盖面最广、最完整的投资，涵盖了石油开采、加工、运输和销售在内一整条产业链。从2002年开始，中国与尼日利亚在石油领域的合作也不断扩大，2004年中石化与尼日利亚石油开发公司签订了区块勘探开发服务合同，随后中石油、长城钻井公司等也进入了尼日利亚石油市场。同时，中国的新能源企业也参与了非洲新能源的开发，尚德太阳能电力公司在南非建设了一座100MW的太阳能工厂，中国水利水电建设集团在肯尼亚西部新建了一个20兆瓦的水电站。从合作的方式上来看，中国能源企业在非洲以购买、

参股、技术合作、参与基础设施建设等多种方式参与能源开发，着力形成中非双方合力共赢、持续发展的局面。

2013年9月，习近平在哈萨克斯坦纳扎尔巴耶夫大学发表演讲时表示：为了使各国经济联系更加紧密、相互合作更加深入、发展空间更加广阔，我们可以用创新的合作模式。共同建设"丝绸之路经济带"，以点带面，从线到片，逐步形成区域大合作。2014年5月21日，习近平在亚信峰会上做主旨发言时指出：中国将同各国一道，加快推进"丝绸之路经济带"和"21世纪海上丝绸之路"建设。虽然"一带一路"着重强调立足亚洲、服务亚洲，但是中国的"一带一路"建设是开放的，中国也欢迎非洲国家可以参与到"一带一路"建设中来。在"一带一路"倡议的指引下，中非能源合作必然会继续深入，将会成为中非经贸合作的重要领域之一。

综上所述，非洲化石能源丰富，易于开采，但本国应用率却不够高，主要靠出口为主。可再生能源丰富，但因为技术和经济问题，开发率低。中非能源合作具有良好的基础和广阔的前景。

8.4.2.2 中非能源合作的制约因素

尽管中非能源合作仅仅经过了短短的二十余年，中非之间的能源合作已经取得了丰硕的成果，非洲已经成为继俄罗斯、中东等之后中国重要的海外能源供应地，是中国能源进口多元化战略的重要环节，非洲石油曾经占到中国海外能源进口比重的30%。2010年10月中国国家开发银行与南非能源部签署了200亿美元能源合作框架协议，双方将通过金融合作，充分发挥各自优势，重点对在南非境内以及南非周边国家与南非能源供应有关的各类项目建设提供融资支持。此外，中非之间的能源合作也是双方领导人会面商谈的重要议题，2015年，习近平总书记访问南非，南非总统祖马表示希望扩大双方经贸、科技、能源、海洋水产、商业航空、融资等领域的合作。

然而，随着中国越来越多地参与到非洲的能源开发，面临的挑战也越来越多，阻力也越来越大，要进一步扩展和深化中非能源合作，需要厘清当前中非能源合作中存在的种种挑战，这里分别从三个不同的层面，概括了中非能源合作中存在的挑战。

（1）东道国存在国家风险

中非能源合作面临的第一个层面的挑战是来自东道国的国家风险，主要包括政治风险、法律政策环境风险以及资源民族主义浪潮。

一是政治风险。非洲国家在历史上相当长时间内是欧美国家的殖民地，一方面被动地接受了宗主国带来的工业文明，另一方面宗主国的治理模式也留下了很多棘手的争端，再辅之以非洲国家民族主义意识相对薄弱，族群主义或者部落意识相对浓厚，导致非洲国家普遍的政治统治力薄弱，国内地区之间、族群之间、中央与地方之间纷争不断，在国外利益集团的扶持下，很容易诱发成地方主义和民族分离主义运动，甚至扩大到内战和国家间的战争。例如20世纪60年代尼日利亚的"比夫拉"战争和20世纪90年代发生的两次刚果战争，第二次刚果战争更有"非洲的世界大战"之称。政治冲突与对抗必然会影响到资本投资的安全性，使得投资者面临着巨大的政治风险。

非洲国家在国家治理和经济发展上普遍比较落后，根据《美国外交政策》和美国和平基金会的研究，非洲国家在年度"失败国家"的排行榜中常常名列前茅。以2012年为例，在当年位列前10的"失败国家"中非洲国家位列前五名，在仅次于"失败国家"的60个"脆弱国家"中，非洲也达到了32席。因此，一国如果有能源资源可以开发，必然会带动经济的增长和生活水平的提高，但是非洲能源财富的分配与使用不均，容易诱发地区冲突。比夫拉战争的原因就与拥有石油的比夫拉地区豪萨人不愿与其他地区共享石油利益有关。2011年利比亚内战中，利比亚东部以班加西为中心的民众反抗卡扎菲统治的重要原因，就是石油财富分配不公平。此外，还有索马里海盗威胁了海洋运输线的安全。

总体而言，非洲是世界政治风险最高的地区，政治风险是中国投资非洲能源首要潜在风险因素。

二是腐败盛行。非洲能源出口国普遍国家治理能力低下，法律制度不健全，导致严重的腐败问题。非洲很多国家的政体从20世纪六七十年代开始经历了多次转变，主要从一党制到军政府再到民主政体，不过，非洲多党民主体制仍然存在着种种问题。在国家内部的政治更迭中，"腐败"往往成为政治反对派推翻执政者的一个借口。尽管如此，非洲的腐败仍然没有得到实质性的改变,腐败是非洲由上至下的政府机构运行中日常和普遍的一部分。在透明国际提出的174个国家全球腐败指数(Corruption Perceptions Index)排行榜中,拥有大量能源资源的非洲国家苏丹、利比亚、安哥拉、阿及利亚、刚果共和国、尼日利亚和加蓬等几乎每年无一不占据高位。

腐败引发的官员寻租行为会造成政府资源政策的不稳定,不仅抬高企业的经营成本,破坏了企业公平的竞争环境,也不利于企业在项目投资后的经营活动。例如,尼日利亚政府在石油开发中的角色就让许多企业感到困惑,石油开发权及承包项目的生杀予夺完全取决于政府官员的态度。美国法庭就曾揭露尼日利亚政府相关部门负责人接受美国德克尼公司(Technip)以及另外3家公司的巨额贿赂,从而让他们在10年间获得了超过60亿美元的服务合同。美国海洋能源公司(Ocean Energy)为竞得尼日利亚OPL256海上区块的开发权,也不得不额外付出1.45亿美元的所谓"公关费用"。

三是资源民族主义。资源民族主义是指"国家控制或支配能源资源,和随之而来的出于政治意图潜在地使用这一力量。"资源民族主义属于经济民族主义范畴。从国际政治的角度看,国家实施资源民族主义政策是国家行使其经济主权的体现,任何国家无权干涉。1974年,联合国《建立国际经济新秩序宣言》和《国家经济权利与责任宪章》都明确承认国家对自然资源享有永久主权。然而,对于勘探开发风险极高、投资额巨大且回报周期长的能源行业来说,资源民族主义带来的投资政策不确定性成了外国投资者不得不考虑的投资风险因素。当能源企业将大量资本投入到能源勘探与开发领域之后,成为所谓的"沉淀成本",这个时候东道国突然改变原有的能源投资政策,能源企业在和东道国谈判过程的"议价能力"会严重衰减,企业有可能遭遇重大的投资损失或者距离预期的收益还有很大的差距。在非洲,从20世纪90年代后期到21世纪初,能源产品的价格一直位于较低的水平,为了吸引外国能源企业的投资,非洲资源国纷纷对外资开出较为优厚的政策条件,不过,在2003年以后,随着国际石油价格飞涨,尤其在2008年达到每桶147.27美元的高位,此时民族主义和民粹主义思潮开始涌动,非洲能源生产国又开始提出修改能源领域的投资政策,以试图获得更多的能源收益。根据市场情况调整政策,获得合理的回报是理所当然的,但是一些非洲国家却利用能源企业议价能力有限的情况，实施获得超过合理回报的资源政策，不利于能源企业在非洲的可持续发展。

(2) 国家战略层面的挑战

在中非能源合作过程中，中国面临着两大国家战略层面的挑战：一是欧美发达国家的能源企业长期在全球布局，在非洲能源合作上占有先机，与中国这个后来者之间必然会产生战略竞争；二是欧美发达国家拥有着全球政治中的话语权，给中国在非洲的经贸活动扣上"新殖民主义"的帽子，诱导非洲国家对中国将以防范，阻碍中非能源合作。

国际上对非洲能源的战略竞争。能源从来就不是普通的经济资源，它具有重要的战略属性。美国前国家安全事务助理、著名国际问题专家基辛格提出了"谁控制了石油，谁就控制了所有国家"的思想，能源问题时刻触动着相关国家的神经。非洲能源丰富的能源储备和美好的开发前景，已经成为多个国家谋求能源安全和国际影响力的重要对象。

美国为了确保在非洲的国际影响力，美国不断地对非洲施加经济、军事和外交影响力。在经济上，美国通过《非洲增长与机遇法案》、"千年挑战账户"、"非洲全球竞争力计划"等，展开针对非洲的经济与援助计划；在军事上，尤其是"9·11"事件之后，美国加大了在非洲的反恐投入，并于2007年10月正式建立美国非洲司令部（USAFRICOM）；在外交上，美国也非常注意与非洲国家的能源外交，2008年和2009年时任美国总统布什和奥巴马都访问了西非小国加纳，名义上是以访问非洲民主政治的"典范"来宣扬美式价值观，实际上一个非常重要的原因就是加纳发现了朱比利海上大油田，同时，加纳还被认为石油储量远景可观，可能会超越苏丹和安哥拉，成为非洲第三大原油生产国。

欧洲在非洲能源对外合作中扮演着极其重要的角色。由于非洲与欧洲在地理上临近，欧洲是非洲传统的能源消费市场，非洲每年对欧洲出口的石油占其石油总产量的30%以上，同时，北非国家生产的天然气也大多数出口到欧洲。为了稳定非洲的能源供给，欧盟除了利用欧洲对非洲的传统政治影响，积极推进欧非新型平等战略伙伴关系的建设，并以此为基准，来处理双边政治、经济、军事等事务，共同应对国际挑战。需要指出的是，能源伙伴关系位列欧盟与非洲联合战略的八大伙伴关系之中。除此之外，欧盟还积极推动连接欧洲和非洲的输气管道，目前，非洲与欧洲之间已经建有3条天然气管道，预计未来还会增加2条天然气管道。借助于这些天然气运输管道，欧盟可以更好地和非洲能源国家签订长期合作协议，有效的锁定非洲天然气资源。

对于印度来说，一方面经济快速发展，对能源的需求日益增加，另外一方面印度的化石能源资源缺乏，需要从其他国家大量进口。不过，由于长期以来印巴关系的紧张，导致印度与中东地区的伊斯兰世界在政治关系和能源关系显得有些微妙，所以印度出于能源安全的考虑，将非洲作为其实施能源来源多元化战略的一个重要目标。印度不仅积极发挥"印度洋英语圈"和非洲印裔网络的纽带作用，还积极建立印度与非洲能源合作政府间平台，印度举办了"印非石化能源合作会议"和印度—非洲论坛峰会，印度愿意向非洲提供低息贷款、政府间援助和发展政治军事关系，以换取非洲对印度石油的供给。除了化石能源外，印度还与南非就民用核能展开了合作，并寻求从南非、纳米比亚和尼日尔进口铀矿资源，参与了非洲部分国家铀矿的开发。

虽然日本是世界上主要的能源进口国，但是日本从非洲进口的能源总量占其能源进口总量的比例很低，不过，日本一直跟随美国，以"遏制中国"为目标。因此，日本参与非洲的能源合作更多的是"削弱中国在非洲的影响力"。近年来，日本政府通过改组石油企业，增加官方发展援助（ODA）以及主办"东京非洲发展国际会议"（TICAD）等方式谋求扩大对非洲的影响。

韩国作为世界第五大能源进口国，除前总统卢武铉直访非洲能源国家外，还加强企业协调和政府支持，并模仿中国举行"韩非首脑论坛"，向非洲推介韩国现代化的经验并增加对非洲的援助，拉近与非洲的关系。

西方国家以"新殖民主义"诋毁中非能源合作。中国与非洲国家在能源领域的合作不断深入，必然会影响到欧洲和美国在非洲的利益。因此，掌握着话语霸权的西方国家将中非正常的能源合作以"新殖民主义"加以诋毁，以降低非洲国家对中国的信任，为中非之间的能源合作"使绊子"。

进入21世纪以来，中国"走出去"的规模越来越大，在非洲投资的项目也逐渐增多，在这种情况下，难免会和传统的欧美国家势力产生冲突。

因此，一些欧美发达国家政治家、相关团体和智库学者不断地将中非能源合作称之为"新殖民主义"。2006 年 2 月，时任英国外交大臣杰克·斯特劳在访问尼日利亚时说道："中国今天在非洲所做的事，和我们在 150 年前在非洲做的事大多数是一样的。"2011 年 6 月，时任美国国务卿希拉里警告说，非洲必须警惕中国的"新殖民主义"，指责中国在非洲搞"新殖民主义"。美国《纽约时报》就曾说过中国在非洲的目标"并非完全不像 150 年前欧洲在该地区的目标"。全球见证（Global Witness）仅仅因为中国从安哥拉和利比亚进口了大量石油和铁矿石，就称中国是非洲新的资源殖民主义者。

在欧美国家政要、新闻媒体和一些非政府组织的影响下，部分非洲国家政治精英出于不同利益集团的诉求，也不时地抛出中国对非洲进行"新殖民主义"的观点。2006 年 12 月，南非领导人姆贝基（Thabo Mbeki）提出中非经济合作应该建立在平等贸易的基础上，避免与中国形成新的"殖民关系"。前利比亚总统卡扎菲为了实现自己非洲领袖的梦想，不断指责中国在非洲搞"新殖民主义"。2009 年 11 月，时任利比亚外长穆萨·库萨（Musa Kusa）在中非合作论坛第四届部长级会议上提出，中国在非洲的有些经济活动产生的影响类似于殖民主义的影响。赞比亚政治家萨塔（Michael Sata）在担任总统前，也曾认为中国投资具有"新殖民主义"色彩。

针对中国是否对非洲进行"新殖民主义"的问题，必须要明确"新殖民主义"的内涵，尤其是非洲人对"新殖民主义"的看法。加纳前总理恩克鲁玛在《新殖民主义：帝国主义的最后阶段》一书中认为，新殖民主义是相对于旧殖民主义而言的，在旧殖民主义时代，帝国主义直接对殖民地和半殖民地进行统治，控制了殖民地和半殖民地的政治、军事与经济，在殖民地半殖民地国家获得独立后，帝国主义国家通过间接手段对它们进行控制，只保持了它们从国际法名义上的独立，具有国家主权层面的一切外表。恩克鲁玛还明确指出了帝国主义实施"新殖民主义"的方式，认为"现代新殖民主义是以大财团控制名义上取得独立的国家作为基础的"。1961 年 3 月第三届全非人民大会专门通过了一项关于"新殖民主义"的决议，认为"新殖民主义是非洲新近获得独立的国家或者接近这种地位的国家的最大威胁；新殖民主义是殖民制度的复活，它不顾新兴国家的政治独立得到了正式承认，使这些国家成为在政治、经济、社会、军事或者技术方面进行间接而狡猾的统治的受害者"。决议还指出了新殖民主义在非洲的8点主要表现。由此可见，非洲国家对"新殖民主义"认识明确，意识警惕。

根据非洲对"新殖民主义"的定义，中国对非洲的经济合作中没有任何"新殖民主义"的意图。无论是从20世纪60年代的中国对外经济援助的8项原则，还是2006年发布的中国对非政策白皮书，中国政府始终坚持中非经济关系的原则：平等互利、相互尊重、共同发展、不干涉内政和不附加任何条件。

从中非多个经济合作项目来看，中国政府与企业不仅一直遵守公平竞争的市场经济原则，不使用不平等的手段低价获取非洲的原料和初级产品，而且还积极承担起大国责任，对非洲进行不附加任何条件的无偿援助，促进了非洲经济的增长。此外，中国参与到非洲能源市场，为非洲国家能源出口提供了更多的市场选择空间，一定程度上有助于打破西方能源企业在非洲市场上的垄断局面，提高了非洲国家在国际能源合作领域谈判的筹码。

由于很多非洲国家都是欧美国家的前殖民地、半殖民地，双方之间存在着千丝万缕的联系。当今执掌非洲国家权柄的高层精英，绝大多数又是欧美发达国家培养的，在政治思想与意识形态方面深受欧美发达国家的影响，欧美国家鼓吹的中国在非洲实施"新殖民主义"容易被非洲社会的高层精英所接受。因此，中国在非洲搞"新殖民主义"的论调在短期内难以消失，反而会随着中非合作规模的扩大而反复出现。

（3）企业层面挑战

在中非能源合作中，对中国的第三个层面挑战来自企业，主要包括五个方面：一是中国企业与非洲资源国国有能源公司的关系，二是中国企业与西方跨国能源公司的关系，三是中国企业与其他国家的能源公司的关系，四是中国企业自身能力问题，五是中国企业与中介企业的关系。

中国企业与非洲资源国国有能源公司的关系。在能源资源国有化的过程中，非洲国家建立了一批直接管理与运营本国能源资源的国家石油公司，负责本国的能源开发利用。经过多年的发展，尼日利亚、利比亚、埃及、阿尔及利亚、安哥拉和南非等具有资源优势的国家石油公司在国际上都有了一定的知名度，并在国内经济中起着举足轻重的作用，一些非洲国家的国有石油公司的总收入占本国 GDP 的 20% 以上，利比亚、阿尔及利亚和安哥拉的国有石油公司总收入占其 GDP 的比重超过 50%。

非洲的国有石油公司根据股权结构、运营方式以及所在国资源状况可以被分为多种类型，不同类型的国有石油公司在经营和发展方向上的侧重点有所区别。不过，它们都存在着两个共同点，一是国有石油公司必须服务业国家整体社会经济发展，执行国家政治、经济和社会等方面的政策意愿，而不仅仅追求固定利益最大化；二是它们掌控着本国的油气资源，对油气的开发和国际油气合作具有主导权。因此，要获得当地的油气资源的开发权，项目要尽量吻合所在国家的政治、经济和社会政策的意愿，并获得该国国有石油公司的配合和允许。譬如，中国能源企业收购加拿大维伦尼（Verenex）公司以及马拉松（Marathon）石油公司所持安哥拉第 32 深海石油区块 20% 的股份的努力，均因相关国家国有公司行使优先购买权而使得收购以失败告终。如何搞好与非洲国家石油公司之间的关系是中国能源企业进入非洲所面临的首要问题。

中国企业与西方跨国能源公司的关系。埃尼、BP、雪佛龙、英荷壳牌，道达尔、埃克森美孚、阿纳达科等国际能源企业在非洲经营的时间比较长，不仅具有资金、技术与管理上的优势，而且熟悉非洲当地的情况。西方国家不仅是非洲国家传统的石油出口国，还是成品油进口的主要来源地，再加之石油收入往往是非洲产油国最主要的财政收入，在这种情况下，跨国石油公司便和相关国家的一些政治力量建立起了密切的利益联系。同时，由于长期受西方社会文化的影响，当地社会精英对西方文化更为熟悉，认同度也更高。因此，尽管非洲国家在资源国有化浪潮中收回了资源主权，但是这些西方大型能源跨国公司仍然主导了非洲国家大部分石油区块的开采权。

与欧美发达国家的跨国能源企业相比，中国能源企业进入非洲的时间较短，对非洲各资源国的熟悉程度仍然不高，所以中国能源企业在非洲的能源开发还主要集中在边缘外围地区，如果中国能源企业要进入到非洲能源开发的核心地带，和这些欧美发达国家的跨国能源企业可能会产生利益冲突，将遭受其抵制。

中国企业与其他国家的能源公司的关系。除了来自欧美的跨国石油企业之外,一些来自韩国、巴西、印度与马来西亚等新兴经济体石油公司也纷纷盯上了非洲丰富的能源资源,他们成为中国企业参与非洲能源活动的竞争对手与合作伙伴。尽管这些公司在非洲开展业务的时间也相对较晚,但是它们承担了保证国家能源安全供给的使命,在本国政府的支持下,利用自身的独特优势,不断地在非洲能源行业扩展业务。譬如,巴西国家石油公司在深水石油勘探和生产方面就居世界领先地位;马来西亚国家石油公司获得马来西亚政府的强力支持,并且共同的伊斯兰教信仰有助于马来西亚国家石油公司与非洲当地国家的交流与沟通;印裔在非洲东部和南部大量存在,且印度与非洲同属"印度洋英语圈",这种文化与地缘上的联系使得印度石油公司在非洲的经营也是风生水起。

尽管中国的能源企业和其他新兴经济体的能源企业存在着竞争,但是出于共同应对欧美发达国家能源巨头竞争的需要,中国能源企业和其他新兴经济体的能源企业也存在合作的一面,譬如,中国石油天然气集团在苏丹与马来西亚石油公司、印度石油天然气公司都存在着一些合作。

中国能源企业海外经营经验不足。中国能源企业"走出去"的历史较短,中国能源企业真正走出去也就近十来年的时间。与欧美发达国家的跨国能源公司相比,中国能源企业的国际化运营、人力资源培养、国际风险资金运用、国际并购、国际公关、危机处理等方面的能力尚有欠缺,甚至在某些方面中国能源企业还落后于马来西亚、巴西、印度等国家的能源企业。

中国能源企业海外经营经验不足的一个重要体现就是在海外并购时给出太多的溢价。在中石化收购加拿大 Tanganyika 公司的案例中,由于中石化的收购策略不当,中方收购行为成为对方抬高股价的重要手段,该公司在2008年1月份每股价格仅为9.89加元,到当年9月收购协议达成时,股价已上升到17.5加元,最终收购价更是高达每股31.5加元,中石化共计支付20亿加元(约合18亿美元),而中国石化的竞争对手印度ONGC维德士(Videsh)出价仅为12亿~15亿美元。此外,在中石化并购Addax公司中存在着类似的问题,存在着大约47%的股票溢价。过高的并购价格一方面反映了争取优质能源资产的竞争激烈,另一方面也反映了中国能源企业对海外能源综合研究能力和并购能力欠缺。此外,中国四大能源企业在海外的相互合作还不够默契,甚至在苏丹能源项目的竞标中出现了中石油与中石化互相厮杀的情况。

8.4.2.3 扩大中非能源合作的对策

扩大中非能源合作对中非双方来说都非常有必要。对于非洲而言,一方面旧的能源富集区不断有新资源发现,传统上不受重视的东部非洲地区近两年也有大量的能源发现,非洲能源富集国家都希望利用能源资源摆脱贫困并走上快速发展的道路,另一方面非洲国家缺乏能源开发的资金和技术,也需要更多的能源出口市场。对中国来说,中国经济快速发展,能源需求日益增加,同时,扩大和非洲的能源合作,符合中国能源来源多元化的战略。针对中非能源合作中存在的一些挑战与问题,对扩大中非能源合作给出了几点对策。

第一,加强与欧美发达国家的跨国能源企业在非洲地区的合作,在非洲营造良好的能源开发环境。

由于历史与地缘政治的原因,目前在非洲油气开发项目上占据主导地位的主要是欧美国家的跨国能源企业,美国的雪佛龙公司、英国的BP公司以及法国的道尔达公司等大型跨国石油公司长期在非洲进行经营活动,获得了非洲石油勘探的权利,并积累了大量能源地块的开采权。中国能源企业进入非洲能源开发市场时间较晚,获得开采权的区域也仅仅局限于苏丹、安哥拉、尼日利亚等少数国家的部分石油区块,且与非洲能源合作的层次和深度都远远落后于欧美国家的跨国能源企业。虽然近些年来,中国能源企业在资金、技术、人才上和欧美国家的跨国能源企业的距离在缩小,但是在由于能源资源开发的特殊性,欧美国家的能源企业占据先发优势,往往难以超越。同时,欧美国家还常常以各种借口军事进入非洲地区,为石油公司在该地区的利益护航,有意无意地压缩中国在非洲的能源占有。在这种情况下,中国能源企业应当利用中国庞大的能源需求市场寻求和欧美国家的跨国能源企业在非洲的合作,通过项目合作与并购、联合勘探等方式促进中国能源企业在非洲业务的延伸。另外,在合适的条件下,中国能源企业还应该积极开展和新兴经济体能源企业在非洲的合作,在合作中谋求发展。

第二，以中非贸易与投资巩固中非能源合作。

根据中华人民共和国商务部的统计数据，2016年，中国与非洲国家的贸易额达到了1492亿美元，其中，对非洲出口923亿美元，自非洲进口569亿美元，中国连续第八年成为非洲的第一大贸易伙伴。2016年，中国对非洲非金融类直接投资33亿美元，同比增长14%，覆盖了建筑业、租赁和商务服务业、采矿业、制造业、批发和零售业等领域。不过，中非贸易存在贸易结构单一的问题，绝大部分非洲国家工业水平低下，服务业发展水平落后。

其对华出口主要以资源性产品和初级加工产品为主。在投资领域也存在同样的问题，除了南非外，相当多的非洲国家比较贫穷，难以对华投资。中国企业可以发挥其在制造业和重工业领域的生产、运营与技术优势，结合非洲的本地资源优势，发展能源装备制造业。譬如，尼日利亚拥有大量未开采的铁矿石，但是掩盖在优越的石油条件下使其受到的重视程度不够，而尼日利亚政府又要求石油行业加大本土采购和附加值量。中国能源装备制造企业和冶炼企业完全可以考虑投资尼日利亚的钢铁行业，服务于包括尼日利亚在内的非洲能源开发。同时，通过铁矿石的开发和利用，加强和尼日利亚的政府关系，降低美国在尼日利亚石油贸易中的优势，将中非贸易与投资合作推向新高度。

第三，加强对非洲能源合作国的技术支持和资金援助。

长期以来，中国和非洲绝大多数国家维持着良好的外交关系，中国对非洲的技术与资金援助也由来已久，比较具有代表性的工程是：坦赞铁路、非洲联盟会议中心、苏丹的麦洛维大坝、莫桑比克的津佩托体育场、塞内加尔的达喀尔国家大剧院、埃塞俄比亚的亚的斯亚贝巴—阿达玛高速公路、莫桑比克的马普托机场新航站楼和马里医院等八大工程。除此之外，中国还对非洲进行医疗援助，食品加工、农业生产、文化教育等方面进行了无条件援助，为非洲培养了一批专业技术人才。在2005年中国政府更是免除非洲部分的贷款债务。中国对非洲的资金与技术援助得到了多个非洲国家和广大非洲人民的认可，尤其是中国对非洲的援助不设有前提条件，充分尊重非洲国家的主权与人权。中国政府多年来对非洲的援助赢得的口碑，对于中国能源企业在非洲的项目运营具有较大的帮助。因此，中国能源企业能够在非洲进行能源开发的同时，更多地帮助非洲地区的发展，提高项目所在地的经济社会发展水平，将会有助于中国能源企业在非洲的持续发展。

第四，加强中非政府间能源对话，树立合作共赢的思维。

中国已经与非洲的48个国家建立外交关系，发展非洲国家的外交关系是中国过去、现在以及将来相当长的一段时间外交关系的重要组成部分，中非开展全方位、多层次的交流与合作，符合中非双方的根本利益。由于非洲国家普遍贫穷落后，在被帝国主义国家主导的国际经济秩序中处于边缘地位。独立后的非洲各国为了在国际社会表达自己的合理诉求，摆脱被支配的地位，非洲国家在国际舞台上据理力争，在国际政治、经济领域的作用日益增强。非洲国际合作组织—非盟已经成为国际舞台上不可忽视的政治力量。中国政府与非洲国家建立了"中非合作论坛"以及高层互访机制，进一步推动中非关系快速向前发展，有力地促进了南南合作的健康发展。长久的传统友谊与良好的政治互信，促进了中国在非洲石油市场的开拓，也加速了中国能源进口"多元化"的实施。

第五，积极参与国家与地区安全事务，保证能源运输通道安全。

目前，非洲能源进入中国市场的通道主要通过海路运输，必须要经过马六甲海峡，美国军队驻守新加坡，扼守马六甲海峡，而对于中国来说，由于中美之间的战略竞争关系以及可能存在的潜在冲突，这条海上运输线随时可能被美国掐断，威胁着中国的能源安全。同时，在红海海域，还存在着索马里海盗，也在一定程度上威胁上商业油船的正常运输。针对这种情况，中国需要从四个方面进行拓展：一是加快巴基斯坦的瓜达尔港建设和中巴输油管道建设，来自非洲的石油可以在瓜达尔港卸载，直接通过输油管道进入中国，从而可以避开马六甲海峡；二是积极发展和东南亚国家的关系，维护东南亚以及中国南海地区的安全，适当时候可以与泰国合作，开挖克拉运河；三是大力发展蓝色海军，不仅要能够实现从印度洋、南海和西太平洋的例行巡航，还要能够扩大在全球其他海域的活动；四是加大国家军事战略能力建设，建设一支由远程战略轰炸机、大型运输机、加油机、特种作战部队等组成的国家快速反应部队，能够在全球范围内快速投放和展开军事任务。

第六,加强中非民间交流,为中非能源合作创造良好的氛围。

中国政府对非的无私援助,赢得了非洲人民的尊重,中国在非洲的形象日益高大,中国能源企业应该牢牢把握机会争取与非洲进行合作,同时应该加强同非洲民间组织的合作。自万隆会议以来,中国政府以全额奖学金鼓励非洲国家的学生到中国留学,目前国内各个高校随处可见的黑肤色学生就是这种鼓励政策的体现,这些留学生学成回国后,一方面加强了非洲的人才队伍建设,另一方面也会为中非合作方面出一份力,宣传中国政府对非政策。与此同时,中国政府应该加强与非洲学术机构之间的合作,目前非洲的科研机构主要精力在于发展非洲国内经济,而较少注重对外建设,同时非洲政府对科研机构的经费投入有限,难以满足其发展需要,中国政府应该利用自身资金与技术优势,尽可能多地与非洲科研机构进行合作。与非洲民间机构的交流与合作可以为中国在非洲树立良好的形象。

8.4.3 中国—中东能源合作

8.4.3.1 中国—中东能源合作的现状

从20世纪90年代开始,中国逐渐从中东进口石油及相关产品,中东地区逐渐发展为中国石油进口的最大来源地,1996~2009年中东原油占中国进口总量的份额一直保持在45%~50%之间。在中国原油进口的地区结构中,中东、非洲、独联体为三大主要来源地,分别占中国原油进口总量的47.8%、30.1%和10.5%。从国家来看,阿拉伯产油国始终是中国原油进口的主要来源。2000年之前阿曼和也门是中国从中东和阿拉伯世界进口原油的前两位国家,1997~2000年阿曼取代印度尼西亚成为中国最大原油进口国。2001年伊朗和沙特阿拉伯超过阿曼成为中国前两大原油供应国,2002~2009年沙特阿拉伯始终以明显的优势成为中国最大原油供应国,2008年和2009年沙特阿拉伯分别占当年中国原油进口量的20.3%和20.6%。2009年我国进口原油超过100万吨以上的阿拉伯国家就有沙特阿拉伯、阿曼、伊拉克、科威特、阿联酋、也门、苏丹、利比亚和阿尔及利亚等9个国家,其中海湾阿拉伯产油国占6个;1999~2009年来自阿拉伯国家的对华原油供应由 1336 万吨上升到 9486 万吨，在中国原油进口总量的份额也由 36.5% 上升到 46.5%，其中来自海湾阿拉伯产油国就占 36.5%。由此可见阿拉伯世界尤其是海湾阿拉伯产油国在中国能源进口格局中举足轻重的地位。2011 年，中国从中东进口原油约 1.3 亿吨，占当年进口原油总量的 50% 以上。2013 年，中国从中东进口原油达 1.4654 亿吨，增长了 8.6%，占到了石油总进口量的 52%。2013 年位居前 10 的中国原油进口国依次为：沙特阿拉伯、安哥拉、阿曼、俄罗斯、伊拉克、伊朗、委内瑞拉、哈萨克斯坦、阿拉伯联合酋长国、科威特，中东国家就占了 6 个。其中，从沙特阿拉伯进口了 5389.99 万吨、阿曼 2547.53 万吨、伊拉克 2351.54 万吨、伊朗 2144.2 万吨、阿联酋 1027.58 万吨。2016 年，中国从中东地区进口原油 18259 万吨，占中国原油进口总量的 47.92%。

随着中国经济持续发展，对能源需求也进一步增长，能源安全成为重中之重，中国与中东国家的能源合作关系是确保中国能源安全的关键。能源合作成为中阿关系最具战略意义的领域之一，更是中阿关系持续、稳定发展的重要基石。"一带一路"建设中的中国—中东能源合作机制主要有"中阿合作论坛""中阿能源合作大会""中阿能源合作联盟"等，在这些机制的作用下，中国—中东能源合作取得了可喜的成绩。2004 年中国与阿拉伯国家共同设立中阿合作论坛，作为中阿关系发展史上的重要里程碑，成为开启中阿能源合作大踏步进展的契机。

根据 2006 年 6 月 1 日在北京召开的中国—阿拉伯国家合作论坛第二届部长级会议签署的《中阿合作论坛 2006 至 2008 年行动执行计划》，第一届中国—阿拉伯能源合作大会于 2008 年 1 月在中国三亚市召开。中方参会人员包括国家发展和改革委员会、外交部、商务部和有关能源企业代表。阿方参会人员包括阿拉伯国家能源主管部门、阿拉伯国家联盟秘书处、阿拉伯石油输出国组织（OAPEC）、阿拉伯原子能机构代表团及有关能源企业代表。与会者探讨了中阿能源合作的前景和加强能源合作的途径，并对该领域合作取得的成果表示满意。双方就可再生能源合作，加强石油、天然气和电力行业合作广泛交换了意见。双方在石油和天然气领域、可再生能源和替代能源领域、电力、经验交流和技术转让领域的合作达成共识。双方强调，中阿能源合作大会是加强双方能源领域合作、提升建立在平等互利基础上的新型伙伴关系水平的重要平台，将更好地为中阿人民的共同利益服务，并将加强中阿合作论坛的建设。

2010年1月，第二届中阿能源合作大会在苏丹首都喀土穆召开，与会代表就中国和阿拉伯国家面临的传统化石能源及核能、可再生能源发展问题进行了交流，强调必须充分开发和利用各种能源，以满足发展需要。与会代表就中国与阿盟开展能源合作的重要意义达成共识，认为应加强双方在石油、天然气、电力、可再生能源及和平利用核能等领域的密切合作，共同维护全球能源安全。双方签署了《中国国家能源局和阿拉伯国家联盟关于中阿能源合作机制的谅解备忘录》及《第二届中阿能源合作大会闭幕公报》。

2012年9月，第三届中阿能源合作大会在银川召开。与会代表探讨了中阿能源合作的前景和加强能源合作的途径。双方强调必须开发与利用各种能源，共同保障全球能源安全，促进各自经济社会可持续发展。双方还就可再生能源合作，加强石油、天然气和电力行业合作广泛交换了意见。双方通过了《联合声明》，一致同意继续发挥中阿能源合作大会机制的作用，积极落实中国国家能源局和阿盟关于中阿能源合作机制的谅解备忘录；在互利基础上，继续加强能源领域，特别是石油、天然气、电力、可再生能源领域的合作。

2014年11月，第四届中阿能源合作大会在沙特首都利雅得召开，中国和22个阿拉伯联盟成员国的政府官员、国际和地区能源机构和企业界代表出席大会，此次大会旨在促进双方能源领域的经验交流，寻求双方在该领域的合作机会，双方达成在石油、天然气、电力及其他能源工业及服务领域互利共赢的合作意向；双方将进一步探讨能效提高、可再生能源利用、和平利用核能、鼓励私营部门投资、技术转让合作、环境保护等合作领域。

2016年10月，第五届中阿能源合作大会在北京召开，会议达成了四点共识：第一，在石油和天然气领域的合作。在互利基础上扩大能源领域合作。利用中国在油气领域的现代科技和先进技术推动并支持在石油天然气领域的合作。双方将在遵循各国现行法律法规的前提下，寻求双方在油气相关领域，特别是石油勘探、运输和炼化等方面合作的可行性和前景。双方强调，加强中阿在石油及其衍生品领域的贸易和销售往来，在必要时，在国际性论坛、研讨会和大会中协调双方利益。第二，在电力领域的合作。在互惠互利的基础上，借鉴双方的经验，更加广泛和全面地开展电力领域的合作。通过进一步加强双方经济往来、组织电力企业、研究机构等开展交流互访和研讨，加强在电网规划咨询、电力项目投资和建设等方面的合作。第三，在新能源领域的合作。多能互补、集成优化、清洁低碳是未来全球能源发展的重要趋势，双方将进一步发挥各自资源优势和发展实践，在集成供能系统管理和运行模式等方面加强交流合作。同时，双方表示将进一步加强在太阳能光伏、光热领域的合作，推动两国在光伏、光热产业政策设计、技术研发、示范项目推广以及人才培养等方面的交流合作，共同推进清洁能源的发展。第四，在和平利用核能领域的合作。加强和平利用核能，特别是在发电和海水淡化领域能力建设方面的合作，肯定中国在和平利用核能领域的经验，为未来双方合作和共同开展研究提供借鉴。

海湾国家在中国与中东能源合作中处于重心地位，由六个海湾阿拉伯国家（沙特阿拉伯、科威特、阿联酋、卡塔尔、阿曼和巴林）组成的海湾阿拉伯国家合作委员会（海合会）在中国与中东能源合作中发挥重要作用。海合会成立后不久，中国就与其建立了联系。从1990年开始，中国外长每年都利用出席联合国大会的机会，与海合会6国外交大臣及海合会秘书长举行会晤。1996年，中国与海合会建立了经济、政治磋商机制。2004年7月，海合会秘书长和六国财长联合访华，中国与海合会签订了"经济、贸易、投资和技术合作框架协议"，并宣布启动建立自由贸易区的谈判。2004～2006年中国与海合会共进行了4轮谈判，随后因种种原因一度中断。2009年6月，双方在沙特阿拉伯重启自由贸易区谈判，迄今为止，已在货物贸易谈判大多数领域达成了共识，并启动了服务贸易谈判。

2010年6月，中国—海合会战略对话首届部长级会议在北京举行，双方强调愿意继续加强在各领域的合作，双方签署了《中华人民共和国和海湾阿拉伯国家合作委员会成员国关于战略对话的谅解备忘录》。2011年5月，第二届中国与海合会战略对话在阿布扎比举行。双方认为应尽快召开专家会议，为落实上述框架协议和谅解备忘录在贸易、投资、能源、文化、教育、科研、环境、卫生等领域的有关内容制订行动计划，确定具体时间表。双方同意继续加强磋商，尽早完成自由贸易区谈判。2014年1月，中国与海湾合作委员会在北京举行第三轮战略对话，会后发表新闻公报，强调要加快中国和海合会自由贸易区谈判进程，认为中国和海合会国家经济互补性强，建立自由贸易区符合双方的共同利益。国家主席习近平在会见参与第三轮战略对话的海合会代表时表示，中国希望双方快马加鞭，早日签署协定。古老的丝绸之路曾把海湾国家同中国联系在一起。现代海合会各成员国也积极参与"丝绸之路经济带"和"21世纪海上丝绸之路"建设。

2010年9月，宁洽会暨首届中阿经贸论坛在宁夏银川举办，大会以"传承友谊、深化合作、共同发展"为主题，共举办了29项活动，签订合作项目190个，取得了显著成效。时任国务院副总理回良玉给予大会高度评价，明确指出：中阿经贸论坛是促进中阿经贸合作新的重要平台，将中阿经贸论坛选址在宁夏，是中国政府深思熟虑的结果。2011年9月召开了宁洽会暨第二届中阿经贸论坛，共举办了34项活动，涉及经贸、金融、能源、文化、旅游、农业、教育、科技、出版、广播电视等10多个领域，进一步丰富和完善了大会的内涵，体现了"国家级、国际性"的特点。时任中共中央政治局常委、全国政协主席贾庆林提出了中阿"扩大贸易和投资规模，深化能源资源合作，加强基础设施领域合作，积极拓展新的合作领域"等四点建议。2012年宁洽会暨第三届中阿经贸论坛首次启动由阿盟成员国参与的主宾国机制，主宾国阿联酋组织了113人的高规格代表团来宁参会参展。本届大会呈现出"重大项目多，投资数额大，合作领域广，分布范围宽"的特点。时任国务院副总理李克强在开幕式上发表了题为"携手壮大新兴市场，促进全球共同发展"的主旨演讲，指出中阿合作是全方位、开放式、包容性的合作，中阿合作前景十分广阔，应努力不断扩规模、上层次。经国务院批准，从2013年起，宁洽会暨中阿经贸论坛更名为中国—阿拉伯国家博览会，中阿博览会获得了2599亿元项目签约，其中能源化工类项目总投资达到747.99亿元，涉及28个项目。2015中国—阿拉伯国家博览会以"弘扬丝路精神，深化中阿合作"为主题，推动互联互通，实现合作共赢，博览会期间，中国—阿曼（杜库姆）产业园、毛里塔尼亚海洋经济综合产业园等项目签约，实现了中阿共建产业园区"零"的突破。在科技部、农业部、国家卫计委、中国贸促会等国家部委支持下，中阿技术转移中心、中阿商事调解中心、中阿联合商会联络办公室、中阿农业技术转移中心、中阿医疗健康合作发展联盟等一批中阿多双边合作机构落地宁夏。中国—阿拉伯国家博览会已经成为中国—阿拉伯国家之间经贸合作的一个重要展示平台，对促进双方经贸往来、能源合作具有重要的意义。

8.4.3.2　中国—中东能源合作的制约因素

第一，中东地缘政治风险引发中东能源的产量波动，对能源运输线形成威胁，可能影响中国的能源安全。近年来，中东国家政局动荡、冲突频发。地区各类双边、多边冲突和国内骚乱导致能源供应中断或价格剧烈波动的可能性一直存在，一旦中东能源供应出现问题，中国将最先受到影响。近期伊朗核问题、利比亚内战及持续的叙利亚暴力冲突等中东地区问题导致油价出现波动。中国石油供应线漫长，安全形势的恶化还会直接威胁中国获取中东石油的海上供应线。如索马里海盗就直接威胁通过亚丁湾和曼德海峡的中国油轮。霍尔木兹海峡是中国进口大多数中东石油的必经之路，如果伊朗与西方发生冲突，霍尔木兹海峡有可能被切断，这将严重中国的能源安全。

第二，中国与中东的能源合作受到西方国家的攻击和指责。一方面，随着许多全球性问题的凸显，国际社会在人权、劳工、环保、知识产权等方面的法律和规范也在不断发展和完善，而迅速拓展的中国公民、企业法人在中东的经济贸易活动还没有适应这些新情况、跟上这些新发展，由此在当地引起了一些矛盾和纠纷。另一方面，西方有些人运用"中国责任论"来牵制中国，以他们的标准来评价中国与中东经贸合作的发展。指责中国在中东、非洲、拉美等地区搞"新殖民主义"，甚至攻击中国不遵守人权、劳工、环保、知识产权等方面的规范。从长远看，这对中国与中东的经贸合作稳步发展也形成一定的制约。

第三，中国在中东面临的竞争加剧。随着中东油气资源对国际能源安全具有越来越重要的战略意义，未来中国与中东的能源合作将面临与美、欧、日等西方大国及其他能源消费国的激烈竞争。有学者认为，中国与中东的关系可能取代美国与中东的关系，成为影响世界能源前景的决定因素。有人甚至将中国与美国在伊朗、苏丹、津巴布韦等问题上的分歧和争论均归因于能源竞争，认为中国为了扩大石油进口来源高调挺进苏丹、安哥拉和伊朗，因而引起了西方竞争者，特别是美国的严重不安。因此，如何处理中国与美国、欧洲等西方大国在中东的关系成为中国今后要面临的重要课题。

8.4.3.3 扩大中国—中东能源合作的对策

一是强化中东地区在中国全球战略中的地位，制定中国的中东外交政策，积极开展能源外交。随着中国经济的发展和国际地位的提升，中东在中国战略中的地位越来越重要。中东在政治上是中国的战略依托，经济上是中国的重要能源供应地，是中国商品走出去的重要市场，安全上是中国打击"三股势力"、维护国家安全的重要屏障。

二是推动中国与中东经贸关系的发展，建立相互依存的经贸关系。通过提高相互依存度、增进互信，培育更加友好的国家间关系。为此，应当推动对中东国家非石油领域的外国直接投资，同时，提供投资激励、鼓励中东国家放开投资管理，允许更多的外国投资。设立由国家主导、企业运作的"中东国家发展基金"，帮助中国企业参与中东交通、能源、矿产等产业的建设和开发。进一步完善和改进"市场换资源""基础设施换资源"等政策。

三是加强机制建设，中国和中东在中阿合作论坛、中国—海合会战略对话等多边机制下加强合作，共同推动中国与中东能源关系发展，就重大全球性问题和地区热点问题保持沟通协调，共同维护地区和平稳定和发展中国家利益。

四是整合国家资源，加强在能源领域的战略合作，制定综合应对能源供应风险的有效策略。加强国家发改委下属中国能源政策统筹能力，成立专门负责海外石油利益的跨部门协调机构，制定长远的海外能源投资发展战略。

五是加强与中东国家在人文领域的交流，夯实双边关系的民意基础。利用"中阿合作论坛"框架下的人文领域交流计划，增加中阿民间互访，搭建平台，开展形式多样的交流活动。

六是实现能源来源多元化，政府支持国内有条件的石油企业尽快"走出去"，参与国外油气田的勘探开发，建立稳定的海外石油生产和供给基地，是保障中国油气安全供应的必然选择。目前中国对海外石油资源的利用，除了由政府指定的企业在国际市场上进行期货及现货贸易外，还包括在勘探、开采等领域与外方进行合作。加大对非洲、拉美、中亚、东南亚等区域的能源合作力度。中亚是中国理想的石油供应源，扩大与中亚的能源合作可以减少中国对中东石油的依赖，能源纽带可以加深中国和中亚国家的互信，保证国家的完整和西部边境的安全。

七是兼顾美国等西方国家在中东的能源安全和战略利益，尊重和理解美国的全球大国地位及西方国家在中东的地区利益，包括能源安全和其他方面的战略利益。中国在积极发展与资源丰富的中东产油国的双边关系的同时，必须兼顾与美国等西方国家的关系平衡，与美国等西方国家在中东石油问题上开展能源安全合作，愿意扮演"负责任的利益攸关者"角色地位。具体而言，在中东石油问题上，中国在不损害自己的能源安全和经济利益的前提下，应该尽可能与美国和欧洲协调政策和立场，共同努力和协调政策，解决伊朗和苏丹问题，尽可能把中美间的矛盾与冲突减少到可控制的范围之内。

8.4.4 中国—中亚能源合作

8.4.4.1 中国—中亚能源合作的现状

中亚国家是世界重要的油气资源生产国，也是重要的油气资源出口国，其原油产量超过70%用于出口。例如，2015年哈萨克斯坦原油产量为8560万吨，出口超过7000万吨；2015年土库曼斯坦天然气产量741.6亿立方米，出口超过500亿立方米。从2000年开始，中亚国家逐渐成为中国油气资源的重要来源国。"十二五"规划末期，中国从中亚国家进口石油总量已经占到其全部石油进口总量的1.85%，而天然气进口总量则占到48%，中亚国家的油气资源进口有效地优化了中国海外能源供给结构。同时，中国与中亚国家的油气资源贸易合作也极大地促进了中亚国家的油气资源生产，并带动了中亚国家经济快速发展。

哈萨克斯坦原油的主要出口国为意大利（25%）、中国（15%）和荷兰

(13%);土库曼斯坦天然气的67%出口中国,乌兹别克斯坦天然气的84%出口到中国。由此可以看出,中亚国家能源经济高度依赖于与中国的油气资源贸易。

2009年之前,中国与中亚国家能源产业合作主要集中于油气资源上游勘探开采业,其主要形式通过并购获得海外"权益油"。2014年,中国在海外获得权益油总量为1.17亿吨,其中在哈萨克斯坦获得权益油1591万吨,占中国海外权益油总量的14%。

为了获得哈萨克斯坦权益油份额,中国通过控股和参股等形式在哈萨克斯坦油气开采业的累计投资已经超过100亿美元,占到该国油气开采业吸引FDI总量的17%。中国在哈萨克斯坦油气开采主要合作项目详见表8-1。

表8-1　　　中国在哈萨克斯坦油气上游勘探开采主要合作项目

中方企业	项目名称	主要合作伙伴	合作方式	投资金额（亿美元）
中石油	阿克纠宾项目（2003）		全资收购	6.86
中石油	北布扎奇油田（2003）	俄罗斯卢克石油	各占50%	2
中石化	FIOC公司（2004）		全资收购	1.6
中石油	哈萨克斯坦石油公司（PK公司）项目（2005）		全资收购	41.5
中信集团	让巴斯油田（2006）		全资收购	19.8
中信集团	东莫尔图克油田（2007）		全资收购	2.5
中石油	曼格什套油田（2009）	KMG	各占50%	
中石油	MMG油田（2009）	KMG	各占50%	16.5
中石油	卡沙甘油田（2013）		收购8.3%股份	50

资料来源:国家商务部。

经过十多年的能源上游产业合作,中国在哈萨克斯坦拥有的权益油气资源约占该国全部油气资源总量的18%,是哈萨克斯坦石油产业合作的第三大伙伴国。但是在欧美能源企业的竞争和挤压下,哈国可供中方介入开发的资源逐步减少。未来扩展的空间比较小。

为了保障中国与中亚国家油气资源贸易安全与发展,2004年7月,中国和哈萨克斯坦开始合作修建中哈石油管道,管道全长超过2800公里,年设计输油能力2000万吨,一期工程和二期工程分别于2006年和2009年实现全线通油,成为中国最重要的跨国输油管道之一。至2015年底,中哈原油管道已累计向中国输送原油8724万吨,年输油量超过1000万吨。

2007年8月,中国与土库曼斯坦、哈萨克斯坦和乌兹别克斯坦开始合作修建中国—中亚天然气管道,管道分AB双线敷设,单线长1833公里,是世界上最长的天然气管道。管道建设总投资超过2500亿元,年设计输气量超过350亿立方米。自2009年霍尔果斯口岸开始向中国输气以来,截至2015年底,中亚天然气管道A、B、C三线累计进口天然气达1400亿立方米。中国在中亚国家炼油和石油化工领域主要合作项目详见表8-2。

自2013年"一带一路"倡议提出之后,能源合作已经成为"一带一路"建设的先行产业和重要引擎。在与中亚能源产业上游合作已经饱和的背景下,向下延伸产业链合作成为中国与中亚国家能源产业合作一个重要发展方向。

表8-2　　　　　中国在中亚炼油和石油化工领域主要合作项目

中方企业	项目名称	主要合作伙伴	合作方式	合作内容
中石化	石化联合工厂及基础设施项目(2013)	KPI公司	工程承包	建设50万吨/年丙烷脱氢装置(PDH)和聚丙烯装置(PP)
中石化	哈萨克斯坦芳烃综合体项目(2013)		工程承包	年产13.3万吨苯和49.6万吨对二甲苯
中石化	阿特劳炼油厂石油深加工联合装置(2014)	KPI公司	工程承包	建设50万吨/年丙烷脱氢—聚丙烯联合装置
吉艾科技公司	塔吉克斯坦丹格炼油厂(2015)		新建	投资9亿美元,炼油能力120万吨

资料来源:国家商务部。

8.4.4.2　中国—中亚能源合作的制约因素

(1)中亚国家的政治风险较高。独立与转型20年来,中亚五国除了吉尔吉斯斯坦之外,其他四国仍然保持着总统权威体制。中亚多数国家多年来没有进行过正常的权力轮换,领导人仍然依靠个人的政治威望和转型时期积累的政治资源作为权力基础。一旦总统的权力基础被削弱或者消失,其执政的合法性便会遭到质疑,尤其是随着领导人年龄的增长,很多在"强人政治"时期被掩盖起来的社会矛盾、弊端就会在"后强人时代"暴露出来。此外,实现议会制的吉尔吉斯斯坦也因为各派不同的利益争端,动辄不是解散执政联盟,就是政府辞职。因此,中亚地区的政治未来前景充满了不确定性。一旦中亚国家的政局发生动荡,投资于中亚的企业必然会遭受损失，中亚的这种政治治理格局给中国参与中亚能源合作带来的潜在的威胁，在一定程度上降低了中国企业与中亚国家开展能源合作的意愿。

（2）大国地缘政治影响。长期以来，中亚各国都是原苏联的加盟共和国，和俄罗斯有着千丝万缕的联系，同时，俄罗斯把中亚作为其核心利益，关系着俄罗斯的国家安全，因此，俄罗斯对其他大国在中亚的活动高度敏感。在能源合作上，俄罗斯本身石油和天然气资源丰富，并不觊觎中亚各国的石油与天然气，它所担心的是其他大国通过能源合作对中亚各国造成巨大的影响，从而使得俄罗斯对中亚国家的影响力削弱。尽管中国和俄罗斯当前是战略伙伴关系，相互在全球多个领域存在着一致的共同利益，但是俄罗斯对于中国的崛起也是持有警惕态度，所以中国在中亚的能源合作中必须要考虑俄罗斯因素。

（3）中亚地区基础设施陈旧。虽然中亚地区石油和天然气储备较大，但是用于石油和天然气开发的基础设施还停留在苏联时代，不仅技术水平落后，而且设备老化，严重制约着中亚国家和其他国家的能源合作。在中国与中亚能源合作方面，近年来相继开通了中哈原油管道、中乌天然气管道等项目，但是仍然不能满足中国与中亚能源合作水平不断提高的需要。此外，与能源合作相关的航空、铁路、公路和口岸等基础设施，也需要大力的提升。

8.4.4.3 扩大中非能源合作的对策

第一，优化中国油气企业的产权结构。在中国对外能源合作过程中，基本上是以中石油、中石化和中海油这三家国有企业或者其关联企业为主。为了应对国际能源市场激烈的竞争，我国不仅需要强化"三桶油"的国际竞争力，还需要开放能源市场，鼓励民营能源企业、中外合资能源企业的发展，充分发挥非公有制能源企业运营机制灵活，对市场价格信号变化敏感等优势，弥补"三桶油"在国际能源合作中的不足。

第二，积极扩大和深化与中亚国家的民间交流。长期以来，中国一直奉行"不干预他国内政"的外交政策，因此，在面对中亚国家民主政治转型的问题上，中国的立场还是寄希望于中亚各国人民通过和平的方式来决定他们自己未来的道路。中国与中亚能源合作应该是建立在经济上互惠互利，中国从中亚地区进口石油和天然气可以增加中亚国家的收入，提高中亚国家人民的生活水平。中国要扩大和中亚国家的民间外交，要使得中亚国家的民众以及一些社会精英意识到同中国的合作对自己是有利的，这样才能使得中国与中亚国家的能源合作可以持久下去，尽可能不被政治变化所干扰。

第三，消减俄罗斯对中国在中亚地区能源活动的疑虑。首先，对于中国企业而言，企业在走向中亚市场时，应以实际行动向世界表明其投资的纯粹资本趋利性，而无政治目的。其次，中国在中亚的能源合作不可避免地会牵涉到俄罗斯的利益，中国需要兼顾俄罗斯的利益，可以和俄罗斯联合在中亚进行能源开发。最后，加强中俄经济合作，实现合作共赢。对于粮食、石油等资源，中国有广阔市场和长期需求，俄罗斯可以在此方面发挥资源大国优势。俄罗斯远东等地区发展需要大量的基础设施，中国可以在基础设施建设方面发挥自身的优势。通过逐步消除俄罗斯对中国在中亚地区能源活动的疑虑，实现经济合作共赢，从而降低中国与中亚国家在能源合作中受到的来自俄罗斯的影响。

第四，加强与中亚国家基础设施的互联互通。能源合作离不开基础设施的支持，通过修建诸如环里海油气管线、中国—中亚高速公路建设等，一方面有利于中亚国家加强与中国的能源合作，增加油气资源的出口；另一方面有利于吸引中国国际投资，承接中国产业转移，加快中亚国家的产业结构调整。以中哈产能合作为例，中国企业到哈萨克斯坦投资建设钢铁厂、水泥厂等中国过剩产能行业，可以就地消化哈萨克斯坦丰富的油气资源等，同时有利于哈萨克斯坦加快产业结构调整，实现单一资源产业向多元产业转型。通过加强基础设施互联互通建设，承接中国产业转移，从而深化中亚国家与中国的能源合作。

第九章

环境政策工具与新兴经济体环境治理

9.1 环境政策工具的类型

进入工业社会以来,一方面是人类生产能力极大提高,另一方面由此带来的各种环境污染,困扰着人类的健康与发展,因此,如何在保持经济增长的同时还能够减少环境污染,相关的环境政策工具也应运而生,通过制定相关环境政策引导生产向更加绿色的方向发展。当前,环境政策工具主要分为命令-控制型、经济激励型、自愿行动与公众参与行,其中前两种是被广泛使用的,也是最主要的环境政策工具,后一种是近些年在一些发达国家兴起,被相关发展中国家借鉴使用,还处于探索完善阶段。

9.1.1 命令—控制型环境政策工具

(1) 环境规划制度。环境规划是政府或者相关组织根据环境保护法所制定的行动计划,旨在未来一段时间内对生态环境进行保护。环境规划制度主要侧重于预防,从区域或者项目的规划开始就将环境保护纳入其中,以将发展的环境影响降低到最小。

(2) 环境影响评价制度。环境影响评价制度是对将要实施的建设项目、区域开发以及某些国际政策实施后可能对环境带来的影响进行评估,对于通过环境评估的项目、区域开发或者一些国际政策才可以进入实施阶段，否则不予以批准立项，具有一定的法律约束力。

（3）污染总量控制制度。该制度主要针对污染排放比较严重，难以达到国家所规定的标准的地区，对其污染物排放总量进行最高额的限制制度。该制度不仅允许区域内经济主体对污染物的排放量进行调整和交易，而且会对区域内的产业投资结构产生影响，利润高和污染大的企业落户的可能性提高。

（4）排污许可证制度。排污许可证制度是一种被广泛采用的重要的环境治理工具，它以减少污染物排放为目标，以污染物总量控制为基础，对污染物排放的种类、性质、数量、去向、方式等进行了具体的规定，是一项具有法律意义的行政管理制度。排污许可证制度是由多个制度环节构成的一个制度体系，包括排污申报、环境标准管理、环境影响评价、环境监测、排污口设置管理、环保设施监管、排污收费、限期治理、违法处罚等方面。

（5）污染限期治理制度。在制度下，政府可以对严重污染环境的污染项目或者地区发出行政指令，要求其在规定期限内达到治理的目标，完成治理的任务，是政府对环境治理采取的强制性法律措施。

（6）污染集中控制制度。该制度主要针对特定的区域、特定污染状况下，对某些污染采用包括技术、管理、政策引导等多种手段来进行控制的措施，有助于实现环境、经济、社会效益相协调的环境管理政策。

（7）环境保护目标责任制。将环境保护的责任落实到具体的地方政府部门和相关排污企业，通过签订环境保护目标责任书，明确签订双方的权、责、利等关系，并围绕目标责任书进行管理的制度设计。

9.1.2 经济激励型环境政策工具

（1）排污收费制度。排污收费制度是指向环境或者间接排放污染物的排放者，根据其排放的污染物的类型和排污的数量向相关环境监管机构缴纳一定数量的费用。排污收费制度包括排污收费的立法、排污费征收以及排污费资金的使用与管理等规定。

(2) 排污权交易制度。排污权交易制度是和排污总量控制制度、排污许可证制度结合在一起运用的制度,该制度是指在特定的范围内,根据该区域环境质量的要求,确定一定时间内污染物排放总量,在此基础上,颁发或者拍卖排污许可证来分配排污指标,并允许这些排污指标在市场上进行交易。

(3) 押金—返还制度。此制度是排污收费的一种特殊形式,消费者在购买可能存在潜在污染产品时预先支付一部分额外的费用,当这些产品被按照指定方法处理完之后,消费者获得退款。

(4) 环境污染责任保险。是指保险公司对污染者收取的可能损害环境的保证金,当污染者因为意外原因造成污染事故时,其相应经济赔偿和治理费用将由保险公司来承担。

(5) 环境税。环境税与污染排污收费制度有一定的相似,是把环境污染和生态破坏的社会成本,内化到生产成本和市场价格中去,再通过市场机制来分配环境资源的一种经济手段。环境税具有税的一般特征,具有强制性、无偿性和固定性。

(6) 补贴。在控制污染物排放的过程中,通过补贴对削减污染者给予奖励,包括赠款、贷款贴息和税收优惠。

9.1.3 公众参与型环境政策工具

公众参与型环境政策工具主要用作劝说鼓励。从广泛的意义上来说,劝说鼓励的环境政策工具是指除了命令-控制型和经济激励型环境政策工具之外的所有环境政策工具,主要包括环境信息公开、环境标志制度、ISO环境标准等。

(1) 环境信息公开。环境信息公开是指管理者依据一定的规则,经常或者不定期公布环境信息,诸如环境污染事故通报,空气质量实时报告、污染对健康的可能影响等。

(2) 环境标志制度。环境标志由政府机关统一管理,按照一定的标准和程度对提出申请的产品进行审批的制度。

(3) ISO14000 环境系列标准。该标准是由国际标准化组织 ISO/TC207

负责起草的系列环境管理标准，包括环境管理体系、环境审核、环境标志、生命周期分析等国际环境管理领域内的许多问题，指导各类组织实施科学的环境行为。

9.2 环境经济手段的理论基础

以亚当·斯密、李嘉图为代表的古典经济学分析了自由竞争的市场机制，认为存在一只"看不见的手"支配着经济活动，反对国家对经济的干预，古典经济学倡导的自由主义成为一战前主要资本主义国家所奉行的经济思想。然而，1929～1933年席卷世界的经济大危机爆发后，彻底暴露了自由放任的市场经济弊端，主张扩大政府支出创造需求和通过政府干预推动经济增长的凯恩斯主义应运而生，罗斯福新政以政策实践的形式证明了凯恩斯主义的有效性，使得凯恩斯主义逐步上升为世界的主流经济学，指导欧美发达国家宏观经济运行了近40年。不过，到了20世纪70年代，由于石油危机导致了整个世界陷入了滞胀，凯恩斯主义显得束手无策，以哈耶克、弗里德曼等为代表的新自由主义开始兴起。新自由主义主张有四点：一是主张私有化，应该将共有资产出售给私人；二是贫富两极分化是高效率的前提和正常现象；三是反对过多的国家干预，国家的作用仅限于守夜人；四是反对产业保护。具体到环境污染问题的治理上，凯恩斯主义和新自由主义之争就变成了是采取政府干预还是市场机制来解决外部性问题，庇古认为政府干预的手段可以使得外部性内部化，而科斯则认为市场机制本身可以解决外部性问题，因此，环境污染治理的政策也被分为了命令-控制型环境政策工具和经济激励型环境政策工具。

9.2.1 政府干预型环境治理手段的理论基础

以庇古为代表的经济学家强调了政府对市场干预的合理性和有效性，他们认为，通过政府干预的手段可以使得外部性内部化，通过现有的市场来实现环境管理，具体手段有征收各种环境税费、取消对环境有害的补贴等，又称为调节市场型政策（即所谓的"庇古手段"）。庇古手段侧重于政府干预的方式解决生态环境问题的经济手段，如环境资源税、环境污染税或排污收费、环境保护补贴、押金－退款制度等。

9.2.1.1 征税手段与补贴手段

征税手段和补贴手段是两种重要的环境经济调节手段，二者具有很多方面的共同之处，也存在着一定的差异。

征税手段和补贴手段的共同之处有：第一，两种手段的理论基础是共同的，都是庇古税理论，庇古理论认为当存在外部性经济效应时，要给予经济主体补贴，存在外部不经济的时候，应该向经济主体征税。因此，这两种手段都是环境与经济的结合、市场机制与政府干预的结合；第二，两种手段的潜在效率是一样的，就是在一定条件下，实施征税手段或者补贴手段都可以实现环境与经济的帕累托最优；第三，两种手段都面临着一些征管的技术难题，主要表现在环境税率、补贴标准的设定，对污染物排放量的监测等，需要较高的政府管理成本；第四，无论是使用征税手段还是补贴手段其最终的目的都是要实现污染的减少，所不同的是征税手段是通过对污染者进行处罚，遏制其污染行为，而补贴手段是对污染者减排的贡献或者对受害者的补偿。

征税手段与补贴手段的不同之处如下：第一，征收环境税对于政府来说是一笔收入，而补贴则是纯粹的支出；第二，征税的对象是污染者，而补贴的对象则相对比较广泛，既包括外部经济效应的产生者和环境污染的受害者，也包括外部不经济效应的产生者；第三，政府实施收税手段建立在获得排污者相关排污数据的基础上的，而获得这些数据需要付出较高的监管成本，补贴手段中获得受害者的信息相对比较容易，成本也较低。

9.2.1.2 政府干预调节市场型政策（庇古手段）的实施条件

无论是对环境污染的生产者征收关税还是对环境保护者提供补贴，都可以实现外部效应内部化，达到所谓的帕累托最优配置，达到经济发展与环境保护的"双赢"。庇古手段使得企业有了更多的决策选择空间，即企业可以根据自己的成本控制能力来选择控制量，根据技术创新能力来选择技术,而不是简单地、机械地去执行政府的行政指令,但是在实践中,存在着较大的困难。

第一,庇古手段实施的前提的是要求能够知道边际外部成本。边际外部成本的测算是一个复杂的过程,需要了解企业排放污染的剂量、持续排放的时间与污染物累积的量、污染物对人和牲畜等的暴露和危害情况以及这些危害的货币成本,要获得这些信息的成本很高,而且具体的转换也难以测度,因此,实际中要确定边际外部成本是非常不经济的。

第二,政府难以知晓企业的边际私人净收益曲线。尽管企业按期向政府提供相关财务数据,甚至有些国有企业直接在政府的掌控之下,但是由于缺乏激励机制或者存在部门利益,企业难以向政府如实地报告其私人成本或者收益。

第三,庇古手段没有考虑到税收分担问题。根据庇古理论,要求污染物排放中存在的外部性内部化,只需要对企业生产的每单位产品征收等于边际外部成本的税收,然而在实践中,税收往往由生产者和消费者共同分担,分担的份额取决于需求弹性和供给弹性,这就大大减弱了庇古税的作用。

第四,完全竞争市场假定。要发挥庇古税在减少污染排放方面作用,还有一个重要的前提,就是要求市场是完全竞争的,这在现实中很少有完全竞争的产业。

9.2.2 基于市场交易基础上的环境政策

科斯手段的理论基础主要来自科斯1937年和1951年分别发表的《社会成本问题》和《经济学中的灯塔》两篇论文,科斯指出,在交易成本为零时,不管初始产权如何界定,通过经济当事人之间的自愿协商,就能够实现外部效应内部化。张五常在《关于新制度经济学》中对科斯理论进行了整理,提出了三个观点:一是无关性定理,即如果产权被清晰的界定,且交易成本为零,那么资源的利用效率与产权的所有情况无关;第二,效率定理,在满足产权被清晰界定且交易成本等于零的条件下,可以实现帕累托最优;第三,交易定理,市场交易的前提需要明确的产权界定。科斯定理的主要特征是将产权同外部性联系起来，强调市场机制的作用，认为只要产权清晰，通过协调各方利益或者讨价还价可以实现在无政府干预情况下的外部性内部化。科斯定理是对经济自由主义的强化，侧重于通过市场机制来解决环境污染中的外部性问题。因此，不同的市场发展水平国家使用自愿协商手段和排污权交易手段的效果存在很大的差别。

9.2.2.1 自愿协商手段与排污权交易手段

科斯手段在环境保护方面的应用主要基于市场逻辑，在实际的运用中，常见的是自愿协商手段和排污权交易手段。

自愿协商手段和排污权交易手段有三大共同之处：第一，两种手段实施的理论基础都是科斯理论，强调市场机制的作用；第二，两种手段都要求产权是明确确定的，否则这两种手段都会失效；第三，两种手段都假定存在零交易成本或者交易成本很小，这两种手段才能够实现帕累托最优。

自愿协商手段与排污权交易手段的不同之处：第一，自愿协调手段是完全基于科斯定理的思想，而排污权交易则是在科斯定理思想的基础上进行了创新和改进；第二，纯粹的自愿协商手段完全是市场行为，政府在这其中是没有任何收益的，而排污权交易手段则不然，政府可以获得一笔出售排污权的收益；第三，政府在两种手段中的介入程度不一样，自愿协商手段只需要政府事先界定好产权，而排污权交易手段除了事先界定好产权外，还必须对排污的数量以及价格有所了解，并通过拍卖的形式分配给企业。

9.2.2.2 科斯手段的实施条件

第一，科斯手段的成功实施是以竞争性市场为基础的。无论是自愿协商手段还是排污权交易都需要有大量的参与者，才能够避免共谋，使得排污的成本得以真正体现。实践也证明，对于市场发育滞后或者转型时期的经济体而言，科斯手段的实施效果并不理想。

第二，交易成本的大小制约了科斯手段的实施效果。从前面的分析中可以发现，科斯手段实施的一个重要前提是交易成本为零。由于在自愿协商手段或者排污权交易手段中都需要识别污染者、组织协商、搜集讨价还价依据等，如果这些交易成本高于社会净收益，那么科斯手段就失去了原本的意义。在科斯的《社会成本问题》中只有农夫和牧人双方进行协商，因而交易成本较低，而在现实中，受到污染影响的群体往往数以万计，这就使得交易成本变得很高。

第三，产权界定难以完全明晰。诸如耕地、山林、矿场等自然资源的产权可以明确界定，但是对于诸如生物多样性、大气、公海等产权就难以界定，这种情况下资源只有外部成本，科斯手段也因此失效。

9.2.3 庇古手段与科斯手段的比较

庇古手段和科斯手段为人类从经济理论的角度控制环境污染提供了思路，但是二者各有优缺点，两类手段可以从以下几个方面给予区别：

第一，运行机制。庇古手段侧重于政府干预，而科斯手段则强调市场的作用。与此相对应的是，庇古手段可以适用于市场发育不成熟的经济体，而科斯手段则适用于市场经济发达的经济体。

第二，适用情景。在面对市场失灵时，更多的选择庇古手段，而针对政府失灵时，则选择科斯手段。

第三，运行成本。在一般情况下，实施庇古手段需要更高的管理成本，较少的交易成本，而实施科斯手段，面临较多的交易成本，管理成本较少。如果以征税和补贴为主的庇古手段在实施过程中管理成本高于其所能获得的收益，则庇古手段失效；如果以自愿协调和排污交易为主的科斯手段在实施过程中交易成本高于其所获得收益，那么科斯手段失效。

第四，应用范围。无论是庇古手段还是科斯手段在理论上都可以达到经济与环境的帕累托最优，但是科斯手段更多地依赖于市场发育程度，而庇古手段则不需要考虑市场发育情况，可以广泛地应用于市场经济不够发达的发展中国家。

第五，产权界定。尽管科斯手段和庇古手段都要求明确的产权界定，但是相对而言，庇古手段对产权界定的明晰程度要低于科斯手段的要求。

第六，收益差异。使用庇古手段可以使得政府获得持续的收益，而使用科斯手段只能获得一笔排污权出售的收益。

第七，技术要求。庇古税标准的确定受到技术条件的限制，譬如，如何准确地测定污染物排放的类型、数量以及如何确定税率，都会大大地影响庇古手段的实施效果。科斯手段只需要根据市场的价格信号来进行调整就可以了，即使排污权交易的初始价格难以确定，但是通过在市场上的反复交易，可以体现其市场价格。

9.3 制约环境政策工具发挥作用的因素分析：以中国为例

面对严重的环境污染问题，如何充分发挥环境政策工具的作用已经成为新兴经济体关注的问题。但是由于新兴经济体市场机制和监管机制等不健全，制度设计和技术手段上也存在一些缺陷，使得环境政策工具难以发挥出真正的作用。这里以中国为例，讨论制约环境政策工具发挥作用的因素。

9.3.1 市场机制尚在发育成长之中

环境经济政策工具作用的发挥需要合适的制度环境，如果市场机制不成熟，产权模糊，价格信号被扭曲，无论是以税收和补贴为主的庇古手段，还是科斯手段，都难以发挥作用。在新中国成立后到改革开放之前，中国一直实行社会主义计划经济，市场经济几乎不存在，改革开放之后，中国开始推进社会主义市场经济建设。由于中国在从计划经济向市场经济转型的过程中，采取了渐近的手段，这种改革模式一方面避免了经济体制改革中的大起大落，使得整个社会经济可以实现平稳过渡，但是另外一方面也使得市场机制需要更多的时间和改革的智慧才能走向成熟。

（1）产权制度。我国作为社会主义国家，公有制是其基本特征，因此，我国的法律规定环境资源属于国家和集体所有，任何个人和组织对环境资源都不得拥有所有权。这一法律规定充分明确我国环境资源的产权，但与此同时，也体现了我国环境资源产权的"单一性"，直接导致了在实际的生产实践中，权、责、利难以明确。这种产权制度的"单一性"安排直接排斥了多元化主体的参与，而环境资源的市场化配置需要多元主体的参与，才能够形成环境资源合理的定价。我国当前的这种产权制度安排不仅制约着高度依赖市场机制的科斯手段的实施，而且也在一定程度上制约着庇古手段的实施，因为补贴手段需要确定补贴的数量，征税需要确定税率，在缺乏市场价格信号的情况下，确定的补贴数量和税率难以使得经济发展与生态优化之间达到帕累托最优。

（2）国有企业。我国的所有制结构是以"公有制为主体，多种所有制经济共同发展"，国有企业在我国不仅仅体现了公有制的主体地位，还是国家进行宏观调控的重要工具，因此，国有企业在很多时候承担了超越企业本身的责任，企业在具体的生产经营过程中不仅容易偏离企业对利润最大化目标的追求，也会放松对成本的约束。除此之外，在我国一些行业，国有企业还存在着一定的垄断地位。无论是庇古手段还是科斯手段的理论基础都假设企业是追求利润最大化的，且科斯手段还要求市场是完全竞争的，由此可见，当前存在的国有企业在一定程度上也影响着庇古手段和科斯手段在环境治理上的作用。

（3）行政干预。长期以来，我国一直实施着政府主导下的市场经济，政府对市场有着强大的影响力，在环境政策的实施过程中也难以摆脱行政干预的色彩。在对排污费的收取过程中，政府为了招商引资，实施所谓的"宁静日"，禁止环保部门对企业的排放进行监测。此外，我国很多地方都试图实现排污权交易，但是排污权交易的价格多由政府协调下制定，随意性较大，导致排污权交易这一工具很难预期效果。

9.3.2　环境政策工具的设计尚不完善

新兴经济体由于在环境政策工具设计上的经验缺乏，常常会导致环境政策工具的设计存在一些缺陷，正是这种缺陷使得环境政策工具的实施偏离预期。这里以中国排污收费制度来进行说明。中国普遍实现排污收费制度来遏制污染，对减少污染物排放起到了积极的作用，但是由于其设计上的不足，导致实施效果距离预期甚远。这些不足主要有：

（1）排污收费的范围比较窄。中国现在主要依据《水污染防治法》《海洋环境保护法》《大气污染防治法》《固体废物污染防治法》《噪声污染防治法》等法律、法规来收取排污费，但是这些法律法规规定的排污费收取范围主要是工业"三废",而对城市居民生活污水、城市生活垃圾等并没有纳入收费范围。

(2) 排污费收费标准低,按照国家发改委、环保总局等部委联合颁发的《排污费征收标准管理办法》所确定的排污费征收标准,譬如,二氧化硫排放量的收费标准为 0.63 元/千克,仅为脱硫平均成本的 1/10,必然会使得企业更愿意去缴纳排污费,而不是去治理。关于对排污者的处罚也相对宽松,当前的处罚是按照 2003 年颁布的《排污费征收使用管理条例》第二十一条、第二十二条、第二十一条规定:排污者未按照规定缴纳排污费的,由县级以上地方人民政府环境保护行政主管部门依据职权责令限期缴纳;逾期拒不缴纳的,处应缴纳排污费数额 1 倍以上 3 倍以下的罚款,并报经有批准权的人民政府批准,责令停产停业整顿。第二十二条规定:排污者以欺骗手段骗取批准减缴、免缴或者缓缴排污费的,由县级以上地方人民政府环境保护行政主管部门依据职权责令限期补缴应当缴纳的排污费,并处所骗取批准减缴、免缴或者缓缴排污费数额 1 倍以上 3 倍以下的罚款。由于排污费收取的标准低,即使 1 倍到 3 倍的罚款也显得过轻。

(3) 污染物的确定存在困难,按照 2016 年《排污费征收标准管理办法》,规定了第一类水污染物 10 种,第二类水污染物 51 种,废气 44 种,然而随着我国科技的进步和产业结构的变化,会出现一些《排污费征收管理办法》之外的污染物,对于这部分污染物则没有办法征收排污费。

(4) 排污费可以转嫁。排污费转嫁在当前主要通过两个途径,一个是按照中国《企业会计制度》,企业缴纳的排污费通常被核算在"管理费用"中,并最终作为成本参与到企业利润的税前减扣;二是企业将排污费转嫁给消费者或者下游企业,尤其一些重污染的排放大户,其产品弹性较小,可以将排污费通过产品涨价转嫁出去。排污费的转嫁在一定程度上偏离了"污染者付费"的制度设计。

(5) 排污费的计量方法容易低估排污费。当前排污费是以污染物浓度而非污染排放量为基础,企业可以通过稀释污染物来减少排污费。

9.3.3 技术因素与监管资源的制约

在执行环境政策工具时,需要二类技术因素的支持,第一类是对环境污染的监测，在对环境污染的监测中存在两个问题，一是需要监测的对象很多，中国目前环境的监测主要由环境监测大队来负责，而环境监测大队存在人员不足、技术手段滞后等问题；二是新的污染物质的不断出现，当前对污染物进行监测主要依照环保部制定的污染物名录进行，新的污染物往往难以及时的更新到污染物名录中，使得新的污染物被漏检。第二类是环境政策工具的设计，譬如在实现排污权交易的设计中，理论上需要明确区域环境最大承载容量，而在当前的测算技术下，区域环境最大承载容量是难以测度的。

9.4 发达国家环境保护基本经验

9.4.1 注重法律在环境保护中的作用

发达国家一般比较重视法律在社会治理方面的作用，在环境保护上，发达国家也非常重视立法工作，努力通过法律手段来使得环境保护政策得以顺利执行。整体来说，发达国家的环境保护立法具有三大特点：环境保护法律体系完善、法律内容非常详尽、具有很强的操作性。美国从20世纪60年代以来，陆续出台了《清洁空气法》《清洁水法》《濒危动物保护法》等一系列与环境保护相关的法律，基本上做到了凡是构成环境污染威胁的行为都纳入了法律。此外，美国的环境立法非常强调依数据立法，在每一项法律的背后都试图能够有足够的经验研究支持，使得环境保护法能够在污染控制与经济发展之间实现帕累托最优。法国对以往的环境法律法规总结的基础上，在2009年制定了《国家环境义务法》，该法涉及能源、住房与城市规划、交通、自然资源、垃圾处理、公众监督管理、税收等7个方面，共计257个具体条目，不仅设定了更高的环境保护目标，明确了分阶段达标计划，还规定了具体工作措施。德国政府一直以来非常重视法律在环境保护中的作用，从20世纪70年代就开始进行环境立法工作，陆续形成了一套较为完善的环境保护法系统，到了20世纪90年代，德国又将环境保护的内容纳入《基本法》，明确"国家应该本着对后代负责的精神保护自然的生存基础条件",将环境保护提高了国家战略高度,环境保护的要求也进一步扩大到生产生活的多个领域。全德国联邦和各州关于环境方面的法律、法规有 8000 多部,此外,德国还实施了欧盟制定的 400 多个涉及环境的法规。德国的环境保护法制定得非常详细和严谨,能够有效地同其他法律法规进行对接,尽可能地避免法律上的漏洞和执行上的随意性。日本是世界上最为重视环境保护的国家之一,早在 1967 年就制定并颁布了《公害对策基本法》,主要从污染控制的角度,明确国家和地方政府、企业和公共团体防治污染的职责、措施和基本对策,解决环境公害问题。随着经济社会的发展和对环境保护要求的提高,日本在 1993 年颁布了《环境基本法》,明确了环境保护的基本方针,并将污染控制、生态环境保护和自然资源保护统一纳入其中。2000 年又出台了《建立循环型社会基本法》,提出了建设环境负荷低和资源利用率高的循环型社会的构想。新加坡涉及环境保护的法律与条例达 49 部,主要包括:《环境公共卫生法》《环境污染控制法》《污水道和排水道法》《有害废物(进出口及转移控制)法》等。新加坡环境保护法强调完备与处罚的严格,譬如,《环境污染控制法》用多达八个条款规定了不同情形下对环保违法行为实施连续处罚,该法第 16 条规定,对于污水的违法排放,不仅要处以罚款和拘留,而且在违法持续期间处以 1000 新元/天以下的罚款,如果再次违法排放污水,处罚要给予加重,对于违法行为持续期间的罚款加倍。

9.4.2 建立完善的管理体制

发达国家为了加强对环境保护,非常重视管理体制的建设。美国在 1970 年成立了国家环境保护局,具体职责是根据国会颁布的环境法律制定和执行环境法规,从事或赞助环境研究及环保项目,加强环境教育以培养公众的环保意识和责任感。美国环境保护局分布在全美各地,包括华盛顿总局、10 个区域分局和 10 多所实验室,有近 2 万职员。由于环境保护与执法是涉及多个学科的专业性工作,美国环保局所有的职员都接受过高等教育和技术培训,半数以上是工程师、科学家和政策分析员,还有部分职员是律师和公共事务、财务、信息管理、计算机等方面的专家。法国的环境管理体系随着环境保护的要求变化而不断完善，1971年设立环境部，2002年改组为生态与可持续发展部，2007年又重组为环境、可持续发展与领土整治部，2008年更名为环境、能源、可持续发展与领土整治部，名字的变更反映了其职能范围的扩大，从之前仅仅涉及自然保护到延伸到资源、领土与居民、能源与气候、可持续发展、风险预防与交通等，几乎管理到整个与环境相关的领域。法国内政部专门设立了"打击环境违法行为中心局"，被称为"绿色警察"，由生物学家、医生、宪兵等较专业人员构成，主要负责调查因为设备质量、技术水平、工艺流程等出现问题而引发的环境污染等问题。德国在联邦政府、16个州和各个县政府都设有官方的环保机构，另外还有很多跨地区的环保研究机构。为了加强环保执法，德国设立了环保警察，除通常的警察职能外，环保警察有对所有污染环境、破坏生态的行为和事件进行现场执法的职责，具有相当大的权力。例如在莱茵河水域行驶的船只，如发现有油污污染情况，环保警察可以对船只直接进行扣留、罚款等处罚措施。日本于1971年成立了由总理大臣直接领导的环境厅，主要负责环境政策及计划的制定，统一监督管理全国的环保工作。2001年，为加强防止气候变化等国际环境问题的管理，便于开展综合性环保工作，环境厅升格为环境省，并在2005年设立了派驻地方的环境事务所。新加坡于1972年成立了环境发展部，后改为环境及水资源部，是政府负责环境基础建设和环境保护的最高行政机构，下设国家环境局和公用事业局两个法定机构，分别负责环境保护和环境基础设施建设。

9.4.3 大力发展循环经济

环境保护的目的是为了实现经济的可持续发展，通过发展循环经济，不仅可以较少污染排放，而且可以提高资源的利用效率。在循环经济的操作过程中，一般遵循减量化（Reduce）原则、再利用（Reuse）原则和再循环（Recycle）原则，俗称"3R"原则。发达国家在长期的实践中，经过多年的技术与管理经验的积累，形成了循环经济的四种模式：一是杜邦模式，也成为企业内循环经济发展模式，通过组织厂内各工艺之间的物料循环，延长生产链条，减少生产过程中物料和能源的使用量，尽量减少废弃物和有毒物质的排放，最大限度地利用可再生资源，提高产品的耐用性等。杜邦公司创造性地把循环经济三原则发展成为与化学工业相结合的"3R制造法"，通过放弃使用某些环境有害型的化学物质、减少一些化学物质的使用量以及发明回收本公司产品的新工艺。二是卡伦堡模式，按照工业生态学的原理，通过企业间的物质集成、能量集成和信息集成，形成产业间的代谢和共生耦合关系，使一家工厂的废气、废水、废渣、废热或副产品成为另一家工厂的原料和能源，建立工业生态园区，丹麦卡伦堡工业园区便是其中的典型代表。卡伦堡工业园区的主体企业是电厂、炼油厂、制药厂和石膏板生产厂，以这4个企业为核心，通过贸易方式利用对方生产过程中产生的废弃物或副产品，作为自己生产中的原料，不仅减少了废物产生量和处理的费用，还产生了很好的经济效益，形成经济发展和环境保护的良性循环。三是德国的回收再利用体系（DSD），德国的包装物双元回收体系（DSD）是专门组织回收处理包装废弃物的非营利社会中介组织，1995年由95家产品生产厂家、包装物生产厂家、商业企业以及垃圾回收部门联合组成，现在参与的企业已经达到数万家。DSD将这些企业组织成为网络，在需要回收的包装物上打上绿点标记，然后由DSD委托回收企业进行处理。任何商品的包装，只要印有它，就表明其生产企业参与了"商品包装再循环计划"，并为处理自己产品的废弃包装交了费。"绿点"计划的基本原则是：谁生产垃圾谁就要为此付出代价。企业交纳的"绿点"费，由DSD用来收集包装垃圾，然后进行清理、分拣和循环再生利用。四是日本的循环型社会模式，日本在循环型社会建设方面主要体现三个层次上。第一，政府推动构筑多层次法律体系。2000年6月，日本政府公布了《循环型社会形成促进基本法》，随后又出台了《固体废弃物管理和公共清洁法》《促进资源有效利用法》等第二层次的综合法。在具体行业和产品第三层次立法方面，2001年4月日本实行《家电循环法》，规定废弃空调、冰箱、洗衣机和电视机由厂家负责回收；2002年4月，日本政府又提出了《汽车循环法案》，规定汽车厂商有义务回收废旧汽车，进行资源再利用；5月底，日本又实施了《建设循环法》，到2005年，建设工地的废弃水泥、沥青、污泥、木材的再利用率要达到100%。第三层次立法还包括《促进容器与包装分类回收法》《食品回收法》《绿色采购法》等。第二，要求企业开发高新技术，首先在设计产品的时候就要考虑资源再利用问题，如家电、汽车和大楼在拆毁时各部分怎样直接变为再生资源等。第三，要求国民从根本上改变观念，不要鄙视垃圾，要把它视为有用资源，要让国民牢固树立"堆在一起是垃圾，分类存放就是资源"的理念。

9.4.4 对节能环保给予政策支持

为了鼓励企业和居民注重节能环保，美国综合运用税收、付费和奖励等多种政策。一是税收政策。包括征收新材料税、生态税、填埋和焚烧税等，促使少用原生材料，少用汽油、电能，多进行再循环，多用太阳能等可再生能源，并采取税收优惠政策，为可再生能源的有关项目提供抵税优惠、提高抵税优惠额度、扩大受惠的可再生能源范围。二是收费政策。美国200多个城市实行倾倒垃圾收费政策。实施这一政策可以使每个城市垃圾数量可减少18%；瓶罐收费可使废弃物重量减少10%~20%，体积减小4%~8%；全国居民水费中含污水治理费；市镇政府必须向州政府交纳污水治理费，对未按时交纳的处以罚款。三是奖励政策。美国于1995年设立了"总统绿色化学挑战奖"，旨在重视和支持那些具有基础性和创新性、并对工业界有实用价值的化学工艺新方法，以通过减少资源消耗来实现对污染的防治。同时美国几乎所有的州均有对使用再生材料的产品实行政府采购政策，联邦审计人员有权对各联邦代理机构未按规定购买的行为处以罚金。法国采取多种形式财政政策对企业的节能环保政策给予支持和鼓励。一是政府补贴，主要分为贴息补贴和直接补贴。贴息补贴是政府支付给企业因为节能投资或者节能研究与开发而发生的银行贷款全部或部分利息；直接补贴是政府直接对企业的节能相互提供财政援助，譬如节能环保的研发项目、示范项目等等。二是税收优惠，主要是对企业节能投资进行税收减免，如果企业购买了政府制定的节能型技术或者设备，企业则可以获得政府给予的税收优惠。三是贷款优惠或对贷款提供担保。即对节能设备投资和技术开发项目贴息贷款，或免（低）息贷款以及为贷款提供担保。日本也非常重视对企业节能环保的支持，早在20世纪60年代，就先后通过发展银行、小商业财金公司、人民财金公司给企业的节能环保项目提供贷款，随着企业对节能环保投资需求的日益增加，政府又设立了污染控制服务公司，后改名为环境事业团，其使命是对私营企业和地方政府提供解决环境问题的技术和财政上的支持。此外，日本政府还对企业投资节能减排实施税收减免。

9.4.5 始终坚持严格执法

发达国家对于违反环境保护法的行为进行严格的执法，处罚力度很大。美国在环境执法的过程中，为了保障执法的权威性，防止被执法对象的欺骗、糊弄，维护环境保护法的权威，执法官员、律师与工程师必须同时出动进行执法。2007年10月，由于生产过程中大量排放二氧化硫而导致了酸雨污染，美国环境保护署、8个州政府和10余家环保组织对美国电力集团提起诉讼，美国电力集团最终被迫与司法部门达成和解协议，同意接受46亿美元的巨额罚金。2008年1月，法国石油工业巨头道达尔集团被法院宣判要对1999年"埃里卡"号油轮断裂沉没造成的严重污染负责任，罚款37.5万欧元。道达尔和其他三名被告还须向大约100名原告支付1.92亿欧元赔偿金。获赔原告主要包括环境保护团体、受污染地区渔民、旅店经营者和地方协会等。德国对于环保问题的处罚措施有多种：整改、罚款、逮捕直到关闭企业，在严厉的环保法规面前，几乎每年会有人被逮捕。日本对非法抛弃废弃物采取罚款、征税等惩戒措施，严重者将受到5年以下的徒刑或1000万日元以下的罚款，法人为1亿日元。新加坡很注重规划，一旦确定了规划，就必须严格执行，严格按环境功能分区和环保法律、法规审批，任何人也没有特权，政府不会因为引进某些大企业而降低环保标准和要求。新加坡法制严厉，对于信手涂鸦、破坏环境者，其法律甚至规定了严酷的鞭刑，对于一些破坏环境与公共卫生者，收取高额罚金。

9.4.6 各种民间环保组织带动民众参与环保

在发达国家，民间环保组织已经成为环境保护的一股重要力量。美国各类环境保护组织有一万多个，其中影响力最大的是美国环保协会，该协会建立于 1967 年，会员达到 40 多万人，其中包括了众多的专业人员，涉足水、大气、海洋、人体健康、食品安全、法律等多个学科，甚至可以左右美国的环保政策的制定、环境问题的解决。美国环保协会运营所需的经费都是来自民间的自愿捐赠，而不是来自联邦政府的拨款。法国设计了一套完善的公众参与环保的制度，公众参与环境保护的主体主要有环境保护协会、专家机构、专业性办公室（局）等，主要程序有公众调查，公众辩论，地方公众投票，主要形式有知情、咨询、商讨，最后形成共同决策。譬如，法国政府在制定《国家环境义务法》的过程中，在 2007 年 7 月成立了由各级政府部门、企业、非政府组织、专家以及民众多方参与的环境政策工作组，广泛征求意见，确保立法的科学性。德国民间自发成立了很多环保志愿者协会，致力于多个环保领域的活动，此外，德国还实施环保自愿协议，一些产业和私人公司也参与到环保自愿协议，纷纷注重节能环保，并提高了企业的投入与产出效应。

9.4.7 注重全民的环境宣传教育

通过强化对国民的环保教育，不仅可以提高国民自身的环保意识，而且有助于各项环保政策的落实。美国环保教育已经被纳入教育的内容中，主要包括课堂教育、野外教育和社区教育三种。美国各学校都设立课堂教育，针对不同年级的学生编写不同的教材，让环境教育成为学校日常教育的内容；野外教育主要通过举办青少年环保夏令营、青少年环保兴趣小组活动等，引导学生学习环保知识，意识到环保的重要性；社区教育主要社区公园、教堂等场所开展环保宣传，并利用大众传媒对公众进行多种形式的环境教育。在德国和法国，人民充分认识到人与自然的和谐相处的重要性，努力维持青山绿水，减少一次性生活物品的使用，低碳出行，做好垃圾分类。学校开设专门的环保课程，环保团体定期进行环保宣传。

日本不仅将环境教育纳入学校的课程中，而且还通过设立环境教育馆、环保俱乐部、成立环保民间组织等来加强公民的环境意识。新加坡同样也将环境教育作为学校课程的一部分，并将环保教育纳入国民终生教育体系，鼓励每所学校至少成立一个环保俱乐部，设法在学校培养环保大使。自

1990年以来,每年都开展"清洁绿化周",推动环保团体、学校与公司参与环境保护,鼓励每个人对环境负责。

9.5 发达国家环境保护政策对新兴经济体的启示

新兴经济体处于快速工业化的阶段。一方面,由于经济持续增长与经济规模的不断扩大、居民消费增加以及消费方式变化等各种因素对资源消耗和污染排放的增加,使得污染排放不断增加;另一方面,面对越来越严重的环境污染问题,新兴经济体普遍存在环境治理理念薄弱,法律制度不健全与执行困难,治理模式与治理手段单一落后,民间环保组织缺失等问题。从发达国家的治理经验来看,新兴经济体可以获得如下几个方面的启示。

第一,从认识上强化人与自然和谐共处的理念。新兴经济体一般都经历过殖民地或者半殖民地的历史,民族独立后经济比较薄弱,为了摆脱经济落后的状态,这些国家面临的首要任务就是发展经济,推进工业化,普遍重视经济增长与物质财富的进步,过度地向自然索取。再加上国民普遍文化水平不高,国民教育制度不完善,导致国民对人与自然的关系认识不足。因此,随着新兴经济体经济的发展和环境污染问题的日益突出,人们的环保意识逐步被唤醒,国家要积极加以引导,将环保教育纳入国民教育体系中,培育人们热爱自然、尊重自然的意识,认识到可持续发展的重要性,才能够真正认识和处理人与自然的关系。只有意识到人与自然和谐共处的重要性,才会改变高能耗、高污染、高排放的生产模式和不科学、浪费严重的生活方式,实现绿色生产和低碳生活。

第二,大力转变经济增长方式,推广循环经济发展模式。无论是从发达国家的工业化道路还是新兴经济体的工业化道路来看,工业化都会带来环境的巨大污染。对于新兴经济体来说,一方面由于经济起步阶段缺乏资金与技术,不得不依赖发达国家的投资,这就形成了所谓的"污染天堂假说"与"向底线赛跑",前者是说发达国家倾向于向发展中国家转移污染产业,后者是说发展中国家为了获得发达国家的投资而不断的降低环境保护门槛，另一方面新兴经济体在发展的过程中也意识到环境污染的危害，但是又担心控制环境污染会遏制经济增长，即如何实现经济的可持续发展始终困扰着新兴经济体。从发达国家走过的路来看，唯有努力转变经济增长方式，实施循环经济发展模式才能够实现经济的可持续发展。因此，新兴经济体一方面要通过促进技术进步、产业结构升级等方式实现经济增长方式的转变，另一方面需要探索从企业、社区到区域的三个层面的循环经济发展模式，提高资源的集约利用水平。

第三，利用系统思维推进环境公共治理。环境问题涉及经济、社会、文化、教育等多个层面，也涉及个人、企业、政府等不同的市场活动主体，可以被认为是一个复杂的系统性问题，因此，在环境公共治理中要使用系统的思维。英国运用系统科学的方法，研究资源与环境系统的运动规律，通过计划、组织、领导和控制等手段，对组织所拥有的人、财、物、信息等资源进行合理配置和协调。新兴经济体环境保护机制不合理，在很大程度上是因为缺乏资源与环境的系统管理体系，使得决策者、监督者、执行者三者之间没有建立起良性互动机制。因此，要提高新兴经济体环境公共治理绩效，必须从系统的思维出发，充分研究与评估影响环境的多个因素，厘清这些影响因素之间的相互关系，从而制定系统科学的环境公共政策以及其他相关辅助政策。通过建立系统的环境监管法律法规、合理划分环境监管职责权限、整合环境公共治理中的各种要素等，可以提高环境公共治理效率，减少环境治理风险。

第四，推进环境科学理论发展。环境科学作为一个多学科的综合性研究领域，不仅涉及诸如物理、化学、生物等自然科学和自动化等工程领域，还涉及诸如经济学、社会学、法律、伦理学等人文社会科学。欧美发达国家在工业化过程中遇到了大量的环境问题，极大地促进了他们在解决环境问题的多学科融合与发展。然而，新兴经济体在环境科学理论的发展面临两个方面的难题：一是新兴经济体在自然科学、工程和人文社科领域的研究长期滞后，基本上处于引进、学习和吸收阶段；二是如何实现多学科多领域在环境问题研究上的融合是新兴经济体面临的一个重大挑战。在新兴经济体具体的环境治理中，更多的重视技术和工程在具体的污染项目的使用，与环境相关的人文社会科学由于见效慢而被忽略。因此，新兴经济体不仅需要对与环境相关的自然科学与人文社会科学并重发展，还需要强化对环境问题的多学科合作研究。将环境理论与技术研究与政府公共决策和公民环境行动相结合，更加有效地进行环境治理。

第五，完善环境法律制度。从发达国家环境污染治理的经验来看，普遍比较重视环保法律的立法与执行。新兴市场国际普遍都有环境保护法，但是存在着三个问题：一是环境保护法律缺失，即对某些特定的需要保护的对象没有法律规定；二是环境保护法律条款的缺失或者规定不够明确，导致对一些环境污染问题缺乏执法依据，或者无法给予合理的处罚或奖励；三是环境保护法中部分条款不符合实际，一些新兴经济体在环境保护立法的过程中存在照抄照搬发达国家的环境保护法，使得环境保护法的一些条款很难兼顾经济发展与环境保护。因此，新兴经济体要对本国的环境保护法律进行重新的梳理，根据本国的实际情况，组织多个学科领域的专家参加环境保护立法，完善环境保护体系，优化环境保护条款，建立一套适合新兴经济体的环境保护法律体系。

第六，科学合理的设置环境公共治理职能，建立高效的环境监管机制。环境公共治理的职能分为三个层面：一是中央政府与地方政府的职能划分，新兴经济体中存在不同的政体，即有中央集权制，也有联邦制、邦联制和共和制，在每种政体中都存在着中央与地方不同权力划分，那么在环境治理上中央和地方也面临着不同的职能划分，在中央集权中，要考虑到不同地区的发展水平，在环境治理上要倾向于向地方放权，而在联邦制或者邦联制以及共和制中，中央在重大环境治理决策上要增强权力；二是部门之间的职权划分，由于环境保护涉及多个部门，发达国家设置"环保警察"，在一定程度上就是将环境监管与警察执法结合在一起，可以避免由于部门沟通而存在时间滞后的问题，新兴经济体要针对国内部门职能设置的具体情况和环境保护的实际需要，进行部门职能的整合；三是参与环境保护的各类主体的职能划分，譬如，教育部门要负责关于环保的校园教育和成人的终身教育，民间环保组织要参与环保监督和环保知识普及。新兴经济体要综合考虑自己的政体、国内部门间的职权划分与参与环境保护各类主体的行为，根据环境保护的具体需要，对环境公共治理职能进行重构。

第七，充分利用市场机制在环境保护中的作用。与发达国家相比，新兴经济体的市场机制普遍发育不成熟，因此，在进行环境保护的管理中，更加倾向于选择政府干预型环境政策，甚至将政府干预型环境政策进行简单化使用，直接对污染企业实行关停、处罚等。实践证明，仅靠政府干预型环境政策难以达到可持续的环境保护目标。相反，新兴经济体通过一些经济激励型手段则取得了良好的效果。因此，在新兴经济体中，一方面需要对市场进行培育，不断地提高市场化水平，才能使得经济激励型手段发挥出预期的水平；另一方面要尽量控制政府直接干预型政策，避免形成使用政府直接干预型政策的习惯，从而使得经济激励型政策难以施展。

第八，实施环境信息公开，鼓励公众参与。从国外的情况看，鼓励公民参与和民间环保组织的发展，建立环境信息公开制度，对提高环境公共治理绩效至关重要。其基本内容包括：推进环境信息公开化，保障公众环境知情权和监督权；促进环境决策民主化，为公众参与制定明晰的程序，特别是在影响环境的重大项目决策中的程序与权利；逐步扩大环境诉讼的主体范围，将公众日趋增长的环境权益要求纳入规范有序的管理之中等等。就环境信息公开而言，应该建立和完善环保政务公开制度，地区水质、饮用水质量、食品检测公布制度，企业环保行为评估公示制度，重点污染源企业主要污染物自行监测信息向社会公开等，以便于公众知情、监督。公众参与是受到世界各国公认的重要而有效的环境管理机制，已成为西方国家环境公共治理中的重要力量。与发达国家相比，新兴经济体公众参与度还比较低，对公共政策的影响力微弱。同时，新兴经济体由于公共治理能力比较薄弱，环保信息难以及时公开，社会公众也缺乏相应的渠道参与到环境问题的解决过程中，所以容易形成误解和恐慌。因此，新兴经济体要加强环保信息披露制度建设，畅通公众参与环境问题的渠道。

第十章

全球气候谈判的立场、困境与展望

10.1 气候谈判的历程及主要协定

近几十年来，全球气候存在着变暖的趋势，全球变暖将会给人类的生产生活带来极大的危害，甚至会影响到世界的和平发展。为了应对全球气候问题，联合国在1988年成立了气候变化专门委员会（IPCC），该委员会的研究认为人类活动排放的 CO_2、CH_4、NO_x 等温室气体，是全球气候变暖的主要原因。要解决全球变暖这一世界性问题，需要世界各国的参与。为此，在联合国的推动下进行了多次全球气候问题谈判，产生多个具有积极意义的气候变化框架公约。

10.1.1 1992年的《联合国气候变化框架公约》

为了促使各国共同应对气候变暖，在1990年IPCC发布了第一次气候变化评估报告后不久，1990年12月21日，第45届联合国大会通过第212号决议，决定设立气候变化框架公约政府间谈判委员会。这个委员会成立后共举行了6次谈判，1992年5月9日在纽约通过了《联合国气候变化框架公约》（简称《公约》），同年6月在巴西里约热内卢召开的首届联合国环境与发展大会上，提交参会各国签署。1994年3月21日《公约》正式生效。

《公约》的主要目标是控制大气温室气体浓度升高,防止由此导致的对自然和人类生态系统带来的不利影响。《公约》还根据大气中温室气体浓度升高主要是发达国家早先排放的结果这一事实,明确规定了发达国家和发展中国家之间负有"共同但有区别的责任",即各缔约方都有义务采取行动应对气候变暖,但发达国家对此负有历史和现实责任,应承担更多义务;而发展中国家首要任务是发展经济、消除贫困。

10.1.2 1997年的《京都议定书》

《公约》虽确定了控制温室气体排放的目标,但没有确定发达国家温室气体量化减排指标。为确保《公约》得到有效实施,1995年在德国柏林召开的《公约》第1次缔约方大会通过了"柏林授权",决定通过谈判制定一项议定书,主要是确定发达国家2000年后的减排义务和时间表。经过多次谈判,1997年底在日本京都通过了《京都议定书》,首次为39个发达国家规定了一期(2008~2012年)减排目标,即在他们1990年排放量的基础上平均减少5.2%。同时,为了促使发达国家完成减排目标,还允许发达国家借助三种灵活机制来降低减排成本。此后,各方围绕如何执行《京都议定书》,又展开了一系列谈判,在2001年通过了执行《京都议定书》的一揽子协议,即《马拉喀什协定》。2005年2月16日《京都议定书》(以下简称"议定书")正式生效。但美国等极少数发达国家以种种理由拒签议定书。

10.1.3 2005年启动了议定书二期谈判

由于议定书只规定了发达国家在2008~2012年期间的减排任务,2012年后如何减排则需要继续谈判。在发展中国家推动下,2005年底在加拿大蒙特利尔召开的《公约》第11次缔约方大会暨议定书生效后的第1次缔约方会议上,正式启动了2012年后的议定书二期减排谈判,主要是确定2012年后发达国家减排指标和时间表,并建立了议定书二期谈判工作组。但欧洲发达国家以美国、中国等主要排放大国未加入议定书减排为由,对议定书二期减排谈判态度消极，此后的议定书二期减排谈判一直进展缓慢。

10.1.4 2007年确立了"巴厘路线图"谈判

在发展中国家与发达国家就议定书二期减排谈判积极展开的同时，发达国家则积极推动发展中国家参与2012年后的减排。经过艰难谈判，2007年底在印度尼西亚巴厘岛召开的《公约》第13次缔约方大会上通过了"巴厘路线图"，各方同意所有发达国家（包括美国）和所有发展中国家应当根据《公约》的规定，共同开展长期合作，应对气候变化，重点就减缓、适应、资金、技术转让等主要方面进行谈判，在2009年底达成一揽子协议，并就此建立了公约长期合作行动谈判工作组。自此，气候谈判进入了议定书二期减排谈判和公约长期合作行动谈判并行的"双轨制"阶段。

10.1.5 2009年的《哥本哈根协议》

2008~2009年间，各方在议定书二期减排谈判工作组和公约长期合作行动谈判工作组下，按照"双轨制"的谈判方式进行了多次艰难谈判，但进展缓慢。到2009年底，当100多个国家首脑史无前例地聚集到丹麦哥本哈根参加《公约》第15次缔约方大会，期待着签署一揽子协议时，终因各方在谁先减排、怎么减、减多少、如何提供资金、转让技术等问题上分歧太大，各方没能就议定书二期减排和"巴厘路线图"中的主要方面达成一揽子协议，只产生了一个没有被缔约方大会通过的《哥本哈根协议》。该协议虽然没有被缔约方大会通过、也不具有法律效力，但却对2010年后的气候谈判进程产生了重要影响，主要体现在发达国家借此加快了此前由议定书二期减排谈判和公约长期合作行动谈判并行的"双轨制"模式合并为一，即"并轨"的步伐。哥本哈根气候大会虽以失败告终，但各方仍同意2010年继续就议定书二期和巴厘路线图涉及的要素进行谈判。

10.1.6 2010年的《坎昆协议》

《哥本哈根协议》虽然没有被缔约方大会通过，但欧美等发达国家在

2010年谈判中，则借此公开提出对发展中国家重新分类，重新解释"共同但有区别责任"原则，目的是加快推进议定书二期减排谈判和公约长期合作行动谈判的"并轨"，但遭到发展中国家强烈反对。经过多次谈判，在2010年底墨西哥坎昆召开的气候公约第16次缔约方大会上，在玻利维亚强烈反对下，缔约方大会最终强行通过了《坎昆协议》。《坎昆协议》汇集了进入"双轨制"谈判以来的主要共识，总体上还是维护了议定书二期减排谈判和公约长期合作行动谈判并行的"双轨制"谈判方式，增强国际社会对联合国多边谈判机制的信心，同意2011年就议定书二期和巴厘路线图所涉要素中未达成共识的部分继续谈判，但《坎昆协议》针对议定书二期减排谈判和公约长期合作行动谈判所做决定的内容明显不平衡。发展中国家推进议定书二期减排谈判的难度明显加大，发达国家推进"并轨"的步伐明显加快。

10.1.7 2011年的《德班协议》

2011年11月28日，来自世界约200个国家和机构的代表在南非德班举行了气候大会，会后形成了《德班协议》。在《德班协议》中确立了京都议定书第二承诺期（2013～2020），创建了绿色基金，达成了热带雨林保护和清洁技术转让的协定，建立德班加强行动平台，并计划将于2012年启动一项旨在将所有国家纳入一个全新的、具有法律意义的减排框架协议谈判。会议未就新框架的减排目标，以及法律约束力的具体形式达成共识，其结果与巴厘岛路线图没有本质区别。

在德班会议上，主要参与国之间在谈判中出现了明显的分歧。由于中国与美国没有受《京都议定书》约束，俄罗斯、日本、加拿大不支持第二承诺期。欧盟要求德班大会接受其提出的路线图，要求到2015年，把主要排放大国都包括进去，具有法律约束力的减排协议。中国愿意在2020年以后讨论包括中国在内的、具有法律约束力的减排协议，但是要求发达国家首先减排，完成已经确定的目标。美国认为必须把所有主要排放国家纳入统一的、同等强度的减排协议中来，否则美国不会参加任何单方面的减排协议。

10.1.8 2015年的《巴黎协议》

《巴黎协定》是 2015 年 12 月在巴黎气候大会上通过、2016 年 4 月在纽约签署的气候变化协定，该协定主要为 2020 年后全球应对气候变化行动作出了安排，是继《京都议定书》之后第二份具有法律约束力的气候协议，被认为是迄今为止最复杂、最敏感也是最全面的气候谈判结果。《巴黎协定》共 29 条，当中包括目标、减缓、适应、损失损害、资金、技术、能力建设、透明度、全球盘点等内容。

从环境保护与治理上来看，《巴黎协定》的最大贡献在于明确了全球共同追求的"硬指标"。协定指出，各方将加强对气候变化威胁的全球应对，把全球平均气温较工业化前水平升高控制在 2 摄氏度之内，并为把升温控制在 1.5 摄氏度之内努力。只有全球尽快实现温室气体排放达到峰值，21 世纪下半叶实现温室气体净零排放，才能降低气候变化给地球带来的生态风险以及给人类带来的生存危机。

从人类发展的角度看，《巴黎协定》将世界所有国家都纳入了呵护地球生态，确保人类发展的命运共同体当中。协定涉及的各项内容摈弃了"零和博弈"的狭隘思维，体现出与会各方多一点共享、多一点担当，实现互惠共赢的强烈愿望。《巴黎协定》在联合国气候变化框架下，在《京都议定书》、"巴厘路线图"等一系列成果基础上，按照共同但有区别的责任原则、公平原则和各自能力原则，进一步加强联合国气候变化框架公约的全面、有效和持续实施。

从经济视角审视，《巴黎协定》同样具有实际意义：首先，推动各方以"自主贡献"的方式参与全球应对气候变化行动，积极向绿色可持续的增长方式转型，避免过去几十年严重依赖石化产品的增长模式继续对自然生态系统构成威胁；其次，促进发达国家继续带头减排并加强对发展中国家提供财力支持，在技术周期的不同阶段强化技术发展和技术转让的合作行为，帮助后者减缓和适应气候变化；再次，通过市场和非市场双重手段，进行国际间合作，通过适宜的减缓、顺应、融资、技术转让和能力建设等方式，推动所有缔约方共同履行减排贡献。此外，根据《巴黎协定》的内在逻辑，在资本市场上，全球投资偏好未来将进一步向绿色能源、低碳经济、环境治理等领域倾斜。

《巴黎协定》是继 1992 年《联合国气候变化框架公约》、1997 年《京都议定书》之后，人类历史上应对气候变化的第三个里程碑式的国际法律文本，充分体现了公平性、长期性和可行性，形成 2020 年后的全球气候治理格局。

第一，公平性。《巴黎协定》获得了所有缔约方的一致认可，充分体现了联合国框架下各方的诉求，是一个非常平衡的协定。协议体现共同但有区别的责任原则，同时根据各自的国情和能力自主行动，采取非侵入、非对抗模式的平价机制，是一份让所有缔约国达成共识且都能参与的协议，有助于国际间（双边、多边机制）的合作和全球应对气候变化意识的培养。

欧美等发达国家继续率先减排并开展绝对量化减排，为发展中国家提供资金支持；中印等发展中国家应该根据自身情况提高减排目标，逐步实现绝对减排或者限排目标；最不发达国家和小岛屿发展中国家可编制和通报反映它们特殊情况的关于温室气体排放发展的战略、计划和行动。

第二，长期性。《巴黎协定》制定了"只进不退"的棘齿锁定（Rachet）机制。各国提出的行动目标建立在不断进步的基础上，建立从 2023 年开始每 5 年对各国行动的效果进行定期评估的约束机制。

《巴黎协定》将在 2018 年建立一个对话机制（the Facilitative Dialogue），盘点减排进展与长期目标的差距。

第三，可行性。《巴黎协定》协定要求建立针对国家自定贡献（INDC）机制、资金机制、可持续性机制（市场机制）等的完整、透明的运作和公开透明机制以促进其执行。所有国家（包括欧美、中印）都将遵循"衡量、报告和核实"的同一体系，但会根据发展中国家的能力灵活调整。

10.2　气候谈判参与国的各自立场

10.2.1　伞形集团

伞形集团是指除了欧盟以外的其他发达国家，主要包括美国、加拿大、澳大利亚、日本等，这些国家集团表现出对本国历史排放责任的否认和对发展中国家减排的施压，伞形集团中主要国家气候谈判立场变化如下所述。

10.2.1.1 美国

在伞形国家中，美国是领头羊，在全球气候变化中起着关键性的作用，甚至决定着全球气候谈判能否成功。表 10-1 列出了美国气候谈判的立场变化。

表 10-1　　　　　　　　美国参与气候谈判的立场变化

问题	时间	内容	美国总统
对本国减排态度	1992 年	签订《联合国气候变化框架公约》	克林顿
	1996 年 7 月	美国副国务卿表示如果其他国家赞同，美国也支持达成一项具有法律约束力的温室气体排放协议	克林顿
	1997 年 12 月	在 2008~2012 年间将 6 中温室气体排放量减少到 1990 年的水平	克林顿
	2001 年	退出《京都议定书》	小布什
	2007 年	在八国峰会上，承认气候变化问题的严重性，并表示美国应该采取行动，但仍坚持不应设定具体减排比例	小布什
	2007 年 12 月	反对关于强制性的减排方案	小布什
	2009 年 1 月	承诺到 2020 年将美国温室气体排放量减少到 1990 年的水平，到 2050 年在此基础上再减少 80%	奥巴马
	2013 年 6 月	发布《总统气候行动计划》，重申美国到 2020 年温室气体排放比 2005 年减少 17% 的承诺	奥巴马
	2014 年 11 月	《中美气候变化联合声明》，奥巴马总统承诺美国愿意在 2025 年之前将温室气体排放量在 2005 年基础上减少 26%~28%	奥巴马
	2015 年 3 月	美国提交 INDC 计划，承诺 2025 年将实现 2005 年水平上减少 26%~28% 的温室气体排放	奥巴马
	2015 年 9 月	发表《中美元首气候变化联合声明》，表示将积极推动 2020 年后行动目标	奥巴马
	2017 年 3 月	特朗普签署名为"促进能源独立和经济增长"的行政命令，撤销奥巴马政府为抑制气候变化而发布的一系列法案	特朗普
	2017 年 6 月	宣布退出《巴黎协定》	特朗普
对发展中国家减排的要求	1997 年 12 月	所有国家必须承担减排义务	克林顿
	1998 年	集中精力促使主要的发展中国家有意义地参与，这是将《京都议定书》送参议院批准必须跨越的一道门槛	克林顿
	2009 年 12 月	公开坚持中国承诺的碳减排目标必须受到国际监督	奥巴马
	2010 年	要求中国和印度等新兴经济体做出减排承诺的立场不会改变	奥巴马

续表

问题	时间	内容	美国总统
对外援助	2007年12月	同意对发展中国家在清洁技术上提供更多资金	小布什
	2011年	认为发达国家与发展中国家要共同投资、政府与私人资本共同投资,甚至私人资本为主,作为绿色气候基金的长期资金来源	奥巴马
	2012年	要求发展中国家和私人资本进入绿色气候基金	奥巴马
	2015年9月	在有意义的减缓行动和具备实施透明度的背景下,发达国家承诺到2020年每年联合动员1000亿美元的目标,用以满足发展中国家的需要	奥巴马

克林顿政府在气候变化议题上采取了积极主动的政策,努力促使美国在国际上应对气候变化威胁所作出共同努力中发挥领导作用。在1993年10月公布了的《气候变化行动方案》中,克林顿政府承认,人类活动导致了大气中温室气体浓度增加,从而导致了海平面上升、沿海地区被淹没、生态体系遭到不可避免的损坏,以及农业生产的不稳定等严重后果。因此,美国采取了一系列应对气候变化的措施,但是成果非常有限。克林顿政府这一态度基本没有落实到对外关系上,尽管克林顿政府签署了《京都议定书》,但是并没有采取行动降低排放,也没有将《京都议定书》递交给参议院讨论表决。

小布什政府在应对气候变化问题方面经历了从漠视到做出一定调整的过程。在其第一届任期中,基本上是采取自由放任的气候政策,小布什在上任初期就宣布美国将不批准《京都议定书》。小布什不落实《京都议定书》的原因主要有四点:一是落实《京都议定书》规定的条款会导致失业、通货膨胀等经济问题;二是气候变化在多大程度上是由人类活动造成的,答案并不明确,同时也缺乏在商业上消除与储藏二氧化碳可行的技术;三是认为中、印等温室气体排放大国也必须受到约束;四是反对采取强制性限排措施来减少温室气体排放,主张采取自愿性的限排措施。在小布什的第二期任期内,由于国际和国内要求重视气候变化的强烈呼吁,小布什承认人类温室气体排放量的增加正在导致全球变暖,并认为全球气候变化对国家安全构成了严重挑战,通过技术进步可以解决这一问题,美国到2025年前将停止温室气体排放量的增长,但是这只是小布什停留在对气候变化严重性的认识上,他没有采取具体的实质性减排措施。

奥巴马一改小布什在气候问题上的态度，他认为气候变化及美国对石油的依赖将继续削弱美国经济、威胁美国国家安全，为此奥巴马政府树立了振兴经济、保证安全与应对气候变化彼此补充、相互促进而不彼此排斥、相互削弱的理念，并以此指导具体政策的制定。奥巴马政府主张以市场机制为基础的"总量管制与排放交易"来减少温室气体排放。奥巴马在其任期内已经签署了两份关于限制温室气体排放的备忘录，一份是指示交通部要求汽车制造商在2011年以后所产汽车确定更高的油效标准，另外一份是指示环保署重新考虑加州关于制定高于联邦标准并在汽车排放温室气体方面设定更为严格限制的申请。另外，奥巴马政府确立了构建绿色经济、研发新能源的行动方针，探索新的经济增长模式，实现美国经济复苏。然而，在对外关系上，奥巴马政府并没有实质性的改变。在哥本哈根气候谈判中，美国仍然不愿意承诺减排目标，反对《京都议定书》式的条约，反对强加的国际法定义务，坚持认为中国、印度、南非和巴西等发展中国家必须承诺放缓温室气体排放量的增长速度。

特朗普政府上台后，其对外政策的核心变成了"美国优先"，推行"精致的利己主义"。反映到特朗普政府的具体行为上就是退出《巴黎协定》。近年来页岩革命的成功，使美国能够大幅度以天然气代替煤炭发电，大大降低了二氧化碳排放量。因为同等发电量，使用天然气作为燃料可以比煤炭减少二氧化碳排放约50%，比石油少排放约20%~25%。美国能源信息署（EIA）数据表明，2012年美国全国排放量为52.90亿吨等量二氧化碳，比2005年的59.99亿吨下降11.8%，这意味着美国虽然拒绝了《京都议定书》，但实际上距离14%~17%的减排目标已经很近了。而新能源行业创造的就业机会早已超过煤炭、石油等产业。从这个角度来看，特朗普政府退出《巴黎协定》并不是技术做不到或者如其所称的"将给美国带来苛刻的财政和经济负担"，而是更多处于政治意图。特朗普竞选成功后，立即被爆出所谓的"通俄门"事件，为了获得来自共和党党内的支持，不得不迎合共和党一直坚持的理念：气候变化是一个阴谋，同时，"铁锈地带"选民也将特朗普退出《巴黎协定》作为其对竞选承诺的重视，从而会提升特朗普政府的选民满意度。

10.2.1.2 加拿大

加拿大在气候谈判中的立场存在着明显的差异变化（见表 10-2），主要由于加拿大的执政党对气候的立场存在着很大的不同。在进步保守党和自由党执政期间，加拿大积极参加全球气候谈判，采取了一系列积极的措施，但是轮到保守党执政的时候，对参与全球气候谈判持消极的态度，譬如，2011 年，保守党宣布退出《京都议定书》等。

表 10-2 加拿大参与气候谈判的立场变化

时间	内容	执政党
1987 年	推动签订《控制消耗臭氧层物质的蒙特利尔议定书》	进步保守党
1988 年 6 月	组织筹办世界气候大会"多伦多会议"，提出国际社会应采取削减温室气体措施的建议	进步保守党
1992 年	自由党在选举中提出：到 2000 年，在 1998 年的基础上减排 20%	自由党
1998 年	签署《京都议定书》	自由党
2002 年	批准《京都议定书》，承诺 2008~2012 年在 1990 年排放水平的基础上减排 6%	自由党
2006 年	宣布放弃履行《京都议定书》第一承诺期，反对延续议定书。提出到 2020 年加拿大将按照 2006 年的减排量减排 20%	自由党
2009 年	哥本哈根气候会议后，进一步降低中期目标，在 2005 年温室气体排放基础上减排 17%	保守党
2011 年	拒绝任何有关《京都议定书》第二承诺期的法律文件，只承诺进行自主减排，随后宣布退出《议定书》	保守党
2012 年	明确表示不参加《京都议定书》第二承诺期	保守党
2015 年 5 月	提出到 2030 年要比 2005 年排放量降低 30%	保守党
2015 年 12 月	承诺未来 5 年内，向发展中国家提供总值 26.5 亿美元的援助	自由党
2016 年 4 月	签署《巴黎协定》，制定了一个国家行动计划，以帮助加拿大达到或超过其排放目标，并鼓励绿色经济增长。为了鼓励在减少温室气体排放方面采取行动，加拿大将向"低碳经济基金"投入数百亿美元资金，以便立即增加在绿色技术研发方面的投资，同时使清洁技术能够更快地进入市场。此外加拿大还与其他 19 个国家签署了"创新使命"全球倡议，承诺在未来五年使政府投资于绿色能源创新的资金增加一倍，同时鼓励私营部门在这方面发挥领导力	自由党
2017 年 6 月	对美国退出《巴黎协定》表示"深感失望"	自由党

10.2.1.3 澳大利亚

澳大利亚和加拿大一样，不同执政党对气候谈判存在着显著的不同

（见表10-3），澳大利亚工党积极参与国际气候谈判，推进减排政策，而自由党则拒绝批准《联合国气候变化框架公约》，拒绝向发展中国家提供应对气候变化的援助资金。

表10-3　　　　　　　　澳大利亚参加气候谈判的立场变化

时间	内容	执政党
1988年	签署《多伦多协议》，提出到2005年温室气体在1988年的基础上减排20%的目标	工党
1992年	签署并批准《联合国气候变化框架公约》	工党
1998年	签署但没有批准《京都议定书》	自由党
2002年5月	再次拒绝批准《京都议定书》	自由党
2007年12月	时任总理Kevin Rudd宣布批准《京都议定书》	工党
2008年12月	出台了《碳污染减排制度：澳大利亚的低污染未来》	工党
2012年	政府承诺减排5%的目标不会变	自由党
2013年11月	拒绝做出向发展中国家出资的新承诺，并认为发达国家作出新的出资承诺是不现实和不可接受的	自由党
2015年8月	提出到2030年排放量比2005年下降26%～28%。	自由党
2016年11月	批准《巴黎协定》，以及《京都议定书》的多哈修正案	自由党

10.2.1.4　日本

日本在气候谈判的初始阶段，反对制定减少二氧化碳排放的具体指标，到了1995年之后，日本的态度发生了很大的变化，为《京都议定书》的成功签订做出了很大的贡献，然而到了后京都时代，日本则坚决拒绝参加《京都议定书》第二承诺期。不过，到了2015年，日本对于气候谈判的态度又发生很大的转折，承诺了减排计划，并签署了《巴黎协议》。日本气候谈判立场的变化见表10-4。

尽管日本批准了《京都议定书》，但是其过程充满了困难与曲折。从日本官僚机构来看，日本环保省认为日本制定一个积极的温室气体减排的目标，尽力实现二氧化碳的减排，而日本经济产业省则认为完成二氧化碳减排的目标存在很大的难度，环境保护等事务远远不及经济利益重要。从日本产业界来看，它们对是否批准《京都议定书》持有两个观点：一是认为既然美国已经推出了《京都议定书》，发展中国家又不需要履行减排义务，如果日本批准了议定书，对日本来说是不公平的事件，会导致日本在国际经济中失去竞争力；二是日本对一般国民没有削减能源消费的具体指导性政策，所以势必使得减排的压力放在产业部门上，因此，日本产业界对《京都议定书》采取了消极但不干涉的态度。不过，《京都议定书》得到了时任日本首相小泉纯一郎、非政府组织和民众等支持以及日本作为会议的东道主地位等原因，才得以批准。

表 10-4　　　　　　　　日本参与气候谈判的立场变化

时间	内容	态度
1989 年 11 月	国际大气污染和气候变化部长级会议，反对制定 CO_2 排放的具体标准	不积极
1995 年	表述希望主办第三次或以后缔约方会议的意愿	积极
1997 年 12 月	承诺在 2008~2012 年温室气体排放水平比 1990 年减少 6%	积极
2001 年	批准《京都协定书》	
2008 年	达沃斯世界经济年会，宣布成立百亿美元基金来抗击全球变暖，但同时表明对《京都协定书》所设定的以 1990 年为基准年进行减排要求的不满	消极态度显露端倪
2009 年	承诺到 2020 将日本的温室气体排放量在 1990 年的基础上减少 25% 的前提是要求发展中国家承担减排责任	设定条件
2010 年	坚决反对延长《京都协定书》，也反对将前首相承诺的到 2020 年（基于 1990 年）日本减排 25% 的这一目标纳入大会的政治文件	消极
2011 年	反对《京都协定书》第二承诺期	消极
2012 年	明确表明不参加《京都协定书》第二承诺期	消极
2013 年	确定在 2005 年基础上减排 3.8% 这一新的减排目标（这一修正后的减排目标比 1990 的排放水平还高出 3.1% 的排放量）	消极
2015 年	在 INDC 计划中，提出至 2030 年排放量比 2013 年水平降低 26%	积极
2016 年	签署《巴黎协定》	积极

日本在后京都时代对《京都议定书》态度非常冷淡，其原因主要有：一是日本觉得其存在温室气体减排的实际困难，日本虽然温室气体排放总量比较高，但是人均温室气体排放减少，且日本能源利用效率，要完成减排的目标就好比从"拧干的毛巾中挤出水"；二是日本经济产业省对《京都议定书》一直持有消极态度，反对日本履行对其经济发生产生较大的影响的减排计划；三是日本产业界对政府决策的影响力，日本产业界长期以来对《京都议定书》一直持有消极态度，认为为了到达减排目标，可以增加企业负担；四是美国和发展中国家没有参与，美国和发展中国家没有承担《京都议定书》所规定的减排义务，也就意味着日本在国际经济竞争中可以处于不利地位，这一点使得日本难以接受。

10.2.1.5 俄罗斯

俄罗斯在气候谈判上的立场左右摇摆（见表10-5），俄罗斯更多的将参与气候谈判作为彰显其大国形象的一个舞台。1992年，俄罗斯签署《联合国气候变化框架公约》，当时并非出于对气候变化问题的深刻认识或者政策需求，而是仅仅作为主权国家在国际社会中行使其主权的签约活动本身。2002年，小布什上台后美国宣布退出《京都议定书》，而俄罗斯则在2004年正式签署了《京都议定书》，成为俄罗斯在冷战后第一次以正义者和领跑者的姿态参与到全人类利益的国际合作中。由于《京都议定书》是具有法律约束力的文件，俄罗斯在具体的落实过程中则行动微弱，要求将其纳入发展中国家，并拒绝履行《京都议定书》第二承诺期。特朗普上台后，美国又退出了《巴黎协定》，俄罗斯再次对气候谈判持有积极态度，从国际政治方面对美国进行反制。

表10-5　　　　俄罗斯参与气候谈判的立场变化

时间	内容	态度
1992年	签署《联合国气候变化框架公约》	旁观者
1994年	颁布总统令，确立保证环境保护与可持续发展的俄罗斯国家战略	积极
2004年	签署《京都协定书》	积极
2008年	波兹南会议上，提出将把俄罗斯从附件1国家划入发展中国家	不积极
2009年	八国集团峰会后的新闻发布会上，俄罗斯总统提出俄罗斯到2020年将温室气体排放量较之1990年减排10%~15%，至2050年较1990年减排50%	积极
2009年	哥本哈根会议上，提出到2020年俄罗斯的温室气体排放量将下降25%，到2050年减少50%	积极
2010年	提出希望能够在《京都协定书》第二承诺期继续使用该国在第一承诺期尚未用完的排放权的意愿	不积极
2011年	明确表示不承诺《京都协定书》第二承诺期的减排目标	消极
2012年	明确表明不参加《京都协定书》第二承诺期	消极
2013年	要求从附件1国家的名单中除去，不承担《京都协定书》第二承诺期的责任	消极
2015年	在INDC计划中，提出至2030年排放量比1990年降低25%~30%	积极
2016年	签署《巴黎协定》	积极

10.2.1.6 欧盟

自从全球气候问题纳入国际政治议程以来，欧盟积极参与国际气候谈判的进程（见表10-6）。欧盟不仅明确提出自己的谈判立场，还积极推进各项减排政策，落实承诺。欧盟在国际气候谈判中一直维持比较主动的原因有三：一是借助于国际气候谈判来提高自己的国际影响力，欧盟虽然在国际经济格局中具有一定的影响力，有自己统一的货币与市场，但是无论是经济还是军事外交等都在不同程度上受制于美国，欧盟希望以缓解全球气候变化和减少温室气体排放为契机，来提升经济国际竞争力和政治影响力；二是欧盟具有世界领先的可再生能源技术，使其拥有了较大的减排潜力和相对较低的减排成本；三是争取选票的需要，欧洲民众的环保意识普遍较高，各种民间环保组织对政府的监督也比较积极，推进环境保护就意味着选票；四是保持生态的切实需要，欧盟的研究认为降水和温度的变化可能会改变欧洲相对优越的气候和环境条件，使气候灾害发生的频率和强度增加。

表10-6　　欧盟参与气候谈判的立场变化

时间	内容	态度
1990年	欧洲共同体提出2000年将CO_2的排放量稳定于1990年排放量的水平上	积极
1992年	在公约谈判中，认为应包含发达国家限制CO_2的时间表	积极
1997年3月	欧盟国家集体支持所有的工业化国家在2010年的温室气体排放水平应当低于1990年排放水平的15%	积极
1998年6月	欧盟各成员国一致同意欧盟在《京都协定书》中承诺的减排目标，即欧盟作为一个整体2008~2012年间6种温室气体的排放水平要比1990年减排8%，并达成责任分担协议实现此目标	积极
2000年6月	欧盟委员会启动第一个欧洲气候变化计划，旨在具体落实《京都协定书》的减排目标	积极
2002年	批准《京都协定书》	积极
2007年1月	欧盟委员会首次提出，到2020年，欧盟的温室气体排放将至少比1990年降低20%	积极
2007年3月	提出20-20-20行动	积极
2009年	哥本哈根气候会议，指出如果哥本哈根峰会能够达成气候变化协议，欧洲将在2050年前削减高达95%的温室气体排放，在2020年前减少30%	较保守
2009年	欧盟环境部长理事会，重申致力于达成一个具有法律约束力的所有缔约方参与的减排目标和时间表	积极
2011年	提出一定要有2018年生效的具有法律约束力的减排框架	积极
2013年	愿意执行《京都协定书》第二承诺期，但要自愿承诺，不接受以往的量化目标	较保守
2014年	明确到2030年，以1990年为基准，温室气体排放减少40%	积极
2015年	通过《巴黎协定》，提出建立长期减排目标，以5年为周期进行盘点，2050年温室气体排放量降低60%，至2100年世界经济全面脱碳化	积极

10.2.2 基础四国

10.2.2.1 中国

中国作为世界"制造工厂",温室气体的排放已经超过美国,位列世界第一,中国参与气候谈判的立场始终是从一个发展中国家的立场出发,支持温室气体减排,强调温室气体排放的历史公平(见表10-7)。中国持有这个立场的原因主要有:一是由于温室气体的排放需要经过相当长的时间才能使得全球变暖,因此中国认为当前全球变暖更多的是发达国家工业化过程中造成的,发达国家具有不可推卸的责任,要求发达国家对发展中国家的温室气体减排提供技术和资金支持;二是中国作为一个发展中国家,首先要解决的是工业化和贫困化问题,如果中国按照西方国家要求的那样进行强制性减排,必然大幅度降低中国企业的竞争力和对外资的吸引力,所以中国强调按照经济发展的水平进行自主减排;三是中国作为一个发展中的大国,必须要承担起应有的国际责任,中国分别批准了《京都议定书》和《巴黎协定》。

表10-7　　　　　　中国参与气候谈判的立场变化

问题	时间	内容	态度
对发达国家减排态度	1991年	发展中国家环境与发展部长级会议,李鹏总理提出明确环境恶化的历史和现实责任,体现公平但有区别的责任原则	强调发达国家负主要责任转变为督促发达国家加大减排
	1995年	强调发达国家对气候变化负主要责任	
	1995年	联合国成立50周年特别纪念会,江泽民主席提出发达国家在其工业化、现代化过程中造成了生态环境恶化,理所当然应对环境保护做出更大的贡献	
	2009年	哥本哈根气候会议,强调西方发达国家应加大力度减少CO_2排放	
	2012年	坚持《京都协定书》第二承诺期必须如期落实,发达国家应加大减排力度	
	2013年	敦促发达国家应进一步提高其到2020年的减排承诺,加大减排力度	

续表

问题	时间	内容	态度
对本国减排态度	1997年	中国在达到中等发达国家水平之前，不承诺减排或者限排温室气体义务	逐渐接受减排义务并积极做出自主减排承诺
	1998年	签署《京都协定书》	
	1999年	声明在达到中等发达国家水平之前，中国不可能承担减排温室气体义务	
	2002年	批准《京都协定书》	
	2002年	坚持只承担《联合国气候变化框架公约》规定的现有义务，拒绝任何新义务，坚持在可持续发展框架内解决气候变化问题	
	2009年	承诺到2020年将单位GDP的CO_2排放在2005年基础上降低40%~50%	
	2010年	强调不会改变自主减排的立场	
	2014年	中美气候变化联合声明指出中国计划在2030年左右达到CO_2排放高峰并努力将这一时间提前	
	2015年	在INDC计划中，提出2030年国内生产总值CO_2排放比2005年下降60%~65%，非化石能源占一次能源比例达20%左右，森林蓄积量比2005年增加45亿m^3左右	
	2016年	中国批准加入《巴黎协定》	
发达国家提供资金与技术支持	1995年	对发达国家没有履行提供新的、额外的资金和技术转让承诺提出不满	始终坚持发达国家应提供充足资金与技术支持
	1999年	希望发达国家能够按照《联合国气候变化框架公约》规定提供资金援助与技术转让	
	2012年	强调发达国家承诺的资金支持应尽快到位	
	2013年	强调发达国家应加强对发展中国家提供资金与技术支持	
	2015年	在中美元首气候变化联合声明中，中国宣布拿出200亿建立中国气候变化南南合作基金	
	2015年	强调发达国家应该落实到2020年每年动员1000亿美元的承诺，向发展中国家提供更加强有力的资金支持，2020年后，发达国家必须在此基础上增加资金规模，支持发展中国家提高能力	
	2016年	强调发达国家要完全兑现对绿色气候基金的捐资承诺，满足发展中国家应对气候变化的迫切需求	

10.2.2.2 印度

从表10-8中可以看到，印度参与气候谈判的立场主要积极参加国际气候谈判，强调温室气体排放应该建立在人均水平上，要求发达国家对发展中国家进行支持。印度持有这个立场的原因主要有：首先，尽管印度近年来经济发展迅速，但是印度制造业发展远远落后于服务业，所以其温室气体的排放增加要远远低于中国,再加上印度庞大的人口基础,如果按照人均温室气体排放量来计算,对印度而言是有利的;其次,印度一直试图做一个"有声有色的大国",在国际气候谈判中,印度也试图通过气候谈判来展示自己的大国形象,愿意减少温室气体排放;最后,与中国一样,印度也觉得发达国家应该对温室气体的排放承担责任,不仅仅是兑现减排承诺,而且要兑现提供资金与技术的承诺。

表 10-8　　　　　　　印度参与气候谈判的立场变化

时间	内容
1991 年	日内瓦召开的政府间谈判委员第 2 次会议,要求发达国家提供额外新的资金弥补发展中国家在减排方面所增加的成本,并提出公平的解决方案应建立在人均排放量上
2000 年	强调国家间平等的人均温室气体排放权
2002 年	总理宣布印度致力于与全球变暖作斗争
2007 年	八国领导人峰会上,总理称从 2007 年到 2050 年,印度人均碳排放量将不会超过发达国家
2007 年	巴厘岛会议,强调发达国家对发展中国家的援助应可测量、可报告和可核查
2009 年	哥本哈根气候会议前,宣布到 2020 年将温室气体排放在 2005 年的基础上降低 20%~25%
2012 年	制定了国家行动方案并确定到 2020 年 GDP 排放强度较 2005 年降低 20% 的目标
2013 年	第四届清洁能源部长级会议,总理呼吁发达国家采取切实行动来应对气候变化。不仅要兑现减排承诺,更要兑现提供资金与技术支持的承诺
2015 年	在 INDC 计划中,提出至 2030 年 GDP 排放强度比 2005 年水平下降 33%~35%
2015 年	提出贫困国家有权使用碳能源来发展经济,且发达国家应免费提供资金与技术
2016 年	签署《巴黎协定》

10.2.2.3　巴西

自从 20 世纪 90 年代以来,巴西对参与气候谈判的态度非常积极,具体的立场变化见表 10-9。巴西拥有世界上最大的热带雨林,很容易通过减少毁林来降低排放,所以支持温室气体减排是符合巴西的利益,不仅可以以最小的代价实现减排,还能够彰显国际政治影响力。此外,巴西也坚持发达国家要对发展中国家减排给予资金支持。

表 10-9　　　　　　　巴西参与气候谈判的立场变化

时间	内容
1992 年	第一个签署《联合国气候变化框架公约》

续表

时间	内容
1997 年	提出建立清洁发展基金
2002 年	批准《京都协定书》
2007 年	第一次提出到 2020 年亚马逊毁林减少 80% 的目标
2009 年	与法国签署《气候变化共同立场文件》,要求美国和中国在全球气候变化问题上承担更大责任
2009 年	哥本哈根气候会议,承诺到 2020 年主动减排 39%,同时将亚马孙雨林砍伐率减少 80%
2011 年	不允许富国后退,转而遵循较低水平的减排目标
2012 年	同意达成 2020 年后对所有缔约方均具有法律约束力的减排目标
2013 年	发达国家必须要采取切实行动落实资金,兑现承诺
2014 年	坚持共同但有区别的责任原则,要求发达国家继续执行 1997 年通过并具有法律效力的《京都协定书》的相关规定
2015 年	在 INDC 计划中,提出至 2025 年排放水平比 2005 年下降 37%;至 2030 年排放水平比 2005 年下降 43%
2016 年	签署《巴黎协定》

10.2.2.4 南非

南非在气候谈判问题上,起初并不是很积极,但是随后发生了巨大的转变(见表 10-10),南非认为其温室气体排放在 2025 年达到顶峰,随后经历一个平顶期,会出现下降。南非作为非洲最具影响力的国家,深刻地认识到全球气候变暖可能给非洲带来的巨大灾难,南非积极推进温室气体减排,要求发达国家承担起历史责任,对发展中国家进行援助,体现了非洲国家的诉求。

表 10-10　　　　　　　　南非参与气候谈判的立场变化

时间	内容	态度
1993 年	签署《联合国气候变化框架公约》	不积极
1997 年	国内批准《联合国气候变化框架公约》	积极
2005 年	开始南非减缓气候变化长期情景初始技术工作	积极
2007 年	完成南非减缓气候变化长期情景初始技术工作。结果表明,在不加限制增长与科学要求两种情景下,温室气体排放量相差 13 亿吨(以 2003 年为基准的 2050 年排放量)	积极
2008 年 7 月	批准通过气候变化减缓长期情景,力争在 2020~2025 年南非温室气体排放达到峰值,再维持 10 年左右的平顶期,2030~2035 年开始下降	积极且激进

续表

时间	内容	态度
2009年12月	宣布至2020年，在正常发展水平的基础上削减34%的排放量，而至2025年减排量达到42%的峰值	积极
2011年	制定减少温室气体排放目标：至2020年降低34%，至2025年降低42%	积极
2012年	坚持谈判应遵守《联合国气候变化框架公约》和《京都协定书》的基本原则，发达国家应承诺担起历史责任，并为发展中国家应对气候变化提供支持	积极
2013年	基础四国第十七次气候变化部长级会议，南非再次声明COP19谈判的重点应围绕发达国家兑现已作出的减排及提供支持的承诺	积极
2015年	在INDC计划中，提出2025～2030年排放控制在398～614MTCO$_2$当量	积极
2016年	签署《巴黎协定》	

10.3　气候谈判的困境

全球气候变暖是人类共同面临的威胁，减少温室气体排放是解决气候变暖的必要途径，需要世界各国共同应对，然而，在一定的技术条件下，过度的遏制温室气体的排放会降低一国经济的竞争力，因此，全球气候治理任重而道远。在联合国政府间气候变化专门委员会的推动下，从1992年签署《联合国气候变化框架公约》到2015年的《巴黎协定》，历经多轮谈判，国际社会对温室气体减排达成了广泛的共识，但是具体到减排责任的谈判中则充满了各种矛盾，使达成的温室气体减排协议难以有效落实。

10.3.1　深陷"公共地悲剧"

哈定（Garrit Hadin）于1968年在《科学》杂志上发表了《公有物悲剧》（The Tragedy of the Commons）一文，他指出："在共享公有物的社会中，每个人，也就是所有人都追求各自的最大利益。这就是悲剧的所在。每个人被锁定在一个迫使他在有限范围内无节制地增加牲畜的制度中。毁灭是所有人都奔向的目的地。因为在信奉共有物自由的社会当中，每个人均追求自己的最大利益。共有物自由给所有人带来了毁灭。"大气作为一种全球公共产品，从国际法的角度来看，主权国家可以在其主权范围内任意排放温室气体。由于各个国家经济发展模式、技术条件和资源禀赋的差异，在温室气体减排上的态度迥然。发达国家政府为了满足不同选民的需要和保证产业竞争力，在温室气体减排上不是态度摇摆不定，就是政策执行不力。譬如，截至2012年，《京都议定书》所规定的发达国家的减排指标几乎未能实现。发展中国家的首要任务是发展经济，消除贫困，甚至为了吸引发达国家的投资而降低排放标准。尤其是2008年金融危机后，世界经济受到很大的冲击，美国面临基础设施陈旧、失业上升，非法移民等问题，欧洲则是受困于欧债危机、难民问题、英国脱欧以及恐怖袭击等问题，日本难以走出经济的低迷状态，一些知名企业陷入丑闻，因此，发达国家要优先解决国内经济增长、就业、安全等问题而难以顾及全球气候治理。特朗普从竞选总统就开始反对奥巴马政府参与全球气候治理的政策，得到了美国石化、钢铁等行业工人的大力支持。特朗普当选总统后更是宣布暂停或者撤销奥巴马政府的气候政策，放开美国化石能源的开采与出口限制等等。

10.3.2 温室气体减排的技术不足且推广成本较高

多年来，尽管欧美发达国家在发展清洁能源计划上取得不少技术突破，为减少温室气体排放作出了很大的贡献，但是整体来说，当前减少温室气体排放的技术仍然不够成熟，高成本导致推广难度大。根据相关测算，经合组织国家新建具备气候变化适应能力的基础设施和建筑所需额外成本每年高达数百亿美元。如果全球的发电厂的排放都实现脱硫脱硝，那么每年的支出需要近千亿美元。使用化石能源进行发电是温室气体产生的主要来源，但是当前开发的高效低排放火力发电系统都存在着运行成本高昂的问题。譬如，整体煤气化联合循环发电系统发电站的建设需要花费大量额外的成本来进行配套碳捕捉设施，而增加碳捕捉技术会使得电厂的净输出功率和能源利用效率降低。这种高效低排放火力发电站必然会推高电的价格，而电价的上涨又会提高居民的生活成本和企业的生产成本，难以大规模地进行推广。在当前世界经济普遍低迷的情况下，不仅很多国家缺乏足够的资金投资温室气体减排设施，而且更担心实施温室气体减排会降低本国企业的竞争力，导致失业的增加。因此，从现实的角度来看，真正落实温室气体减排还是有很大的压力。

10.3.3 对发展中国家资金和技术支持的承诺难以兑现

当前的气候变暖是发达国家工业化过程中温室气体排放的结果，发达国家必须承担起相应的历史责任，同时，减少温室气体排放作为一个全人类共同面对的问题，发展中国家普遍缺乏资金和技术。出于公平的安排，在《联合国气候变化框架公约》《京都议定书》《巴黎协定》等全球气候治理主要协议上都提及发达国家对发展中国家进行资金资助、损失补偿和技术转让，但是在实际的操作过程中，这些资金资助和技术转让都难以实现，尤其是近年来发达国家更加难以兑现对发展中国家进行资金资助和技术转让的承诺。美国作为全球事务的领头羊，自从特朗普政府上台后，退出了《巴黎协定》，抛弃了过去美国历届政府在全球气候治理上的承诺。尽管欧盟对推进全球温室气体持积极的态度，但是欧盟内部多个国家爆发债务危机，财政吃紧，显得心有余而力不足。《IEA 世界能源展望 2016：能源与空气质量特别报告》中指出数据显示，到 2040 年，如果清洁能源投资总额增长 7%，并把投资中的 2.3 万亿美元用于先进污染控制技术（其中的三分之二用于满足更高的车辆排放标准）、2.5 万亿美元用于加快能源行业转型，则由此获得的治理收益将会成倍增加。届时全球二氧化硫和氮氧化物排放会降低 50% 以上、颗粒物排放会减少近四分之三，且发展中国家的降幅最大。比如，印度暴露于高浓度细颗粒物（高于世界卫生组织过渡期目标中的最低标准）空气中的人口比例会从如今的 60% 减少到不足 20%，中国的占比会从超过 50% 缩减到不足 25%，而在印度尼西亚和南非，则会减少到几乎为零，且全球能源需求会比预想的要低将近 15%，可再生能源（生物质能除外）的利用增长也更快，同时在所燃烧的能源中，有四分之三要被先进污染控制措施的调控，而这一占比目前只有 45% 左右。但如果相关投资不能如期投入，则这一切都将成为泡影。

10.3.4 全球气候治理机制的激励与约束力不足

为了考虑不同国家的具体情况,《巴黎协定》遵循公平、共同但有区别的责任和各自能力的原则,强调《联合国气候变化框架公约》缔约方的国家要自主贡献和志愿努力,并提出了全球气候治理目标的倡议,即"把全球平均气温升幅控制在工业化前水平以上低于2℃之内,并努力将气温升幅限制在工业化前水平以上1.5℃之内。"《巴黎协定》提出的气候议题与解决方案得到了多个国家的认同和支持,但是由于其缺乏约束力,能否得到执行并达到预期目标是存在很大的不确定性的,在很大程度上取决于后续的气候谈判情况。

导致全球气候治理机制的激励与约束力不足有三方面的原因:第一,全球气候变暖缺乏足够令人信服的科学依据,虽然IPCC对全球气候变暖进行了大量研究,也提供了大量的证据,但是并不能否定全球气候变暖和地球气候周期性变化有关,这也就是为什么美国共和党始终对全球气候谈判持消极态度的一个重要原因;第二,温室气体减排的成本较高,且会给一些高碳产业带来较大的冲击,当前全球产业竞争激烈,企业界对提高环境标准导致的成本上升很敏感,同时,发达国家也存在一些温室气体排放较多的产业,对这些产业限排,会导致失业人数增加,从而会影响到竞选的选票,譬如,特朗普在竞选中一直反对奥巴马的气候政策,得到了钢铁和能源行业的工人支持;第三,全球治理机制自身的合理性,这将直接影响到治理进程能否顺利推进和能否达到预期治理目标。如果一个治理机制设置不合理,则其对缔约方的激励与约束作用就很难真正发挥,进而可行性或实施的有效性会大打折扣,譬如其统计口径是否科学合理、责任分担是否明确公平、相关责任方的利益关切是否得到了充分考虑、所用技术是否节能高效、资金是否充足并准时到位等因素。

10.4 影响国际气候谈判的因素

国际气候谈判一直陷于"搭便车"和"囚徒困境"、局部利益与大局利益相冲突的泥淖中。影响国际气候谈判的因素有很多，包括气候、政治、经济和技术等多方面。相关研究表明，后三者是影响国际气候谈判的主要因素。

10.4.1 气候变化的影响具有不确定性且无法量化

气候变化影响的不确定性主要表现在两个方面：一是气候变化本身纷繁复杂，难以准确预测；二是气候变化的影响地域不确定，影响范围的随机性很强。即使是同样的气候变化，对于不同地区而言，有可能是机遇，也有可能是灾难。这也是某些国家拒绝继续参与国际气候谈判的原因之一。气候变化的影响难以用准确的尺度进行衡量，因此，《京都议定书》所规定的各国的减排量只是一个粗略的估计，缺乏让人信服的理由，这也正是《京都议定书》迟迟无法生效的原因之一。科学认知有局限性，尤其是对于气候变化这种大范围长时间尺度问题的科学认识，具有很大的不确定性。目前，对于温室效应和气候变化等论断已经不存在重大分歧，但对气候变化的范围、速度、程度等问题，人们的认知仍然有限。科学存在不确定性，是导致气候变化国际谈判充满变数的原因之一。

10.4.2 政治背景悬殊，缔约国立场不坚定

各国的政治背景悬殊，利益存在分歧。欧盟的扩大，不仅对欧洲的稳定和经济发展产生重要影响，同时也有利于推进全球气候保护。欧盟一直以积极的态度参与温室气体减排，欧盟的东扩将会进一步减少温室气体排放的成本，同时，对美、日产生一定压力。在防范全球气候变暖的问题上，欧盟一直希望能够得到补偿。当前，能源安全已成为各国在制定能源政策和气候战略时必须考虑的一个重要因素。如果某些石油生产国出现动荡，导致国际石油市场价格波动，对于受影响的发展中国家而言，将进一步削弱其减排温室气体的能力。发展中国家以及落后国家，在巩固自身政治地位的同时，必将增加能源的消费，以促进经济增长。能源消费的大量增加必然会产生大量的温室气体，尽管部分缔约国坚持"共同但有区别"的原

则，但是发展的态势依然是消耗能源，排放温室气体，无法从根本上解决气候变化的问题。

10.4.3 缔约国的经济发展程度不均衡，减排义务不统一

国际气候谈判涉及经济利益，温室气体减排的经济成本非常关键，直接影响一国的经济利益。一直以来，欧盟以最积极的态度参与国际环境保护，积极要求减排，最重要的原因就是欧盟的经济发展已经稳定成熟，外延型发展的余地不大，但欧盟在能源技术等领域处于世界领先地位。因此，欧盟的减排成本相对较低，减排的负面影响相对较小。美国则不一样，美国的经济仍处于增长阶段，经济对外扩张明显，温室气体的排放呈明显上升趋势。减排对美国的经济影响很大，减排的经济成本也很高。发展中国家要发展经济必然要消耗能源，虽然在国际谈判中拥有发言权，但实际行动却跟不上谈判的步伐。减排将产生高压力，需要高成本，抑制经济发展以减缓气候变化是发展中国家无法承受的局面。一方面限制经济的发展，一方面又要靠经济的增长来减缓气候变化，发展中国家进退两难，举步维艰。一个国家经济的稳定对国际气候谈判有重要的影响，如果出现经济危机，该国就可能无暇顾及气候问题。最典型的例子是阿根廷，阿根廷曾经提出自愿减排目标，当金融危机对其经济发展造成严重影响后，原来制定的减排政策和目标就不再被提及。

10.4.4 发展中国家技术有限，谈判意识薄弱

一个国家在气候变化问题的谈判中还受到该国其他问题的间接影响。例如，一个国家在应对气候变化、减排温室气体等方面拥有领先的技术，那么该国肯定会高度关注气候变化问题，积极参与国际气候谈判，并在谈判中涉及技术的转让等问题；反之，则谈判意识薄弱，甚至不会主动参与气候谈判。除非国际气候谈判已经成为各国的义务和责任，或者气候变化问题已经让一个国家岌岌可危，关乎国家存亡和人民安危时，各国才会增强谈判意识。

10.5 国际气候谈判的展望

尽管全球气候谈判历时二十多年，气候变暖的危害也逐步被世界各国人民所认知，世界绝大多数国家对减少温室气体达成了原则上的广泛的共识，但是有两个问题深深地困扰着谈判的推进，使得国际气候谈判的未来难言乐观。

第一，减排方案的公平性问题。这是减少温室气体排放落实的核心问题，具体体现在以下几个层次：一是发达国家与发展中国家的减排安排，发展中国家认为发达国家应该为温室气体排放承担历史责任，且发达国家具备实现节能减排的资金和技术条件，发达国家应该率先减排，发达国家则认为当前温室气体排放增加最多的是发展中国家，发展中国家也应该承担起减排的任务；二是发达国家之间的公平，譬如，日本认为自己的减排空间已经很小了，如果再要求继续减排，会影响到其产业竞争力，美国则认为过多的减排，不利于美国能源、钢铁等行业的就业；三是温室气体减排的数量标准公平，也就是在温室气体的减排上是采取总量标准还是人均标准，采取总量标准对于人口大国来说是不公平的，而采取人均标准对与人口较少且排放较多的国家来说存在不公平。

第二，经济发展与温室气体减排之间的矛盾难以协调。这是温室气体减排难以推进的本质问题。按照环境库兹涅茨曲线的假设，经济发展与温室气体排放之间存在着倒"U"关系，对于发展中国家来说，发展和减少贫困始终是第一要务，此外，发展中国家在节能减排的技术和资金上都存在不足，于是发展中国家会优先选择发展经济。对于发达国家而言，虽然在节能减排上有足够的技术和资金能力，但是由于温室气体减排可能会提升企业的运营成本，对那些排放较大的行业带来负面冲击，因此，在国际市场竞争日益加剧的情况下，发达国家的产业部门对温室气体减排也难以持积极的态度。

参 考 文 献

[1] Acaravci, A., Ozturk, I. On the Relationship between Energy Consumption, CO_2 Emissions and Economic Growth in Europe [J]. Energy, 2010, 35 (12): 5412 – 5420.

[2] Acemoglu, Daron, Simon Johnson and James A. Robinson. The Colonial Origins of Comparative Development: An Empirical Investigation [J]. American Economic Review, 2001, 91 (5): 1369 – 1401.

[3] Acemoglu, Daron, Simon Johnson and James A. Robinson. The Rise of Europe: Atlantic Trade, Institutional Change, and Economic Growth [J]. American Economic Review, 2005, 95 (3): 546 – 79.

[4] Acemoglu, D., Johnson, S., Robinson, J. A. Reversal of Fortune: Geography and Institutions in the Making of Mordern World Income Distribution [J]. Quarterly Journal of Economics, 2002, 117 (4): 1231 – 1294.

[5] Acemoglu, D., Johnson, S., Robinson, J. A. The Colonial Origins of Comparative Development: An Empirical Investigation [J]. American Economic Review, 2001, 91 (5): 1369 – 1401.

[6] Acemoglu, D., Robinson, J. A. Why did the West Extend and Franchise? Democracy, Inequality, and Growth in Historical Perspective [J]. Quarterly Journal of Economics, 2000, 115 (4): 1167 – 1199.

[7] Acemoglu, D., Robinson, J. A. Why Nations Fail: the Origins of Power, Prosperity, and Poverty [M]. Crown Publishers, 2012.

[8] Afionis, S., The European Union as a negotiator in the international climate change regime, International Environmental Agreements: Politics [J]. Law and Economics, 2011, 11 (4): 341 – 360.

[9] Aghion, P., Howitt, P. Appropriate Growth Policy: A Unifying Framework [J]. Journal of the European Economic Association, 2006, 4: 269 – 314.

[10] Aghion, P., Howitt, P. Endogenous Growth Theory [M]. Cambridge: The MIT Press, 1998.

[11] Agras, J., Chapman, D. A Dynamic Approach to the Environmental Kuznets Curve Hypothesis [J]. Ecological Economics. 1994, 28 (2): 267 – 277.

[12] Akbostanci, E., Türüt-Asik, S., Tunc G. I. The relationship between income and environment in Turkey: Is there an environmental Kuznets curve [J]? Energy Policy, 2009, 37: 861 – 867.

[13] Alam, M. J., Begum, I. A., Buysse, J., Huylenbroeck, G. V. Energy Consumption, Carbon Emissions and Economic Growth nexus in Bangladesh: Cointegration and Dynamic Causality Analysis [J]. Energy Policy, 2012, 45: 217 – 225.

[14] Al-Mulali, U. Oil Consumption, CO_2 Emission and Economic Growth in MENA Countries [J]. Energy, 2011, 36 (10): 6165 – 6171.

[15] Andonova, L. B., Alexieva, A. Continuity and change in Russia's climate negotiations position and strategy [J]. Climate Policy, 2012, 12 (5): 614 – 629.

[16] Ang, J. CO_2 Emissions, Energy Consumption, and Output in France [J]. Energy Policy, 2007, 35 (10): 4772 – 4778.

[17] Apergis, N., Payne, J. E. The Emissions, Energy Consumption, and Growth Nexus: Evidence from the Common Wealth of Indepenent States [J]. Energy Policy, 2010, 38 (1): 650 – 655.

[18] Apter, D. E., The Politics of Modernization [M]. The University of Chicago Press, 1965.

[19] Arouri, M. E. H., Youssef, A. B., M'henni, H., Rault, C. Energy consumption, economic growth and CO_2 emissions in Middle East and North African Countries [J]. energy policy, 2012, 45: 342 – 349.

[20] Arouri, M. H. , Ben Youssef, A. , M'Henni, H, Rault, C. Energy Consumption, Economic Growth and CO_2 Emissions in Middle East and North African Countries [J]. CESifo Group Munich, Working Paper Series, 3726, 2012.

[21] Auci, S. , Becchetti, L. The stability of adjusted and unadjusted environmental Kuznets curve [J]. Fondazione Eni Enrico Mattei Working Paper 93, 2005.

[22] Bäckstrand, K. , Elgström, O. , The EU's role in climate change negotiations: from leader to "leadiator" [J]. Journal of European Public Policy, 2013, 20 (10): 1369 - 1386.

[23] Bailer, S. , Strategy in the climate change negotiation: do democracies negotiate differently [J]. Climate Policy, 2012, 12 (5): 534 - 551.

[24] Ball, R. , Robin, A. , Wu, J. S. Incentives versus standards: properties of accounting income in four East Asian countries [J]. Journal of Accounting and Economics, 2003, 36 (1 - 3): 235 - 270.

[25] Bergerk, A. , Berggren, C. The impact of environmental policy instruments on innovation: A review of energy and automotive industry studies [J]. Ecological Economics, 2014, 106 (1): 112 - 123.

[26] Bian, Y. W. , Hu, M. , Wang, Y. S. , Xu, H. Energy efficiency analysis of the economic system in China during 1986-2012: A parallel slacks-based measure approach [J]. Renewable and Sustainable Energy Reviews, 2016, 55: 990 - 998.

[27] Bilgin, M. Energy security and Russia's gas strategy: the symbiotic relationship between the state and firms [J]. Communist and Post-Communist Studies, 2011, 44 (2): 119 - 127.

[28] Böcher, M. A theoretical framework for explaining the choice of instruments in environmental policy [J]. Forest Policy and Economics, 2012, 16 (2): 14 - 22.

[29] Bomberg, E. Policy learning in an enlarged European Union: environmental NGOs and new policy instruments [J]. Journal of European Public Policy. 2007, 14 (2): 248 - 268.

[30] Bonnie, Wilson and Peter Howitt. Accounting for Trends in Productivity and R&D: A Schumpeterian Critique of Semi-Endogenous Growth Theory [J]. Journal of Money, Credit and Banking, 2007, 39 (4): 733 – 774.

[31] Borooah, V. K., Paldam, M. Why is the World Short of Democracy? A Cross-country Analysis of Barriers to Representative Government, European Journal of Political Economy [J]. 2007, 23 (3): 582 – 604.

[32] Breitung, J. The Local Power of Some Unit Root Tests for Panel Data, in: B. Baltagi (Ed.) NonStationary Panels, Panel Cointegration, and Dynamic Panels [J]. Advances in Econometrics, 2000, 15: 161 – 178, JAI Press, Amsterdam.

[33] Buehn, A., Farzanegan, M. R. Hold your breath: A new index of air pollution [J]. Energy Economics, 2013, 37 (1): 104 – 113.

[34] Cai, F. Is there a "Middle-income Trap"? Theories, Experiences and Relevance to China [J]. 2012, 20 (1): 49 – 61.

[35] Cantore, N., te Velde, D. W., Peskett, L. How can low-income countries gain from a framework agreement on climate change? An analysis with integrated assessment modeling [J]. 2014, 32 (3): 313 – 326.

[36] Caviglia-Harris, J. L., Chambers, D., Kahn, J. R. Taking the "U" out of Kuznets: A comprehensive analysis of the EKC and environmental degradation [J]. Ecological Economics, 2009, 68 (4): 1149 – 1159.

[37] Christian, Groth and Poul Schou. Can Nonrenewable Resources Alleviate the Knife-edge Character of Endogenous Growth [J]. Oxford Economic Papers, 2002, 54: 386 – 411.

[38] Dickey, D. A., Fuller, W. A.. Distribution of the Estimators for Autoregressive Time Series with a Unit Root [J]. Journal of the American Statistical Association [J]. 1979, 74 (366): 427 – 431.

[39] Doucouliagos, C., Ulubasoglu, M. A. Democracy and Economic Growth: A Meta-Analysis [J]. Deakin University, working paper series, 2008.

[40] Du, H. B., Matisoff, D. C., Wang, Y. Y., Liu, X. Understanding drivers of energy efficiency changes in China [J]. Applied Energy, 2016,

184 (15): 1196 - 1206.

[41] Du., X. W., Essence and resolution of international climate negotiation [J]. Advances in Climate Change Research, 2014, 5 (3): 149 - 152.

[42] Easterly, W., Levine, R. Africa's Growth Tragedy: Policies and Ethnic Divisions [J]. Quarterly Journal of Economics, 1997, 112 (4): 1203 - 1250.

[43] Edward, B. Barbier. 1999, Endogenous Growth and Natural Resource Scarcity [J]. Environmental and Resource Economics, 2003, 14: 51 - 74.

[44] Eichengreen, B., Park, D., Shin, K. Growth Slowdowns Redux: New Evidence on the Middle-Income Trap [J]. NBER Working Paper No. 18673, 2013.

[45] Engerman, S. L., Sokoloff, K. L. Factor Endowments, Inequality, and Paths of Development among New World Economies [J]. NBER Working paper, 9259, 2002.

[46] Engerman, S. L., Sokoloff, K. L. Factor Endowments, Institutions, and Differential paths of Growth among New World Economies: A View from Economic Historians of the United States, In how Latin American Fell Behind [M]. Standford University Press, 1997.

[47] Engle, R. F., Granger, C. W. J. Cointegration and Error Correction: Representation, Estimation, and Testing [J]. Econometrica, 1987, 55 (2): 251 - 276.

[48] Espagne, É. Climate Finance at COP21 and After: Lessons Learnt [J]. http://www.cepii.fr/PDF_PUB/pb/2016/pb2016 - 09. pdf

[49] Fan, Y., Liao. H., Wei, Y. M. Can market oriented economic reforms contribute to energy efficiency improvement? Evidence from China [J]. Energy Policy, 2007, 35 (4): 2287 - 2295.

[50] Fan, J., Wang, Q., Sun, W. The failure of China's energy development strategy 2050 and its impact on carbon emissions [J]. Renewable and Sustainable Energy Reviews, 2015, 49: 1160 - 1170.

[51] Fare, R., Grosskopf, S., Noh, D., et al. Characteristics of a Pol-

luting Technology: Theory and Practice [J]. Journal of Economerics, 2005, 126 (2): 469 -492.

[52] Farell, D., Remes, J. Promoting Energy Efficiency in the Developing World [M]. McKinsey&Company, 2009.

[53] Farhani, S., Rejeb, J. B. Energy Consumption, Economic Growth and CO_2 Emissions: Evidence from panel Data for MENA Region [J]. International Journal of Energy Economics and Policy, 2012, 2 (2): 71 -81.

[54] Felipe, J., Abdon, A., Kumar, U. Tracking the Middle-Income trap: what is it, who is in it, and why [J]. Working paper, Levy Economics Institute, No. 715, 2012.

[55] Felipe, J., McCombie, J. S. L. Some methodological problems with the neoclassical analysis of the East Asian miracle [J]. Cambridge Journal of Economics, 2003, 27 (5): 695 -721.

[56] F. G. IM, D. Rosenblatt Middle-Income Traps: A Conceptual and Empirical Survey [J]. Policy Research Working Paper Series 6594, The World Bank, 2013.

[57] Fidrmuc, J. Economic reform, Democracy and Growth during Postcommunist transition [J]. European Journal of Political Economy, 2003, 19 (3): 583 -604.

[58] Focacci, A. Empirical analysis of the environmental and energy policies in developing countries using widely employed macroeconomic indicators: the cases of Brazil, China and India [J]. Energy Policy, 2005, 33 (4): 543 -554.

[59] Focacci, A. Empirical evidence in the analysis of the environmental and energy policies of a series of industrialized nations, during the period 1960 -1997, using widely employed macroeconomic indicators [J]. Energy Policy, 2003, 31 (4): 333 -352.

[60] Galeotti, M., Manera, M., Lanza, A. On the Robustness of Robustness Checks of the Environmental Kuznets Curve Hypothesis [J]. Environmental and Resouce Economics, 2009, 42 (4): 551 -574.

[61] Gene M. Grossman, Alban B. Krueger Environmental Impacts of a North American Free Trade Agreement [J]. NBER Working Paper No. 3914, 1991.

[62] Giavazzi, F., Tabellini, G. Economic and Political Liberalizations [J]. Journal of Monetary Economics, 2005, 52 (7): 1297 – 1330.

[63] Glaeser, E., Ponzetto, G., Shleifer, A. Why does Democracy need Education [J]. NBER working paper 12128, 2006.

[64] Gerke, B. F., McNeil, M. A., Tu, T. The international database of efficient appliances (IDEA): A new tool to support appliance energy-efficiency deployment [J]. Applied Energy, 2017, 205: 453 – 464.

[65] Grossman, G. M. and E. Helpman Innovation and Growth in the Global Economy [M]. Cambridge, MA: MIT Press, 1991.

[66] Gupta, J. Negotiating challenges and climate change [J]. 2012, 12 (5): 630 – 640.

[67] Gwarty, J. D., Lawson, R., Block, W. Economic Freedom of the World: 1975 – 1995, Fraser institute, 1996.

[68] Haber, Stephen Crony Capitalism and Economic Growth in Latin American: Theory and Evidence [M]. Hoover Press, 2000.

[69] Harbaugh, W. T., Levinson, A., Wilson, D. W. Reexaming the empirical evidence for an environmental Kuznets curve [J]. The review of Economics and Statistics, 2002, 84 (3): 541 – 551.

[70] He, F., Qin, D. China's Energy Strategy in the Twenty-first Century [J]. China&World Economy, 2006, 14 (2): 93 – 104.

[71] Heidari, H., Katircioglu, S. T., Saeidpour, L. Economic Growth, CO_2 Emissions, and Energy Consumption in the Five ASEAN Countries [J]. International Journal of Electrical Power& Energy System, 2015, 64: 786 – 791.

[72] Hens, L., Boon, E. K. Institutional, Legal, and Economic Instruments in Ghana's Environmental Policy [J]. Environmental management, 1999, 24 (3): 337 – 351.

[73] Holtz-Eakin, D., Newey, W., Rosen, H. S. Estimating Vector Au-

toregressions with Panel Data. Econometrica [J]. 1988, 56 (6): 1371-1395.

[74] Hossain, M. Panel Estimation for CO_2 Emission, Energy Consumption, Economic Growth, Trade Openness and Urbanization of newly Industrialized Countries [J]. Energy Policy, 2011, 39 (11): 6991-6999.

[75] Hu, J. L., Wang, S. C. Total-factor energy efficiency of regions in China [J]. Energy Policy, 2006, 34 (17): 3206-3217.

[76] Hwang, J., Yoo, S. Energy Consumption, CO_2 Emissions, and Economic Growth: Evidence from Indonesia [J]. Quality & Quantily, 2014, 48 (1): 63-73.

[77] Im, K., Pesaran, M. H., Shin, Y. Testing for Unit Roots in Heterogeneous Panels [J]. Journal of Econometrics, 2003, 115 (1): 231-254.

[78] Jankowska, A., Nagengast., A., Perea., J. R. The Product Space and the Middle-Income Trap: Comparing Asian and Latin American Experiences [J]. http://dx.doi.org/10.2139/ssrn.2227776. 2012.

[79] Jiang, B., Sun, Z., Liu, M. China's energy development strategy under the low-carbon economy [J]. Energy, 2010, 35 (11): 4257-4264.

[80] Johansen, S. Statistical Analysis of Cointegration Vectors [J]. Journal of Economic Dynamics and Control, 1988, 12 (2-3): 231-254.

[81] John K., Butler, Jr. Trust Expectations, Information Sharing, Climate of Trust, and Negotiation Effectiveness and Efficiency [J]. Group & Organization Management, 1999, 24 (2): 217-238.

[82] Jones, C. I. R&D-Based Models of Economic Growth [J]. Journal of Political Economy, 1995, 103 (4): 759-84.

[83] Jones, L. E. and Manuelli. The Sources of Growth [J]. Journal of Economic Dynamics and Control, 1997, 21 (1): 75-114.

[84] Jordan, A., Wurzel, K. W. R., Zito, A. R. Still the century of "new" environemtal policy instruments [J]. Exploring patterns of innovation and continuity, 2013, 22 (1): 155-173.

[85] Jordan. A., Wurzel, R. K., Zito, A. R. Comparative Conclustions-"New" Environemtal Policy Instruments: An Evolution or a Revolution in Envi-

ronmental Policy [J]. http://www.tandfonline.com/doi/abs/10.1080/714000667.

[86] Joseph, E. Stiglitz Growth with Exhaustible Natural Resource: The Competitive Economy [J]. The Review of Economic Studies, 1974, 41 (5): 139 – 152.

[87] Kao, C. Spurious Regression and Residual-Based Tests for Cointegration in Panel Data [J]. Journal of Econometrics, 1999, 90 (1): 1 – 44.

[88] Karen Fisher-Vanden. The effects of market reforms on structural change: implications for energy use and carbon emission in China [J]. The Energy Journal, 2003, 24 (3): 77 – 97.

[89] Karlsson, C., Parker, C., Hjerpe, M. Linnér Looking for Leaders: Perceptions of Climate Change Leadership among Climate Change Negotiation Participants [J]. Global Environmental Politics, 2011, 11 (1): 89 – 107.

[90] Kaüger, J. J., Cantner, U., Hanusch, H. Total factor productivity, the east Asian miracle, and the world production frontier [J]. Review of World Economics, 2000, 136 (1): 111 – 136.

[91] Khara, H., Kohli, H. What is the Middle Income Trap, Why do Countries Fall into it, and How can it Be Avoided [J]. Global Journal of Emerging Market Economies, 2011, 3 (3): 281 – 289.

[92] Kisangani, E. F. Economic Growth and Democracy in Africa: Revisting the Feldstein-Horioka Puzzle, Canadian Journal of Political Science, 2006, 39 (4): 855 – 881.

[93] Krueger, Anne, O. Virtuous and Vicious Circles in Economic Development, American Economic Review, 1993, 83 (2): 351 – 355.

[94] La Porta R, Lopez-de-Silanes F, Shleifer A, Vishny R. Legal Determinants of External Finance, Journal of Finance, 1997, 52 (3): 1131 – 1150.

[95] Levin, A., Lin, C. F., Chu, C. S. Unit Root Tests in Panel Data: Asymptotic and Finite-Sample Properties [J]. Journal of Econometrics, 2002, 108 (1): 1 – 24.

[96] Madani, K. Modeling international climate change negotiations more

responsibly: Can highly simplified game theory models provide reliable policy insights [J]. Econogical Economics, 2013, 90 (3): 68-76.

[97] Maddala, G. S., Mount, T. D. A comparative study of alternative estimators for variance components models used in econometric applications [J]. Journal of the American Statistical Association, 1973, 68 (342): 324-328.

[98] Ma, D. Rebalancing China's energy strategy, Paulson Papers On Energy and Environment [J]. http://www.iberchina.org/files/rebalancing_china_s_energy_strategy_ma.pdf.

[99] Ma, L., Liu, P., Fu, F., Li, Z., Ni, Wei Integrated energy strategy for sustainable development of China [J]. Energy, 2011, 36 (2): 1143-1154.

[100] Mardani, A., Zavadskas, E. K., Streimikiene, D., Jusoh, A., Khoshnoudi, M. A comprehensive review of data envelopment analysis (DEA) approach in energy efficiency [J]. Renewable and Sustainable Energy Reviews, 2017, 70: 1298-1322.

[101] Michaelowa, K., Michaelowa, A. India as an emerging power in international climate negotiations [J]. Climate Policy, 2012, 12 (5): 575-590.

[102] Mohtadi, H., Roe, T. L. Democracy, Rent Seeking, Public Spending and Growth [J]. Journal of Poblic Economics, 2003, 87 (3-4): 445-466.

[103] Mukherjee, K. Energy Use Efficiency in U. S. Manufacturing: A Nonparametric Analysis [J]. Energy Economics, 2008, 30 (1): 76-96.

[104] Mukherjee, K. Measuring Energy Efficiency in the Context of an Emerging Economy: The Case of Indian Manufacturing [J]. European Journal of Operational Research, 2010, 201 (3): 933-941.

[105] N. Cowan, W., Chang, T., Inglesi-Lotz, R., Gupta, R. The nexus of Electricity Consumption, Economic Growth and CO_2 Emissions in the BRICS Countries [J]. Energy Policy, 2014, 66 (1): 359-368.

[106] Odgaard, O., Delman, J. China's energy security and its challenges

towards 2035 [J]. Energy Policy. 2014, 71 (C): 107 - 117.

[107] Ohno, K. Avoiding the Middle-Income Trap: Renovating Industrial Policy Formulation in Vietnam [J]. ASEAN Economic Bulletin, 2009, 26 (1): 25 - 43.

[108] Omri, A. CO_2 Emissions, Energy Consumption and Economic Growth nexus in MENA Countries: Evidence from Simultaneous Equations Models [J]. Energy Economics, 2013, 40: 657 - 664.

[109] Panayotou, T. Environmental degradation at different stages of economic development. In: Ahmed, I., Doeleman, J. A. (Eds), Beyond Rio. The Environment Crisis and Sustainable Livelihoods in the Third World [M]. MacMillan Press Ltd, 1995.

[110] Pao, H., Tsal, C. Modeling and forecasting the CO_2 Emissions, Energy Consumption, and Economic Growth in Brazil [J]. Energy, 2011, 36 (5): 2450 - 2458.

[111] Paul, M. Romer Endogenous Technological Change [J]. Journal of Political Economy, 1990, 98: 71 - 102.

[112] Paul, M. Romer Increasing Returns and Long-run Growth [J]. The Journal of Political Economy, 1986, 94: 1002 - 1037.

[113] Pedroni, P. Panel Cointegration: Asymptotic and Finite Sample Properties of Pooled Time Series Tests with an Application to the PPP Hypothesis [J]. Econometric Theory, 2004, 20 (3): 597 - 625.

[114] Peretto, P. Technological Change and Population Growth, Journal of Economic Growth [J]. 1998, 3 (4): 283 - 311.

[115] Perman, R., Stern, D. I. Evidence from Panel Unit Root and Cointegration Tests that the Environmental Kuznets Curve does not Exist [J]. The Australian Journal of Agricultural and Resource Economics, 2003, 47 (3): 325 - 347.

[116] Peter, Howitt Endogenous Growth [J]. Working Paper, No. 4, 2006.

[117] Petrakis, E., Sartzetakis, S. E., Xepapadeas, A. Environmental

Information Provision as a Public Policy Instrument [J]. The B. E Journal of Economic Analysis & Policy, 2005, 4 (1): 1-31.

[118] Phillips, P. C. B. , Perron, P. Testing for a Unit Root in Time Series Regressions [J]. Biometrika, 1988, 75 (2): 335-346.

[119] Quibria, M. G. Grwoth and Poverty: Lessons from the East Asian Miracle Revisited, ADBI Research Paper Series 33, https://www.econstor.eu/handle/10419/111125.

[120] Rebelo, S. Long-run Policy Analysis and Long-run Growth [J]. Journal of Political Economy, 1991, 99 (3): 500-521.

[121] Rivera-Batiz, L. A. and Romer, P. M Economic Integration and Endogenous Growth [J]. Quarterly Journal of Economics, 1991, 106 (2): 531-555.

[122] Robert, J. Barro Economic Growth in A Cross-Section of Countries, Quarterly Journal of Economics, 1991, 106 (2) .407-443.

[123] Robertson, P. E. , Ye, L. On the existence of a Middle Income Trap [J]. http://dx.doi.org/10.2139/ssrn.2227776.

[124] Robson, A. J. Costly Innovation and Natural Resource [J]. International Economic Review, 1980, 21 (1): 17-30.

[125] Rousseau, S. , Proost, S. The relative efficiency of market-based environmental policy instruments with impact compliance [J]. 2009, 16 (1): 25-42.

[126] Satoshi, H. , Hu, j. L. Total-Factor Energy Productivity Growth of Regions in Japan [J]. Energy Policy, 2009, 37 (10): 3941-3950.

[127] Schmit, S. , Schulze, K. Choosing Environmental Policy Instruments: An Assessment of the "Environmental Dimension" of EU Energy Policy [J]. https://papers.ssrn.com/sol3/papers.cfm?abstract_id=2006422.

[128] Zachariadis, M. R&D, Innovation, and Technological Progress: a Test of the Schumpeterian Framework without Scale Effects [J]. Canadian Journal of Economics, 2003, 36 (3): 566-86.

[129] Segerstrom, P. S. Endogenous Growth without Scale Effects [J]. A-

merican Economic Review, 1998, 88 (5): 1290 – 1310.

[130] Selden, T. M., Forrest, A. S., Lochart, J. E. Analyzing the reductions in US air pollution emissions: 1970 – 1990 [J]. Land Economics, 1999, 75 (1): 1 – 21.

[131] Selden, T. M., Song, D. Environmental Quality and Develoment: Is There a Kuznets Curve for Air Pollution Emission [J]. Journal of Environmental Economics and Management, 1994, 27 (2): 147 – 162.

[132] Semboya, H. The Effects of an Increase in Energy Efficiency on the Kenya Economy [J]. Energy Policy, 1994, 22 (3): 217 – 225.

[133] Shafik, N., Bandyopadadhyay, S. Economic Growth and Environmental Quality: Time-Series and Cross-Country Evidence [J]. World Bank, Policy research Working paper No. WPS 904, 1992.

[134] Shahbaz, M., Hye, Q. M. A., Tiwari, A. K., Leitao, N. C. Economic Growth, Energy Consumption, Financial Development, International Trade and CO_2 Emission in Indonesia [J]. Renewable and Sustainable Energy Reviews, 2013, 25: 109 – 121.

[135] Shahbaz, M., Khan, S., Tahir, M. I. The Dynamic Links between Energy Consumption, Economic Growth, Financial Development and Trade in China: Fresh Evidence from Multivariate Framework Analysis [J]. Energy Economics, 2013, 40 (2): 8 – 21.

[136] Shahbaz, M., Mutascu, M., Azim, P. Environmental Kuznets Curve in Romania and the Role of Energy Consumption [J]. Renewable and Sustainable Energy Reviews, 2013, 18 (2): 165 – 173.

[137] Shi, G. M., Bi, J., Wang, J. N. Chinese regional industrial energy efficiency evaluation based on a DEA model of fixing non-energy inputs [J]. Energy Policy, 2010, 38 (10): 6172 – 6179.

[138] Shrestha, R. K. The choice of environmental policy instruments under correlated uncertainty [J]. 2001, 22 (2): 175 – 185.

[139] Sing, R. K, Yabar, H., Nozaki, N., Niraula, B., Mizunoya, T. Comparative study of linkage between environmental policy instruments and

technology innovation: case study on end-of-life vehicles technologies in Japan and EU [J]. Waste Management, 2017, 66: 114-122.

[140] Stegen, K., S. Understanding China's global energy strategy [J]. international Journal of Emerging Markets, 2015, 10 (2): 194-208.

[141] Stern, D. L. The rise and the fall of environmental Kuznets Curve [J]. World Development 2004, 32 (8): 1419-1439.

[142] Stiglitz, J. E. Some lessons from the east Asian Miracle [J]. the World Bank Research Observer, 1996, 11 (2): 151-177.

[143] Su, L., Ullah, A. Nonparametric and Semiparametric Panel Econometric Models: Esimation and Testing [J]. Working paper, 2010.

[144] Sylvia, I. K., McGee, J. Legitimacy in an Era of Fragmentation: the Case of Global Climate Governance, Global Environmental Politics, Vol. 13, Issue 3, 2013, pp: 56-78.

[145] Tavares, J., Wacziarg, R. How democracy affects growth [J]. European Economic Review, 2001, 45 (8): 1341-1378.

[146] Taylor, R., Govindarajalu, C., Levin, J., Meyer, A. S., Ward, W. A. Financing Energy Efficiency: Lessons from Brazil, China, India and Beyond [J]. Washington DC: The World Bank Group, 2008.

[147] Taylor, W. E. Small Sample consideration in estimation from panel data [J]. Journal of Econometrics, 1980, 13 (2): 203-223.

[148] Thomson, E., Boey. A. The role of oil and gas in China's energy strategy: an overviews [J]. Asia Pacific Business Review, 2015, 21 (1): 10-25.

[149] UNDP-Kenya, Investors Guide to Energy Efficiency. Nairobi: United Nations Development Programme, Malaysia, 2006.

[150] Wang, H., Zhou, P., Zhou, D. Q. Scenario-based energy efficiency and productivity in China: A non-radial directional distance function analysis [J]. Energy Economics, 2013, 40 (2): 795-803.

[151] Wang, Q. W., Zhao, Z. Y., Zhou, P., Zhou, D. Q. Energy efficiency and production technology heterogeneity in China: A meta-frontier DEA

approach, Economic Modelling [J]. 2013, 35: 283 – 289.

[152] Wang, Z. H., Zeng, H. L., Wei, Y., M., Zhang, Y. X. Regional total factor energy efficiency: An empirical analysis of industrial sector in China [J]. Applied Energy, 2012, 97 (9): 115 – 123.

[153] Weede, E. Income inequlity, Democracy and growth reconsidered, European Journal of Political Economy, 1997, 13 (4): 751 – 764.

[154] Wilson, B., Trieu, H., Bowen, B. Energy Efficiency Trends in Austrilia, Energy Policy, 1994, 22 (4): 287 – 295.

[155] World Energy Council, Energy Efficiency Policies around the World: Review and Evaluation [J]. London: World Energy Council, 2008.

[156] Wu, F., Fan, L. W., Zhou, P., Zhou, D. Q. Industrial energy efficiency with CO_2 emission in China: a nonparametric analysis [J]. Energy policy, 2012, 49: 164 – 172.

[157] Wu, J., Xiong, B. B., An, Q. X., Sun, J. S., Wu, H. Q. Total-factor energy efficiency evaluation of Chinese industry by using two-stage DEA model with shared inputs [J]. 2017, 225 (1 – 2): 257 – 276.

[158] Wu, K. China's energy security: oil and gas, Energy Policy, 2014, 73: 4 – 11.

[159] Xu, T., Zhu, C. Y., Shi, L. Y., Gao, L. J., Zhang, M. Evaluating energy efficiency of public institutions in China [J]. Resources, Conservation and Recycling, 2017, 125: 17 – 24.

[160] Yang, Z., Zhao, Y. Energy Consumption, Carbon Emissions, and Economic Growth in India: Evidence from Directed Acyclic Graphs [J]. Economic Modelling, 2014, 38: 533 – 540.

[161] Yildirim, E., Sukruoglu, D., Aslan, A. Energy Consumption and Economic Growth in the next 11 Countries: the Bootstrapped Autoregressive Metric Causality Approach [J]. Energy Economics, 2014, 44: 14 – 21.

[162] Yong, A. Growth without Scale Effect [J]. Journal of Political Economy, 1998, 106: 41 – 63.

[163] Yu, H. Y., Zhu, S. L. Towards Paris: China and climate change

negotiations [J]. Advances in Climate Change Research, 2015, 6 (1): 56 – 66.

[164] Zachariadis, M. R&D, Innovation, and Technological Progress: A Test of the Schumpeterian framework without scale effects [J]. Canadian Journal of Economics, 2003, 36 (3): 566 – 586.

[165] Zhang, L., Sovacool., B. K., Ren, J., Ely, A. The Dragon awakens: innovation, competition, and transition in the energy strategy of the People's Republic of China, 1949 – 2017 [J]. Energy Policy, 2017, 108: 634 – 644.

[166] Zhang, X. P., Cheng, X. M., Yuan, J. H., Gao, X. J. Total-factor energy efficiency in developing countries [J]. 2011, 39 (2): 644 – 650.

[167] Zhou, N., Levine. M. D., Price, L. Overview of current energy-efficiency policies in China [J]. Energy Policy, 2010, 38 (11): 6439 – 6452.

[168] Zhou, P., Ang. B. W., Zhou, D. Q. Measuring economy-wide energy efficiency performance: A parametric frontier approach [J]. 2012, 90 (1): 196 – 200.

[169] 蔡昉：《中国经济如何跨越"低中等收入陷阱"?》，载《中国社会科学院研究生院学报》2008 年第 1 期。

[170] 蔡增正：《对教育投资社会回报率的估计》，载《教育与经济》2000 年第 2 期。

[171] 陈亮：《中国跨越"中等收入陷阱"的开放创新》，载《马克思主义研究》2011 年第 3 期。

[172] 陈水胜、席桂桂：《西方对中非能源合作的批评与中国的应对策略》，载《经济与社会发展》2014 年第 2 期。

[173] 陈宪良：《中国能源安全与中俄能源合作》，载《东北亚论坛》2017 年第 3 期。

[174] 陈仲常、张峥：《我国地方政府公共财政支出效率的影响因素分析——基于 DEA-Tobit 模型的实证研究》，载《南京财经大学学报》2011 年第 5 期。

[175] 程伟礼：《"中国道路"向"中国模式"的演进具有历史必然

性》，载《党政干部学刊》2011 年第 2 期。

[176] 丁金光、管勇鑫：《"基础四国"机制与国际气候谈判》，载《国际论坛》2016 年第 6 期。

[177] 董利：《我国能源效率变化趋势的影响因素分析》，载《产业经济研究》2008 年第 1 期。

[178] 冯烽、叶阿忠：《中国的碳排放与经济增长满足 EKC 假说吗？基于半参数面板数据模型的检验》，载《预测》2013 年第 3 期。

[179] 高伟：《中等收入陷阱》，载《人民论坛》2010 年第 7 期。

[180] 巩潇泫：《欧盟气候政策的变迁及其对中国的启示》，载《江西社会科学》2016 年第 7 期。

[181] 关雪凌：《俄罗斯经济的现状、问题与发展趋势》，载《俄罗斯中亚东欧研究》2008 年第 4 期。

[182] 关雪凌：《俄罗斯经济发展模式的艰难转型》，载《理论参考》2010 年第 9 期。

[183] 关雪凌、官艳华：《俄罗斯产业结构的调整、问题与问题》，载《复旦大学学报（社会科学版）》2010 年第 2 期。

[184] 关雪凌、刘可佳：《后危机时代俄罗斯经济现代化探析》，载《经济理论与经济管理》2011 年第 1 期。

[185] 关雪凌：《透视国际金融危机中的俄罗斯经济困境》，载《俄罗斯中亚东欧研究》2010 年第 1 期。

[186] 胡根华、秦嗣毅：《"金砖国家"全要素能源效率的比较研究——基于 DEA-Tobit 模型》，载《资源科学》2012 年第 3 期。

[187] 胡乐明：《转变经济发展方式必须坚持"中国道路"》，载《中国流通经济》2010 年第 11 期。

[188] 黄秋菊：《俄罗斯转型期的国家制度能力与经济发展》，载《俄罗斯中亚东欧研究》2011 年第 3 期。

[189] 简新华：《中国经济发展的回顾和展望——纪念新中国建国 60 周年》，载《经济与管理研究》2009 年第 8 期。

[190] 蒋金荷：《提高能源效率与经济结构调整的策略分析》，载《数量经济与技术经济研究》2004 年第 10 期。

[191] 孔泾源：《"中等收入陷阱"的国际背景、成因举证和中国对策》，载《改革》2011年第10期。

[192] 李廉水、周勇：《技术进步能提高能源效率吗？——基于中国工业部门的实证检验》，载《管理世界》2006年第10期。

[193] 李鹏：《中国与中亚国家能源合作问题研究——基于合作意愿差异化视角的分析》，载《经济问题探索》2017年第2期。

[194] 李慎明、何成、宋维强：《"中国道路"的六个内涵》，载《科学咨询（科技·管理）》2011年第2期。

[195] 李伟：《拉美左派的崛起、影响及对我国的启示》，太原理工大学硕士论文，2010年。

[196] 李玉珍：《日本对中国直接投资的特征及趋势分析》，载《东疆学刊》2006年第4期。

[197] 林建勇、蓝庆新：《"一带一路"战略下中国与中亚国家能源合作面临的挑战与对策》，载《中国人口·资源与环境》2017年第S1期。

[198] 林毅夫、蔡昉、李周：《中国的奇迹：发展战略与经济改革》，上海人民出版社1994年版。

[199] 林毅夫：《发展与转型：思潮、战略和自生能力》，北京大学出版社2008版.

[200] 林毅夫：《妥善处理三大挑战 避免中等收入陷阱》，载《中国城乡金融报》2011年6月17日。

[201] 刘长松：《气候谈判中"发展权"与"生存权"之争——兼论小岛国与最不发达国家的气候公平问题》，载《发展研究》2016年第3期。

[202] 刘方棫、李振明：《跨越"中等收入陷阱"，促进收入可持续性增长》，载《消费经济》2010年第6期。

[203] 马晓河：《迈过"中等收入陷阱"的结构转型——国际经验教训与中国挑战》，载《农村经济》2011年第4期。

[204] 潘旭明：《"一带一路"战略的支点：中国与中东能源合作》，载《阿拉伯世界研究》2014年第3期。

[205] 乔晓楠、王鹏程、王家远：《跨越"中等收入陷阱"：经验与对策——一个基于马克思主义经济学的视角》，中国青年政治经济学论坛会议

论文，2011年。

[206] 邱思浓：《中俄能源合作研究》，载《边疆经济与文化》2017年第5期。

[207] 世界银行：《2006年世界发展报告：公平与发展》，清华大学出版社2006年版。

[208] 孙建波、张志鹏：《第三次工业化：锻造跨越"中等收入陷阱"的国家价值链》，载《南京大学学报》2011年第5期。

[209] 孙玉琴、姜慧、孙倩：《中国与中东地区油气合作的现状及前景》，载《国际经济合作》2015年第9期。

[210] 王海燕：《中国与中亚地区能源合作的新进展与新挑战》，载《国际石油经济》2016年第7期。

[211] 王庆一：《中国的能源效率及国际比较》，载《节能与环保》2005年第6期。

[212] 王群伟、周德群：《中国全要素能源效率变动的实证研究》，载《系统工程》2008年第7期。

[213] 王伟光、程恩富、胡乐明：《西方国家金融和经济危机与中国对策研究（下）》，载《马克思主义研究》2010年第8期。

[214] 王一鸣：《跨越"中等收入陷阱"的战略选择（连载之一）》，载《中国投资》2011年第3期。

[215] 王一鸣：《跨越"中等收入陷阱"的战略选择（连载之三）》，载《中国投资》2011年第5期。

[216] 王玉红：《浅析"中国模式"》，载《赤峰学院学报（汉文哲学社会科学版）》2010年第5期。

[217] 魏楚、沈满洪：《能源效率及其影响因素：基于DEA的实证分析》，载《管理世界》2007年第8期。

[218] 魏楚、沈满洪：《能源效率与能源生产率：基于DEA方法的省际数据比较》，载《数量经济技术经济研究》2007第9期。

[219] 魏一鸣、廖华：《能源效率的七类测度指标及其测度方法》，载《中国软科学》2010年第1期。

[220] 吴静、王诗琪、王铮：《世界主要国家气候谈判立场演变历程及

未来减排目标分析》，载《气候变化研究进展》2016年第3期。

[221] 吴磊：《中东能源结构性矛盾与中国—中东石油合作》，载《阿拉伯世界研究》2012年第6期。

[222] 吴琦、武春友：《基于DEA的能源效率评价模型研究》，载《管理科学》2009年第1期。

[223] 徐斌：《基于DEA-Tobit模型的文化事业财政支出效率评价》，载《统计与决策》2011年第12期。

[224] 徐洪峰、王海燕：《中俄能源合作的新进展及存在的制约因素》，载《欧亚经济》2017年第1期。

[225] 杨承训、张新宁：《制度优势：破解"中等收入陷阱"之本》，载《思想理论教育导刊》2011年第8期。

[226] 杨良敏、姜巍：《"中国模式"何处去——基于经济学视角的分析和讨论》，载《中国发展观察》2011年第9期。

[227] 于宁宁：《中俄能源贸易合作现状、存在问题与发展对策研究》，载《价格月刊》2017年第4期.

[228] 袁正、马红：《环境拐点与环境治理因素：跨国截面数据的考察》，载《中国软科学》2011年第4期。

[229] 翟立强、谢慧：《中俄能源贸易发展的现状、问题及建议》，载《知识经济》2017年第6期。

[230] 张立：《印度发展模式解析》，载《南亚研究季刊》2008年第4期。

[231] 张立：《印度经济发展模式的经验及教训》，载《天府新论》2009年第5期。

[232] 张小凤，译：《丹麦政府部门评估报告：丹麦环境税政策的评估》，载《世界税收信息》2011年第4期。

[233] 张屹：《中国海外能源开发模式反思——以中非能隐患开发与合作为视角》，载《现代经济探讨》2017年第2期。

[234] 郑新立：《中国能否避免"中等收入陷阱"?》，载《英才》2011年第6期。

[235] 钟茂初、孔元、宋树仁：《发展追赶过程中收入差距与环境破坏

的动态关系——对 KC 和 EKC 关系的模型与实证分析》,载《软科学》2011年第 2 期。

［236］钟茂初、张学刚:《环境库兹涅茨曲线理论及研究的批评综论》,载《中国人口·资源与环境》2010 年第 2 期。

［237］周勤、黄亦然:《经济增长与政治民主关系研究评述》,载《经济学动态》2010 年第 2 期。

［238］周志伟:《巴西"大国地位"的内部因素分析》,载《拉丁美洲研究》2005 年第 4 期。

［239］周志伟:《从"永远的潜在大国"到"崛起的金砖"——试论巴西发展模式的转变》,载《当代世界》2009 年第 11 期。

［240］邹力行:《全球化中的中非能源合作》,载《国际融资》2016 年第 12 期。

后　　记

　　第二次世界大战之后，世界被明显地分为发达国家和发展中国家，发达国家代表着繁荣与文明，发展中国家代表着贫穷与落后。到了20世纪八九十年代，一批发展中国家借助于全球化的契机走上了工业化的道路，实现了经济较快增长和贫困人口的大量减少，成为所谓的"新兴经济体"。新兴经济体的兴起不仅深化了世界分工，而且深刻地冲击了发达国家主导的世界经济与政治秩序。

　　近些年来，我一直关注着新兴经济体的能源、环境与经济增长问题，主要考察了如下几个方面的问题：一是制度设计对新兴经济体的经济增长、能源消耗、温室气体排放的影响，新兴经济体普遍存在着制度多样性和多变性，适合作为新政治经济学和制度经济学研究的样本；二是新兴经济体的能源问题，主要包括能源需求、能源效率和能源安全等方面；三是新兴经济体发展中的环境问题，主要集中于温室气体排放与全球气候治理、环境政策工具的应用等。当然，新兴经济体的能源、环境与经济增长中还存在着很多其他的问题值得去进一步思考，有待后续进一步研究。

　　在本书的写作和整理过程中，得到了领导、师长、同事和朋友的帮助，才得以完成，在这里表示感谢。首先，感谢中国社会科学院财经战略研究院李雪松研究员、中国社会科学院世界经济与政治研究所宋泓研究员，他们分别作为我博士研究生指导老师和博士后合作导师，在科研上给了很多指导；其次，感谢江苏省社会科学院以及江苏省社会科学院区域现代化研究院的领导，为本书的写作提供了宽裕的时间和指导；再其次，感谢陈柳博士为本书出版经费所提供的帮助，感谢张远鹏研究员、王维研究员、程俊杰博士、杜宇玮博士、顾丽敏博士、王树华博士候选人等同事的支持与鼓励；然后，感谢中国社会科学院世界经济与政治研究所国际贸易研究室的东艳博士、李春顶博士、倪月菊博士、高凌云博士、马涛博士、苏庆义博士、张琳博士等师友所提供的学术支持；最后，感谢我的家人为我撰写本书提供的支持和帮助。